"十二五"国家重点图书出版规划项目

城市与区域空间研究前沿丛书/顾朝林　主编

中国海港空间效应

［国家自然科学基金项目(41071094 和 41101114)］

郭建科　韩增林　著

东南大学出版社
SOUTHEAST UNIVERSITY PRESS
·南京·

内容提要

海港是海洋运输的起点，也是推进海洋战略的起点。本书在系统总结港口空间研究成果的基础上，提出海港空间效应的概念，并构建其识别模型；剖析典型海港演化对城市产生地域空间效应的作用过程、主要特征，总结海港对城市产生空间效应的一般规律；揭示海港空间效应的区域作用机理，提出中国海港空间效应的优化与调整策略，为我国不同地区乃至国家层面制定港口空间发展的优化调控策略提供理论支撑和决策依据。

本书可供从事经济地理研究的科研人员、城市区域管理人员学习与参考，也可供高等院校相关专业师生阅读。

图书在版编目(CIP)数据

中国海港空间效应 / 郭建科，韩增林著. — 南京：东南大学出版社，2014.3

(城市与区域空间研究前沿丛书 / 顾朝林主编)

ISBN 978-7-5641-2775-6

Ⅰ.①中… Ⅱ.①郭… ②韩… Ⅲ.①海港—空间规划—研究—中国 Ⅳ.①F552.3

中国版本图书馆 CIP 数据核字(2014)第 021108 号

书　　名：中国海港空间效应

著　　者：郭建科　韩增林

责任编辑：孙惠玉　徐步政　　　编辑邮箱：894456253@qq.com

文字编辑：葛　虹

出版发行：东南大学出版社

社　　址：南京市四牌楼 2 号　　　邮　　编：210096

网　　址：http://www.seupress.com

出 版 人：江建中

印　　刷：兴化印刷有限责任公司

排　　版：南京新洲制版有限公司

开　　本：700mm×1000mm　1/16　印张：14　字数：222 千

版　　次：2014 年 3 月第 1 版　2014 年 3 月第 1 次印刷

书　　号：ISBN 978-7-5641-2775-6

定　　价：49.00 元

经　　销：全国各地新华书店

发行热线：025-83790519　83791830

丛书序

经过一年的精心策划和准备，呈现于读者面前的《城市与区域空间研究前沿丛书》是东南大学出版社推出的关于空间研究的系列新作，林林总总十多种，代表了当代中国学者关于城市与区域空间研究的前沿性、原创性和综述性的研究成果，内容覆盖城市与区域研究的方方面面。

21 世纪我们的生活中最离不开什么——城市和区域。这主要在于：首先，气候变化、能源、生态、人口和环境等问题，这些我们曾在 20 世纪已经预见到的危机，现在一一变成现实，我们将如何面对危机并解决这些问题？无疑城市和区域这样的空间研究就变得越来越重要。其次，城市与区域空间是当代人类赖以生存的基本载体，也是人类社会竞争的主要场所。空间利用，一方面反映了不同地区人类社会的富裕程度和时空效率，另一方面也彰显了这些城市与区域的文明和价值取向。第三，中国城市和区域是当代变化最快的空间，测度和把握城市与区域发展，离不开城市与区域空间研究。

总之，可以说，在中国盛世世变的浪潮中，《城市与区域空间研究前沿丛书》应国家发展而生，与城市和区域共成长，以中国研究特色立身，以研究创新选材，以独到空间见解立言，可以成为科学家、规划师和管理工作者共同关注的研究平台。

专此赘言，是为序。

顾朝林

本书序

海港是走向海洋的起点,港口作为区域或国家贸易的门户,是区域乃至国家空间结构的基本支撑与重塑力量,是能够创造就业和促进经济增长的众多海洋活动的中心。现代航运技术和运输方式的发展,在推动港口运输体系演化的同时,对腹地经济发展产生重大影响。因此,在海洋经济时代,海港可以成为国家推进海洋强国战略的重要节点。

工业化以来的港口发展已从第一代港口发展到第三代、第四代港口,沿海港口在全球生产网络和国家空间格局中,已由最初的交通运输枢纽、临港工贸据点,相应转变为国际物流供应链枢纽节点和全球资源配置枢纽。在经济全球化不断深入发展、科技革命加速推进和全球产业转移浪潮持续涌动之下,以跨国公司为主的经济主体推动各种生产要素在全球范围内进行优化配置,所有国家和地区都将其纳入到一个投资、贸易、生产、服务相交织的全球性网络当中,并在国际分工链条中充当相应的角色。在此过程中,沿海港口逐渐发展成一个集转接、运输、生产、加工、商贸、服务、金融物流等生产服务于一体的多功能经济中心,港口临近区域成为国际产业转移的主要承接地。沿海港口逐渐成为全球生产链条与地方网络链接的枢纽。

我国历史上海上交通相当发达,在秦汉时期以来,广州、明州(今宁波)、泉州等已是我国海上运输的重要口岸之一,是当时中国通向世界的起点。改革开放以来,在中国沿海地区,老港口不断改建、扩建,新建港口大量涌现。进入 21 世纪的 2011 年,在统计全球 162 个集装箱港口中,中国进入排名的港口多达 25 个,占排名港口总数的 15.4%。共计箱重 17 733.37 万 TEU(TEU 是 Twenty-foot Equivalent Unit 的缩写,以长度为 20 ft 的集装箱为标准,是集装箱运量统计单位),约占排名港口集装箱吞吐量 39 241.43 万 TEU 的 45.2%。在前十位港口排名中,中国占六席,首位是上海港,新加坡港位居第 2,而第 3、第 4、第 6 位依次为中国的香港港、深圳港、宁波港。我国已成为世界海港大国。

随着我国经济发展水平的提高,产业结构不断优化,国内需求日益增加,沿海港口内引外联的区位优势得到强化,区域内生力量对港口经济发展的影响将大大超过外部力量。沿海港口必须与内陆腹地形成统一体，通过优势互动，才能实现区域综合利益最大化。

近年来，沿海港口与内陆腹地发展的关系问题越来越受到学界和政界的重视。这主要是由于以港口城市为代表的沿海地区实现快速发展的同时，沿海与内陆的差距不断扩大，如何通过港口经济发展实现沿海与内陆互动发展，已成为学界共识。

该书以"海港空间效应"为研究对象，主要从经济地理学视角，结合港口经济学、交通运输地理学、区域经济学等多学科理论和系统论的观点，综合运用区位势、空间相互作用、分形理论等理论模型，借鉴技术创新空间扩散的相关概念，在陆海统筹下对港口及港口与腹地进行系统分析，从而揭示沿海港口的形成与发展对区域产生空间效应的"格局—过程—机理"，探究港口作用的空间法则，总结沿海港口引导下的港—腹经济地域系统空间运动规律，推进重大地理要素影响下的"人地(海)关系地域系统"综合集成研究。

书中以中国沿海港口及港—腹经济地域系统为实证区域和切入点，围绕海港空间效应的系统识别与判定、城市地域空间效应实证(微观尺度)、中国海港空间效应形成演化过程与大尺度港—腹区域作用机理(宏观尺度)、调控策略几个方面展开。作者没有限于单纯的交通地理研究范畴，而是从经济地理学的综合视角，提出了海港空间效应的概念和内涵；从宏观和微观两个视角，系统探讨了海港发展、演化对城市及区域的地域空间效应。在区域的宏观层面上，作者通过引入区位势、空间相互作用等理论，在考虑腹地复杂性和港口竞争性的基础上，构建了一个海港空间效应的识别模型，并提出了海港空间效应指数等论点。

本书作者之一韩增林教授是我国研究港口的知名学者，系统研究港口与腹地关系，尤其在研究集装箱运输网络及集装箱港口、运输通道及内陆中转站的布局关系方面有独到的见解。

郭建科副教授是韩增林教授的高足，投入全力完成了该著作的撰写。从他近年发表的学术论著可以看出他的研究实力与学术水平，并体现出他在今后研究中的潜力。

总之，《中国海港空间效应》一书，是近年来国内经济地理学界为数不多的对沿海港口影响腹地发展的空间效应进行较为系统研究的力著，具有重要学术意义和参考价值。

张耀光

2013 年 11 月 22 日于大连

前言

港口作为区域或国家的贸易门户，是区域乃至国家空间结构的基本支撑与重塑力量。随着新技术革命的兴起和经济全球化的深入，当代港口发展已进入第三代，甚至第四代。沿海港口在全球生产网络和国家空间格局中，已由最初的交通运输枢纽、临港工贸据点，相应转变为国际物流供应链枢纽节点和全球资源配置枢纽。从近代以来到改革开放30年，沿海港口发展在中国近现代化空间进程和经济崛起中起着不可估量的作用。然而，与港口发展变革及其在区域发展中的作用相比，港口的空间研究明显滞后，目前的研究重点仍主要集中在港口自身空间及其交通运输功能上，缺乏综合性的区域空间视角，港口对区域的复杂空间作用之系统研究尚属空白。

本书以海港空间效应为研究对象，主要从经济地理学视角出发，结合港口经济学、交通运输地理学、区域经济学等多学科理论和系统论的观点，综合运用区位势、空间相互作用、分形理论等理论模型，借鉴技术创新空间扩散的相关概念，揭示沿海港口的形成与发展对区域产生空间效应的“格局—过程—机理”，探究港口作用的空间法则，总结沿海港口引导下的港—腹经济地域系统空间运动规律，推进重大地理要素影响下的人地关系地域系统的综合集成研究。

本书以中国沿海港口及港—腹经济地域系统为实证区域和切入点，结合已掌握的中国港口发展历史文献和统计数据、新中国成立以来的中国系列城市统计年鉴、ArcGIS中国地理空间数据，在实地调查和数据分析的基础上，围绕海港空间效应的系统识别与判定、城市地域空间效应的实证（微观尺度）、中国海港空间效应的形成演化过程与大尺度港—腹区域的作用机理（宏观尺度）、调控策略等方面展开研究。研究成果将补充和完善港口地理学的理论研究范式，为我国不同地区乃至国家层面制定港口空间发展的优化调控策略提供理论支撑和决策依据。

第一，系统总结港口空间的相关研究成果，首次提出海港空间效应的概念及其内涵，阐述了海港空间效应的动力结构，结合区位势理论、空间相互作用理论构建了海港空间效应的识别模型。根据该模型，以中国主要沿海港口城市为样本，对海港空间效应指数进行了测算，并对海港空间效应的基本格局进行空间分析，同时结合不同区域港—腹经济系统特征对沿海三大经济圈港口群对腹地的空间效应进行差异分析。结果表明：① 全国腹地城市所受海港空间效应分布的空间衰减规律十分明显，总体呈现沿海一线及京津唐、长三角、珠三角和山东半岛四大块状集中区，主要枢纽港在本区域空间影响上占据绝对主导地位。② 根据区域集装箱运输比重、海港运输效应和非运输效应的关系，长三角、珠三角和东南沿海属于集约型港口运输结构和高级型海港空间效应，环渤海及其三个分区、西南沿海属于粗放型港口运输结构和基础性海港空间效应。③ 不同区域港口经济发展、港—腹地域系统发育越成熟，其港口经济对内陆腹地的空间影响越强烈，内陆腹地城市的经济临港化程度越高。珠三角、长三角海港空间效应与区域经济地域系统高度重合，港口经济是区域经济的核心，整个产业结构和空间布局临港化，港口城市处于城市体系的核心。④ 海港空间效应格局是海港区位势，港—腹系统引力及港—腹作用通道连接度共同作用的结果。不同港口的港腹空间距离差别是港口运输及其空间效应发生重构的关键因素，并通过海港区位势产生作用。

第二，通过剖析典型沿海港口城市空间效应的发展过程，总结海港对城市空间效应的一般规律。在案例分析中，提出港口演化与城市形态演变的空间关联特征、港城式土地利用模式。在理论总结中，提出现代海港城市港—城空间系统演化理论，将其分为港城形成初期的港—城共生、港—城空间集聚、港口外迁与城市裂变、港—城双向网络发展四个时序阶段，并构建了其空间演化模式，进而揭示其动力机制。

第三，通过分析改革开放以来地级以上城市客货流、对外贸易、外商直接投资、工业总产值的分布变化，总结了海港空间效应的作用机理。研究表明，海港分别从交通运输、物流、对外贸易、外商投资、产业布局等不同方面对区域产生巨大的空间影响。尽管在海港空间效应发展演化的不同阶段起主导作用的要素和功能不同，但其最终的表现形式却是相同的，即通过对区域交通运输、对外贸易、投资和产业集聚的影响产生不同的区域经济发展模式，引导区域经济格局重塑，进而形成独具特色的港—腹经济地域系统。

第四，从港口产业集群、空间规划与管制、海陆产业互动、集疏运网络建设、培育以企业为主的利益主体、加快区港联动等方面提出中国海港空间效应的优化与调控策略。

目录

1 绪论

1.1 选题依据

1.1.1 研究背景

1）全球化时代，沿海港口已成为全球生产链条与地方网络连接的地理枢纽

现代海港是一个依托深水航道、深水泊位和集疏运快速通道，在全球范围内对货物进行区域性集散整合的运输服务场所。它最首要的是运输功能，即要完成货物（或旅客）在水陆运输工具之间或水水运输工具之间的换装（或换乘），并完成货物在港的储存等一系列对货物的处理，它是各种运输方式的汇合点（邹俊善，1997）。因此，海港具有大进大出的集疏运能力，并处于综合交通运输链的关键节点和多式联运的最佳结合点，在整个运输系统中占有越来越重要的地位。

工业化以来的港口发展已从第一代发展到第四代。沿海港口在全球生产网络和国家空间格局中，已由最初的交通运输枢纽、临港工贸据点，相应转变为国际物流供应链枢纽节点和全球资源配置枢纽（董维忠，2005）。在经济全球化不断深入发展、科技革命加速推进和全球产业转移浪潮持续涌动之下，以跨国公司为主的经济主体推动各种生产要素在全球范围内进行优化配置，所有国家和地区都将被纳入到一个投资、贸易、生产、服务相交织的全球性网络当中并在国际分工链条中充当相应的角色。在此过程中，沿海港口逐渐发展成一个集转接、运输、生产、加工、商贸、服务、金融、物流等生产服务于一体的多功能经济中心，港口临近区域成为国际产业转移的主要承接地。临港工业和海运物流在海港前沿对接，两种流水线的结合统一造就了全球化大生产的方式。世界上最著名的国际大都市多为沿海港口城市，如纽约、东京、伦敦、新加坡、汉堡、鹿特丹、洛杉矶、中国香港、上海等。因此，沿海港口逐渐成为全球生产链条与地方网络连接的地理枢纽。

2）现代航运技术和运输方式的发展，在推动港口运输体系演化的同时，对腹地经济发展产生重大影响

20世纪50年代中期，国际集装箱从陆上推向海上运输以后，集装箱班轮运输得到快速发展，并逐步取代了原来的杂货运输。国际集装箱船舶的运输现代化要求带来了运输组织和运输系统的变革。一方面，为了适应集装箱船舶的装卸要求，集装箱港口出现了大型化、专业化、装卸高效化的发展趋势；另一方面，为了提高集装箱船舶运营效益，船舶运输组织和运行航线在全球范围内进行调整，于是便形成了集装箱干线港、支线港和喂给港相结合的运输格局。这种运输格局随着集装箱箱源和集装箱港口条件的变化而呈现动态演化之势，并对港口所在地的经济发展产生重要影响。因此，港口、航运、港口城市和沿海地区之间有着相互促进、互动发展的内在关联，港口作为人流、物流、资金流、技术流和信息流等多种生产要素综合集散地的作用越发突出，这就是为什么在全球经济贸易一体化的今天，沿海港口的建设和发展及其竞争力培育得到各级政府和学术界极大关注的原因。

1.1.2 问题的提出

1）“海港空间效应”是一个复杂科学命题，蕴含着丰富的科学问题与内在规律性

港口作为一类地理空间，也是一种经济系统（Olivier，2006），这种经济系统具有开放性、复合性、功能性和地域性的特点，从而通过其所联系的自然、人文、经济、社会等复杂要素对沿海区域产生广泛的空间作用。港口对区域空间的作用要素和影响面繁杂，可从多角度、多学科进行不同解构。因而，“港口空间效应”本身蕴含着丰富的科学问题和内在规律性，包括：① 如何对港口空间效应进行系统识别和定量判定？其作用形式、形成条件、释放途径、作用效果怎么表达？② 港口自身发展与其对区域产生的空间效应存在怎样的正负关联？港口自身能量释放与腹地吸引怎样影响这种关联？③ 在城市内部，港口发挥着怎样的地域空间影响？在城市微观尺度和区域性宏观尺度上，港口空间效应表现形式和作用过程有何不同？④ 港口空间效应与港—腹经济地域系统在一定的时间断面和空间尺度上存在复杂的时空耦合规律，如何诠释这种耦合关联？⑤ 港口空间效应是否可控？如何通过系统优化与调控，增强港口

空间的正效应,减弱负效应,促进港—腹经济地域系统的动态稳定和可持续发展?

本书之所以强调"海港",是要突出沿海港口在国家和区域空间引导和塑造方面的巨大作用和影响。海运作为世界性的运输方式和联系通道具有不可替代性,相比之下,内陆河运在高速公路、铁路等现代交通运输网络中面临更激烈地竞争。因此,在对国家和区域的空间影响方面,内陆河港与沿海港口已经不可同日而语。

2) 中国沿海港口有独特发展轨迹,对国家现代化进程的空间效应巨大;其发展牵动腹地,也最易受国内外经济变化冲击,当前面临港口发展转型及其空间效应如何优化调控的问题

从近代以来到改革开放30年,中国沿海港口形成了独特的发展历史和演变轨迹,对整个国家近现代化空间进程和经济崛起发挥着巨大的空间效应。首先,沿海港口是我国近代化和现代化的起点。1840年鸦片战争后,以"五口通商"为起点,中国近现代经济发展的空间扩展模式大体是首先形成于沿海港口城市及其附近地区,尔后再沿着交通路线往内地扩展(吴松弟,2006)。其次,改革开放30年,在我国出口导向型经济发展模式下,作为面向国际市场的桥头堡,港口及港口经济不但有力支撑了我国对外贸易的高速增长,而且在引导生产力合理布局、促进区域经济协调发展和完善综合运输体系等方面发挥了重要作用。沿海港口与内陆腹地的联系,逐渐成为区域经济空间中的主要联系方向之一。

目前,我国形成了全方位、多层次、宽领域的对外开放格局,已成为世界经济网络体系当中的重要一环,需要密切联系国内外市场变化。沿海港口的优势恰恰在于其内引外联的交通区位,具有海上和内陆双向腹地,临近"两种资源"和"两个市场"。一方面,国际环境对国内经济发展和经济安全的影响在加大,世界经济波动、全球贸易走势、国际金融市场起伏、国际能源资源供求状况等都会通过诸如港口、外贸等要素向国内传导、放大,从而产生广泛的影响。例如,沿海港口集装箱吞吐量被看作外贸出口形势的晴雨表。2008年,国际经济危机对我国的冲击最先表现在港口运输上,相关港口产业受到严重影响,产生较大波及效应。如集装箱干货箱制造业务进入淡季,整个中国干货箱制造行业也基本处于停产和半停产状态,根据中国国际海运网的相关数据显示,中国船厂被

取消的订单约占总量的一半。随着经济形势的好转,港口运输和临港产业在经济危机过后又率先进行结构调整和空间整合,带动了其他产业的复苏,沿海港口及临港产业发展的区域影响得到充分体现。另一方面,国内腹地作为港口赖以发展的基地,为港口发展提供充足的货源供应和经济支撑;同时,作为与国际市场同样重要的区域内部市场,同样制约着港口的发展。

综上,港口发展牵动腹地,可影响中国经济发展全局,也最先、最容易受到国内外经济发展变化的影响。由于沿海港口对区域产生的空间效应存在大小、正负、时间和作用途径等诸多方面的差异,这就需要我们通过考察中国沿海港口空间效应的基本特点,揭示其规律,探讨对这种空间效应进行优化调控的途径。

1.1.3 研究意义

1)港口的地理学研究独具特色,但仍需要反映当代港口现实的理论创新

港口及港口的空间研究具有综合性、区域性特点,属于地理学、经济学、交通运输工程学、管理学等多学科的交叉研究领域。鉴于其空间意义,地理学长期关注港口的空间研究,并形成了一门独立学科——港口地理学。地理学是一门研究地球表层自然要素与人文要素相互作用与关系及其时空规律的科学(郑度等,2001),致力于揭示地理事物的空间运动和变化规律,寻求人类对地理空间的合理开发和有序利用,实现地域空间系统的优化调控。它将港口空间置于人地关系地域系统的理论体系,使港口地理学始终处在港口空间研究的核心地位,并独具特色。港口地理学的核心主题是从理论、时间、空间和学科等角度阐释港口的要素、形态和过程(王成金,2008),形成港口通用模型、港口体系等研究重点。但作为经济地理学分支——交通运输地理学的研究范畴,港口地理学的理论范式始终不能脱离港口中心论的束缚,没有上升到经济地理学的层次探讨港口作为重大地理要素对于经济地域系统空间运动的综合影响。因此,近年来缺少反映当代海港发展现实的理论突破和创新。

2)本书基于经济地理学视角,借鉴多学科交叉的理论方法与技术,揭示港口空间效应的“格局—过程—机理”,探究港口影响下的港—腹经

济地域系统空间运动规律，推进港—腹区域综合集成研究，完善港口地理学理论研究范式

经济地理即生产的空间区位（保罗·克鲁格曼，2000），其核心内容是经济活动和地理环境相互关系的地域系统形成过程、结构特征、发展趋向和优化调控（吴传钧等，1997）。西方经济地理学是在地理学与经济学交融与冲突中发展壮大的。20世纪90年代，经济学的“地理转向”促发对新经济地理学的研究，以保罗·克鲁格曼为代表的经济学派提出了一个同时包括收益递增、不完全竞争、运输成本和要素流动等内容的规范分析框架（Fujita et al，2001）。作为一门新兴的应用经济学科，西方经济地理学对当今世界全球化、世界城市、创新和区域经济系统的结构性调整等问题都参与讨论并做出了积极贡献。我国经济地理学在产业布局、国土开发与规划、城市化等方面都发挥着巨大作用，形成了产业结构网络、经济地域运动、劳动地域分工三大基础理论（王士君等，2002）。近年来，经济地理学对交通优势度及其经济效应（金凤君等，2005；2008）、技术扩散（曾刚等，2002；2006）的研究以及神经网络、系统动态学等新技术新方法的应用，都对进一步开展重大地理要素对地域系统的复杂空间效应研究提供了理论参考和技术支撑。

经济地理学的理论创新并不能简单地通过将经济学的一般理论直接运用于地理学的空间和地方研究来完成，它必须立足于空间和地方的特性来选择和借鉴适宜的理论与方法（苗长虹，2007）。本书是从经济地理学角度出发，以海港空间效应为对象，研究沿海港口自身空间成长规律及其对区域的空间影响及响应，进行系统识别、城市微观解剖、过程模拟和区域作用机理分析。一方面，把握港—腹经济地域系统特性，综合运用多学科最新理论方法，在系统总结现有成果基础上对现代港口的空间研究范式进行思辨，提出港口空间效应的理论研究基础框架。另一方面，针对目前港口空间研究中偏重运输功能的一元化缺陷，尝试从现代港口多功能发展和新时期“流空间”的地理特征角度出发，将港口运输与港口产业的综合影响结合起来，将软硬件环境影响结合起来，将运输物流与人流、资金流、技术流、信息流结合起来，探究全球化时代港口作用的空间法则。为推进港—腹区域发展综合集成研究，本书着眼于“港口要素—区域发展”系统整体性，揭示不同时期和不同空间尺度的区域内港口要素对区域发展影响作用的消

长、要素匹配以及耦合规律。借助港口要素与区域发展相互影响的区域类型划分，解析港—腹区域发展格局变化的一般轨迹，研究港口要素对区域发展综合影响的时空规律。

3）当前中国沿海港口发展面临问题较多，港口与腹地互动不足，港口没有发挥出作为区域资源配置枢纽应有的作用，本书可为相关部门制定港口空间规划与调控策略提供借鉴

目前，我国已经到了调整结构和转变发展方式的关键阶段。沿海地区是国家优化开发和重点开发主体功能的主要承载区，而港口经济的发展与沿海地区可持续发展息息相关。一方面，我国沿海港口发展模式亟待调整。港口整体竞争力不强；布局不合理，重复建设和恶性竞争严重；在沿海经济战略导向下，许多地区港口建设过度超前，空间无序扩张；码头利用效率低，专业化与标准化水平差，管理体制落后；港口功能单一，产业层次低，缺乏足够的辐射、带动作用；岸线资源浪费严重，海岸带生态系统处于崩溃边缘。另一方面，港口对区域的带动、辐射作用不足，与腹地的互动发展格局尚未形成，没有发挥出作为区域资源配置枢纽应有的作用。在一些地区，港口与腹地的空间联系不畅，港—腹二元经济结构明显。港口经济过分重视对外资的吸引，没有充分与区域内生力量相结合，从而无法撬动港—腹区域的经济联动和空间互动。面对港口与腹地发展新因素、新问题，必须通过空间优化与调控促进港—腹地域系统的结构优化与空间的有序发展。因此，必须深入、系统、全面地研究国内外经济发展变化下沿海港口发展的空间影响，加强理论联系实际；探讨沿海港口空间效应的优化调控策略，为进行科学的港口空间规划、倡导港口科学发展新理念提供理论支撑和决策参考。

1.2 内容架构

1.2.1 研究思路与主要内容

本书按照“什么是(海港)空间效应”—“如何有效判别空间效应的广度和强度”—“城市微观尺度的空间效应怎么表达”—“区域宏观尺度的空间效应形成过程与作用机理是什么”—“空间效应怎么调控”的顺序，注重演化过程和机理分析相结合，依据格局—过程—机理—调控的思路

展开研究。整个研究用综合性的地理思维诠释时空过程,用多元地理要素识别、衡量空间格局,用多尺度地理载体和区域耦合模式探寻空间作用机理,最终将格局、过程、机理和调控贯通起来。

主要研究内容包括五个方面:

(1) 海港空间效应的理论基础

① 国内外港口—腹地研究述评。对国内外相关研究进展进行系统梳理,同时对港口—腹地空间研究范式进行思考和辨析。

② 提出港口空间的概念、内涵。对港口的空间属性进行分析,在此基础上提出海港空间效应的概念、内涵,同时对港口—腹地系统的主要理论进行分析。

(2) 海港空间效应的系统识别

① 海港空间效应的影响因子与动力结构。将港口空间效应的驱动要素概括为港口综合势能、(港—腹)引力、作用通道,再根据港口分类对不同港口要素的空间效应异同进行分析、探讨。

② 海港空间效应的指标体系及判定模型。根据驱动要素对港口(运输)规模、综合交通优势度、港口产业集聚水平、港口功能多元化、城市支撑能力、区域港口竞争态势、港口开放度等制度水平、港区联动水平、国家重大临港工程或产业项目的牵引、港—腹产业分工与互动水平等众多影响海港空间效应的因素进行筛选,并分类整理为形成条件、释放载体和作用效果三个子系统,分别选择与之相适应的计算模型进行初步计算,最终构建综合定量识别模型进行最后评判。

③ 中国主要海港对区域产生空间效应的定量测度。根据构建的判定模型和确定的指标体系对中国沿海港口空间效应的基本格局进行定量测度,并结合地理信息系统(Geographic Information System,简称GIS)技术进行不同尺度的空间分析,总结海港空间效应与港—腹经济地域系统的耦合特征。

④ 沿海三大经济圈海港空间效应分异特征。在对海港空间效应进行定量测度的基础上,结合不同区域港—腹经济系统特征,针对沿海三大经济圈港口群对腹地的空间效应进行差异分析。

(3) 区域微观基础分析——基于海港对城市地域空间效应的实证

港对城的地域空间效应实则为海港空间效应在城市内部的集中体现,属于微观尺度。这部分是要深入港口海港城市内部对城市的地域空间效应进行深入解剖。通过对其港—城空间关系的发展演变过程进行透视，分析港口对城市空间结构、交通网络、产业集聚、功能分区等的地域空间影响，诠释港口空间效应在港口城市内部的表达方式。

① 典型沿海港口城市案例解剖。选择大连、天津、青岛、宁波、厦门五个不同类型、港口发展演化过程完整、具有典型代表意义的海港城市作为实证对象，对海港的城市地域空间效应演化过程和作用特征进行案例分析。

② 提出中国式现代海港城市“港—城空间系统”演化理论，总结海港对城市空间效应的一般规律。在不同城市典型案例解剖的基础上，对不同类型海港对城市空间效应的主要特征进行系统梳理和比较分析，对港—城空间系统演化过程进行阶段划分，提炼其空间模式，分析其动力机制，从而系统总结出海港对城市产生地域空间效应的一般规律。

(4) 中国海港空间效应的演化过程及其作用机理分析

① 腹地对海港成长的脉冲响应分析。基于风险价值(Value at Risk，简称 VAR)模型，在平稳性检验、协整关系检验基础上，分别对沿海港口冲击所在城市、东部沿海地区和全国经济发展引起的脉冲响应进行比较。

② 中国海港空间效应演化过程。首先，从历史地理角度，对近代以来的沿海港口发展及其港—腹空间关系变化进行总体分析和阶段划分。其次，结合历史文献和大量翔实的数据、图表，分析改革开放 30 多年来海港发展对区域交通运输、对外贸易、产业集聚等方面的地域空间影响，模拟其时空动态变化过程。

③ 中国海港空间效应的作用机理分析。首先，从三方面阐述沿海港口对腹地产生地域空间影响的作用机理。其次，基于动力结构，从海港空间效应形成的原动力、作用平台、作用方式、传导路径、联系通道等多方面，总结、阐明海港空间效应区域作用机理的本质特征。

(5) 中国海港空间效应的优化与调控策略

针对我国目前海港发展与城市、区域等腹地互动中存在的问题，再根据港—腹经济地域系统的发展规律，从海港空间规划、港—腹产业互动、港口资源配置、畅通联系通道、培育利益共同体、推进区港联动等方面，提出中国海港空间效应优化调控策略。

1.2.2 拟解决的关键科学问题

(1) 全面梳理和总结交通运输地理学、经济地理学和空间经济学等相关学科关于港口空间研究的理论与方法，探索基于经济地理学视角的港口空间效应研究的理论范式。

(2) 构建对海港空间效应进行识别的基本理论、方法体系；通过动力结构、影响因素分析，构建定量判定模型，并对主要海港的空间效应进行定量测度。

(3) 把握地理学不同空间尺度的特点和转换问题，从城市内部和区域两个视角把中国沿海港口对国家现代化空间进程的整体影响、沿海三个核心区的比较分析和港口城市内部的微观过程结合起来。

(4) 抓住地理学“格局—过程—机理”的逻辑线索，找准时间与空间耦合分析的切入点，揭示海港空间效应的地域空间分异规律。

1.2.3 研究方法与技术路线

首先，采用地理学、经济学、交通运输规划、物流学、管理学等多学科综合集成的分析方法。主要应用交通与经济区位论原理、空间相互作用与空间联系、空间集聚与扩散理论、博弈论、系统论思想等相关理论，将宏观分析与微观着手结合起来，尝试构建中国海港空间效应的较为完整的理论框架，对海港及海港城市在中国近现代化空间进程中的作用及其途径进行深入、系统地理论分析。

其次，定性与定量相结合。借鉴区位势理论、空间相互作用理论建立对海港空间效应进行识别的计算模型，并对主要海港空间效应的范围、大小、强度进行分析模拟和判别，揭示其空间效应发生、放大和扩散的空间模式，同时结合分形理论、集中化指数等方法对海港的城市空间效应、区域空间分布进行定量分析。

第三，实地调研、考察与计算机建模分析相结合，传统分析方法与GIS空间分析技术相结合。通过对相关地区进行广泛、深入地调研，查阅历史文献，获取相关地区的第一手资料；通过查阅统计数据建立分析计算的数据库，运用统计产品与服务解决方案(Statistical Product and Service Solution，简称 SPSS)统计分析软件、桌面地理信息系统(Mapping Information，简称 MapInfo)软件及其他 GIS 空间分析方法对数据进行处理及综合分析。

技术路线如图 1-1 所示。

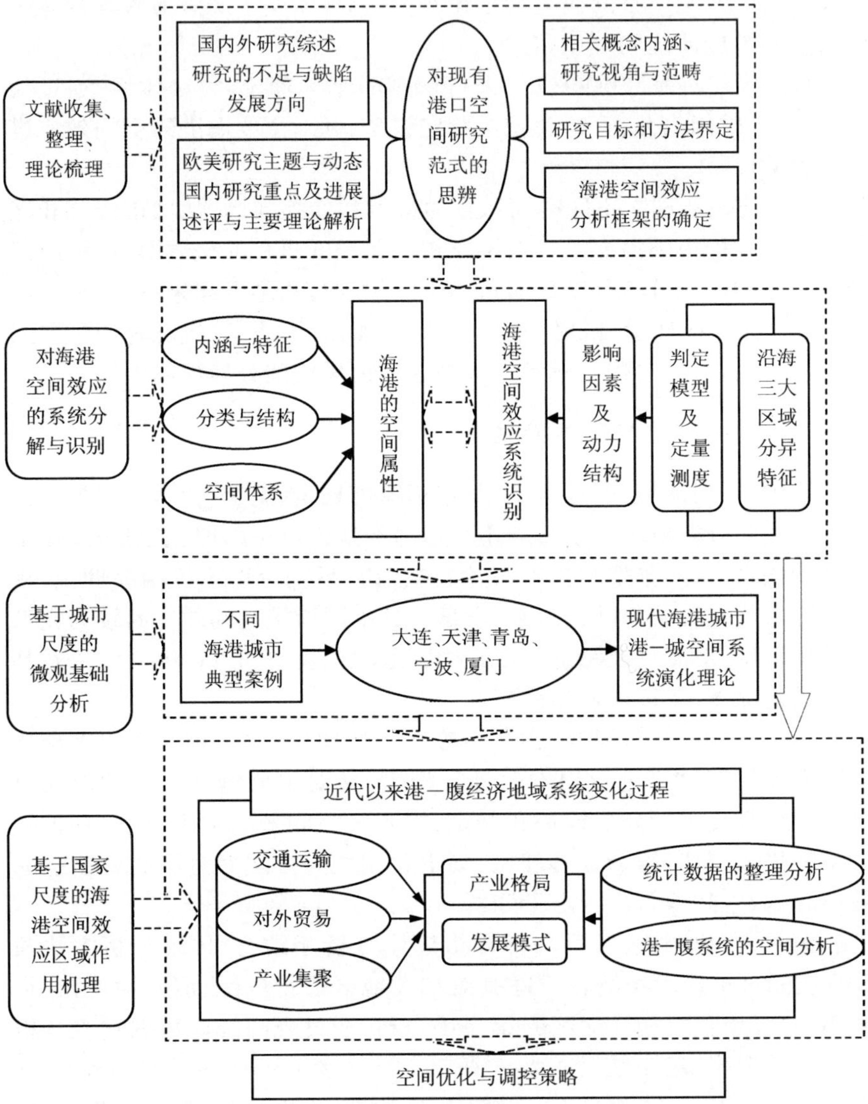
国内外研究综述
研究的不足与缺陷
发展方向
欧美研究主题与动态
国内研究重点及进展
述评与主要理论解析
对现有港口空间研究范式的思辨
相关概念内涵、研究视角与范畴
研究目标和方法界定
海港空间效应分析框架的确定
文献收集、整理、理论梳理
对海港空间效应的系统分解与识别
内涵与特征
分类与结构
空间体系
海港的空间属性
海港空间效应系统识别
影响因素及动力结构
判定模型及定量测度
沿海三大区域分异特征
基于城市尺度的微观基础分析
不同海港城市典型案例
大连、天津、青岛、宁波、厦门
现代海港城市港—城空间系统演化理论
基于国家尺度的海港空间效应区域作用机理
近代以来港—腹经济地域系统变化过程
交通运输
对外贸易
产业集聚
产业格局
发展模式
统计数据的整理分析
港—腹系统的空间分析
空间优化与调控策略

图 1-1　技术路线

2 相关研究综述及港口空间效应理论基础

2.1 相关主题研究进展

以港口为节点展开的活动与形成的联系，绝大部分具备空间特征，因而大都与港口—城市—区域这一发展背景相关(徐永健等，2001)。港口空间效应是港口与腹地空间关系研究的新视角，属于港口的空间研究体系范畴，如图 2-1 所示，这从霍伊尔等(Hoyle et al，1984)对港口空间研究体系的总结中即可看出。以下就以地理学的文献为主，结合其他相关学科研究成果，对港口的空间研究进展进行梳理和概括。

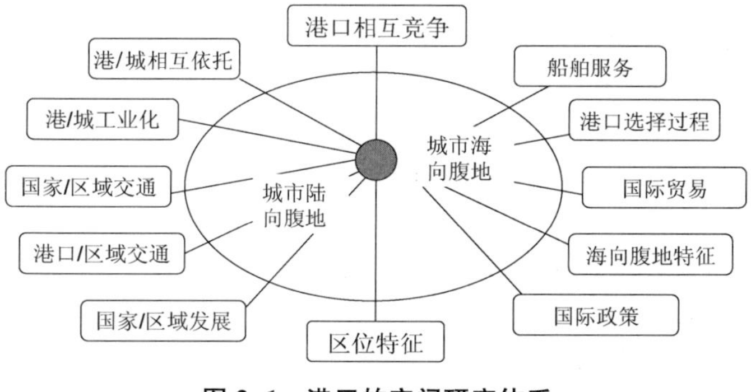

图 2-1　港口的空间研究体系

2.1.1 港口区位论及其引发的港口功能区研究

区位论是地理学的基础理论，几乎所有的港口地理研究都离不开对港口区位的分析，加上港口建设和港口工业化的迅速发展，由此产生对港口选址、临港工业布局和港口功能区问题的研究。现代空间视角的港口研究始于德国学者高兹(E. A. Kautz)于 1934 年所著的《海港区位论》(杨吾扬，1989)。后来胡佛提出了最小运费模式，认为港口、铁路枢纽作为转运点，是发展工业的理想区位(杨万钟，1999)。20 世纪六七十年代，海运革命和国际贸易促使以港口为主的海岸带开发兴起，出现了临海工业布局趋向，许多国家依托港口及其毗邻区域配置工业增长点，临海工业开发区成为政府对国家经济进行干预的重要手段。霍伊尔和皮德尔(Pinder)主编的《城市港口工业化与区域发展》一书，把港口发展、城市扩张、工业发展以及区域开发的交互作用作为研究的共同主题；同时指出海港是经济和文化交互作用最重要的中心，交通一体化是港口最基本的功能，港口是国家和地区经济发展的增长极点(Hoyle et al, 1981)。20 世纪 80 年代，全球范围内兴起的自由港或许多国家在港口设置自由贸易区、出口加工区、免税区等临港功能区受到关注(Pollock, 1973;1981)。

国内学者对于港口的空间研究也始于对区域角度下港口区位选择的关注。杨吾扬先生等(1986)从港口的分类与布局、地域类型、港口与城市及腹地的关系等角度，较早对港口地理学进行了系统阐述。陈航(1984)、郑弘毅等(1982)分别结合上海、宁波等地港口建设情况，从区域与城市发展的角度论述了港口选址的经济地理学基础，并对选址过程进行区位分析。郭来喜(1994)将中国口岸布局分为沿海、沿边、沿(长)江、沿路四大开放地域系统，指出海港口岸在开放地域系统中的作用和特点。殷为华、杨万钟(1996)认为港口条件是临海型特大钢铁联合企业的首选目标，并对上海港、宁波北仑港和连云港区位条件比较分析。张耀光等(2009)对我国保税港区的作用和功能、布局特征及其对区域的拉动效应进行了初步探讨。然而，全球化和新经济形态条件下，空间形态由静态的位空间向流动的流空间转换。目前，港口区位研究虽然注意到了某些新区位因素的作用，但仅限于定性描述，尚缺乏对这些新因素影响港口区位过程的机理、计量模式和内在规律的深入研究；同时对港口产业园区、出口加工区、保税区等新的港口功能区的研究重视不够，还需定量刻画港口功能区对城市和区域的空间影响。

2.1.2 港口体系及空间布局

港口体系一直是港口地理学的研究核心。西方对港口体系空间结构演化模型的研究大体经历了从单纯腹地扩展、陆向腹地渗透、海向腹地吸引、重叠腹地争夺等变化，以及从港口体系的集中化研究向分散化研究、从海港体系研究到集装箱港口体系研究的转变。塔弗等(Taaffe et al,1963)提出了海港空间结构演化的六阶段模型。斯莱克(Slack, 1990)在此基础上追加了第七阶段，因多式联运发展、交通走廊的运量继续集聚,而多余节点被淘汰。随着港口逐渐集装箱化,为港口竞争、港口等级和腹地扩张提供了新的演化动力,港口体系的研究内涵也得到提升。20 世纪 80 年代末,海乌斯(Hayuth,1988)从海向组织的角度演绎出集装箱港口体系的演化模型,认为存在前集装箱化、采用、集中、枢纽港中心和边缘挑战五个阶段。部分学者先后对该模型进行修正,以反映部分区域的特殊性(Wang,1998)。

国内交通运输地理学者将港口体系、空间布局与运输网络联系起来,探讨港口作为地理枢纽对区域的影响。金凤君、王成金团队(2006;2008)侧重于集装箱港口网络与枢纽区位分析,阐明中国集装箱的空间组织模式——轴辐侍服网络——的基本特征,分析世界集装箱港口网络形成与国际贸易网络的耦合机理。韩增林及其研究团队(2000;2001;2002;2006)重点关注集装箱枢纽港及其运输网络的形成演化机理、发展模式与空间布局问题,提出集装箱枢纽港发展指数和集装箱中转站发展指数的概念,探讨中国集装箱港口空间布局和运输通道。曹有挥教授及其研究团队(2003;2004;2008)侧重集装箱港口体系空间格局的研究,提出沿海集装箱港口体系的一般演化模式。

应该说,现有港口体系理论还未解决空间尺度对基础理论的影响,枢纽港的界定未能考虑全面内涵,空间识别也未形成理想模型,航运网络侧重定性分析而忽视模型的剖析和空间效应(王成金,2008)。交通地理学者虽然对港口体系的空间作用模式等进行了深入研究,并提出若干具有开创性的概念和数量模型,但仍局限在单纯的港口运输功能,未将其内涵和研究视角扩展至经济地理学更宽视角和更高层次的系统分析。受港口中心论的影响,虽然学者们在研究港口体系时谈到其对区域的若干影响,但关注重点始终没有离开港口自身空间,系统的区域影响研究并未展开。

2.1.3　港口空间成长规律及港—城空间相互作用

港口成长模型及港城关系研究对于揭示港口对城市的地域空间效应具有重要意义。对港口内部空间结构的考察使学者们对港口发展模型产生浓厚兴趣,并由此注意到港口与城市的空间联系。英国地理学家伯德(Bird)于 1965 年提出的港口通用模型(Anyport)理论,开创了港—城空间模型研究的先河,通过刻画港口功能提升和形态空间拓展规律,揭示了港—城空间关系变化特征(Bird,1963;1968;1971)。霍伊尔

(Hoyle,1989)提出 Anyport-type 模型。麦吉(McGee,1967)总结出东南亚港口城市空间结构模式,如图 2-2 所示,刻画了海港城市空间结构特点。巴克(Barke,1986)基于欧洲诸港建立了集装箱主枢纽港的生命周期五阶段模型。近年来,诺特布姆(Notteboom,2005)提出港口发展的六阶段阶段论,不同阶段对应不同的港口形态和主要功能。

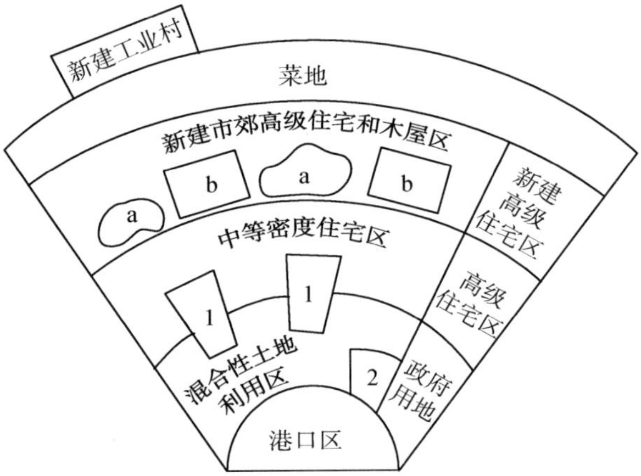

图 2-2 东南亚港口城市空间结构模式

在国内,现代经济地理学大师吴传钧先生等(1989)第一次将定量思维引入中国的港城关系研究中,建立了港城关系强度数理模型,揭示了港与城的产业、功能变化关系及海港城市的一般成长模式。陈航、栾维新等(2009)运用关系矩阵和相对集中指数分析我国港口城市功能关系演变规律,并依据港城关系阶段进行了类型划分。对于单个城市而言,许继琴(1997)以宁波为例,提出港口城市成长四个阶段论。郑弘毅、顾朝林(1987;1988)对海港城市体系进行了研究,并指出海港城市布局形态和用地方向趋向“一城多镇”的布局形式,具有海港建设深水化、港城布局分散化的客观发展规律。张耀光等(2006)探讨了洋山深水港对上海国际航运中心建设的地域空间作用。李加林等(2008)对宁波的研究表明:河港城市随内河港、河口港到海港的不断深水化和港区外迁,相应城市用地随港口的推移而向入海口、海岸或海岛方向发展,城市形态演变呈现五阶段的带状、群组型空间布局。现有研究不足主要表现在:已有的港口通用模型仍难以满足港口外迁和港区重新发展的实践需求;港口与城市的关系只限于港口的发展与城市的布局形态,对港口产业发展与城市竞争力的提升，及港城交互作用方面的研究较少。

2.1.4 港口兴衰与腹地近现代化的历史地理解析

早在1951年，黄盛璋先生就分析了我国港口城市发展在区域分布上的盛衰消长问题，并对从古代到现代的港口分布格局变迁及其成因进行了探讨(黄盛璋，1951)。陈争平(1990)将港城的近代发展道路大致分为"口岸模式"与"南通模式"两类，并以天津和南通为典型进行比较研究。叶宝明(2005)详细阐述了东北南部沿海港口形成的历史背景和港口体系的演变特征、港口与腹地的相关关系及港口的地位、功能的确立过程。陆伟芳(2000)通过对比上海与英国利物浦发展历程，认为港口建设必须与城市工业发展相适应，城市要及时通过产业布局与结构优化、功能提升为港口发展提供支撑和动力，最终确保港口城市的生命力和可持续性。戴鞍钢(1996)阐述了上海发展成为首要枢纽港的历史过程，揭示了上海港对周边地区及长江流域的经济变迁发生的深刻影响。樊如森(2007)深入分析了在天津港口发展和国内外市场拉动下，北方经济在近代的崛起过程。复旦大学历史地理研究中心(2005)主编的《港口—腹地和中国现代化进程》一书总结了港口及港口城市发展在中国近现代化空间进程中的历史作用。历史地理从较长时间尺度阐述我国港口及其城市发展对腹地和中国近现代化空间进程的作用，缺点是以文字描述和定性说明为主，难以结合翔实的数据和定量模型进行精确表达。

2.1.5 港口演变影响腹地发展的理论探讨

国外对于港口发展的区域影响研究，来源于港口体系演化理论。1963年，塔弗、莫雷尔(Morrill)和古尔德(Gould)在海港空间结构演化的六阶段模型中，首次建立港口区域交通网络发展模型；认为随着交通网络的扩张与不断发展，港口与腹地的交通联系得到逐步改善，腹地货流逐步趋于集中；揭示了港口体系演化对区域交通网络的影响(Taaffe et al，1963)。国内地理学者对港口影响区域的理论问题进行了初步探讨。

1）在港口对区域空间结构的影响方面

王铮(2002)提出港口枢纽—网络结构的形成和发展阶段，认为"港口"作为葩嵌既活化空间又决定了区域的经济性质。郑弘毅(1982)指出港口建设引起海港吞吐量发生重大变化，区域空间格局将产生新的消长过程，直至达到新的平衡。张景秋、杨吾扬(2002)分析了港口在临海地带经济空间结构演化过程中的作用。董洁霜、范炳全(2003)建立“港口区位势”概念，分析港口区位潜在发展条件，探讨港口与区域交互作用的方式、作用量、作用机遇或概率以及其增强、改善和提高机制的理论框架。

2）在港口对城市空间结构的影响方面

赵鹏军、吕斌(2005)分析了荷兰鹿特丹港口产业演替过程及在其推动下的港口地域空间的成长规律。郭建科、韩增林(2006)以大连为例，分析港口物流主导下现代物流产业参与港口城市空间再造的机制，突出港口及港口物流对港口城市的地域空间影响，构建其空间实现路径。万旭东等(2009)从港口对城市空间布局、发展方向、产业结构、交通体系、城市生态保护策略等方面系统阐述了港口在城市空间组织中的作用。

3）港口与腹地关联的初步测定及经济腹地空间变化

甘国辉、王健(2005)建立了单一商品的腹地空间经济模型。朱传耿、刘波等(2007;2009)运用灰色关联分析法计算港口—腹地经济关联发展的均值关联度，分析影响港口—腹地关联的驱动要素，并探讨港口经济腹地空间范围从点到轴、从轴到面、从局部到纵深的带状空间层次变化规律及其变化原因。

2.2 理论范式辨析及海港空间效应内涵

2.2.1 研究述评及其理论范式反思

1）不同研究视角的比较

分析可知，港口的空间研究呈现多元化趋向。其中，地理学方面的研究占到70%以上，并形成了较完善的研究体系。西方学者重视区位论、港口通用模型构建及港口体系研究，而国内学者更注重港口区域选址、港口体系演化与运输网络、港口与腹地关联。交通运输地理学者重点关注港口体系与港口运输网络，历史地理学者从较长时空尺度探讨港口兴衰演替的规律及其在国家现代化进程中的空间作用，城市地理学者重视港口演化与城市发展的空间关系，等等。

其他学科对于港口与城市、区域关系方面的研究也形成了自己的关注热点。① 经济学关注港口经济影响。研究成果有基于关联度模型的港口经济与城市经济关系、港口对地区经济贡献度、港口与保税区一体化的经济效益分析等(刘秉镰等,1997;吴国付等,2006;匡海波,2007)。② 交通运输工程学关注港口评价及港口空间优化的模型构建和数理分析。集中在长江三角洲港口群物流系统动力学分析模型、港口群系统优化模型及其算法、基于模糊综合评判的现代港口腹地划分引力模型、区域集装箱港口网络布局规划优化模型、集装箱港口竞争力评价等(杨家其,2002;吕永波等,2002;汪传旭等,2007;赵旭等,2007;封学军等,2008)。③ 城市规划学科重视港城冲突下的空间融合问题。集中在关于港—城界面再开发与港城空间融合的研究(何子张等,2005;周铁军等,2008),探讨港口码头区再开发和周围城市区域的改造。还有港口主导下的港口城市空间规划与发展模式研究(郝之颖,2007;朱力等,2009)。

2)现有研究不足

总体来看,与现代港口发展变革及其在国家现代化过程中的重要影响相比,对于港口的空间研究明显落后于实践。相关主题仍围绕港口自身空间(体系)展开,对于港口作用于腹地的区域影响研究比较零散,仅有初步的理论探讨和叙述,对港口空间效应形成演化过程、作用机理及时空耦合进行空间识别、定量判定和系统集成的综合研究尚属空白。

具体而言,港口与城市、区域相互作用的研究存在的主要问题有三方面。第一,没有从整体和系统角度建立起港口与区域交互作用的定量研究体系(董洁霜等,2003),对于港口区域影响的关注仅以港口体系、港口演化模型、港口兴衰变迁等研究的"副产品"形式出现,专门进行系统研究的案例不多。第二,对港口作用范围或腹地大小、分布情况的研究多为单要素实证,没有将不同空间尺度、软硬件环境、港口规划建设与腹地经济等方面结合起来对港—腹空间关系进行较为深入的解析和刻画。第三,港口与腹地的互动发展等现实问题研究较少。近年来,港口研究视角多转向航运新因素和国际影响方面,关于港口对陆向腹地区域空间影响的研究比较少,新成果不多。随着我国沿海经济发展模式加快转变,在国际经济危机影响下的港口发展转而重视国内区域内生力量的参与及腹地支撑,以实现国家利益最大化和区域综合效益最大化。因此,为强化港口对腹地区域的空间效应,充分发挥沿海港口在国际生产链条和区域网络中的资源配置枢纽作用,实现港口与内陆腹地的互动发展,需要着眼于港口、城市、区域综合视角,从更大范围的空间结构和更广泛的作用要素考察港—腹地域系统空间作用，推动港口空间效应影响下的港—腹区域互动发展。

综上，必须将现有研究的各方面优势进行有效整合，用系统的指标体系和判定模型进行深层次解析和理论提升，并进行集成创新。港口空间效应研究要突破以往港口空间专注于港口自身空间及运输网络的研究缺陷，应更加关注港口区位、功能与工业布局、城市发展、区域开发之间的关系问题，并将港口空间对于区域交通运输和物流系统、产业空间集聚及区域空间格局纳入到一个统一的分析框架之内。

2.2.2 海港空间效应的概念及其理论框架

亚里士多德认为，空间是一切场所的总和，是具有方向和质的特性。诺伯格·舒尔兹(1985)认为，空间是由于人抓住了在环境中生活的关系，为充满事件和行为的世界提出意义或秩序的要求而产生的。地理学的空间研究强调五种属性，即空间的构成要素、空间尺度、空间主体、空间过程、空间类型或空间结构(柴彦威，2000)，并致力于揭示地理事物的空间运动和变化规律，寻求人类对地理空间的合理开发和有序利用，实现地域空间系统的优化调控。从空间的本质来讲，港口空间和港口空间效应是港口空间研究中的两个内容，港口空间强调的是港口自身的空间组成、分类、结构、功能及区域空间体系等地域空间属性，探讨港口空间演化过程、机理、内部各要素的相互关系，等等；而港口空间效应则强调港口对区域产生的空间作用及影响，探讨这种空间作用的影响因素、作用效果及区域响应，等等。因此，两者是两个不同的研究范畴，但又有密切地联系。

简言之，港口空间效应就是指港口形成与发展对所在区域产生的一系列空间作用及影响。表现为存在方向、路径、范围、距离、等级和强度等各不相同的地理过程与空间运动，并因地理环境约束和人地关系地域系统演化引起人口、物质、能量、信息等的复杂传输和空间再分配现象，即产生了地域空间效应。时间上，港口对区域产生的空间效应在港口形成和发展过程中不断变化，当港口与腹地空间联系成为区域主要联系方向时，港—腹经济地域系统形成，港口对于区域的空间影响就会发生质的变化。空间上，沿海港口自身及其所处区域的功能、结构、类别不同，港口空间作用对区域产生的影响也就千差万别，从而产生具有区域特性的空间效应。本书之所以强调海港，是因为海运作为世界性的联系方式和运输通道具有不可替代性，沿海港口对国家和区域的空间引导和塑造作用巨大；而内陆河港在高速公路、铁路等新型快捷交通网普及下，交通枢纽地位日益下降，对区域的影响与海港不可同日而语。

港口空间效应研究的核心是从深层次揭示港口对腹地的多层次空间影响及响应，揭示港口空间效应发生、发展的过程与规律；以人地关系和谐优化为目标，实现港口—腹地地域系统的动态、稳定和合理的空间秩序。

2.3 海港空间效应主要理论基础

2.3.1 港口发展演化相关理论

1）海港区位论

韦伯创立工业区位论之后，有不少学者阐发或应用其工业区位理论和方法，德国学者高兹在《海港区位论》一书中采用经济与地理相结合的方法，以海港与腹地关系为基础，结合韦伯的工业区位论思想与方法，创立了总体最小费用原则，追求海港建设的最优区位(杨吾扬，1989)。

(1) 假设条件。① 腹地的发货收货场所已知；② 海外港湾场所固定；③ 在劳动力供应无限的条件下，劳动供给地固定，各地工资一定；④ 运费率面定；⑤ 港湾输出、输入的转运量一定。

(2) 区位因子体系和步骤。高氏根据最小费用原则，建立其形成区位的因子，内容有以下各项：① 指向海上最短距离；② 指向从技术上看的良好的海岸位置，即建港趋于最小投资的地点；③ 指向连接海港的廉价运输腹地。

高兹在海港区位理论中仿效韦伯(Alfred Weber)建立了如下因子体系和步骤：第一，运输费用(包括腹地和海洋)指向，建立最小费用区位；第二，劳力费用指向，修正运输指向得出的区位；第三，资本费用指向，修正上述结果后得出最终的海港区位。

(3) 运输指向。① 腹地指向。运用韦伯区位图像和几何作图方法，即以重量和距离为单位，求运费最小点。可只求海港和腹地经济中心的吨千米，使其最小，这种方法是选择港口区位的真髓，指出腹地经济中心的实力和变化是港口兴衰的决定因素。② 海洋指向。高兹认为海上运费对海港区位影响特别大，他强调要根据不同的海运组织形式(定期和不定期航班)进行海港区位选择。运输货物的容量(船体)、重量和价值三个条件影响海运价格形成,因此,应结合容积体系和重量体系,考虑货物价值,制定新的运费标准。

(4) 劳动力费用。由于劳动力费用具有地域差异性,所以对港口影响很大。高兹以德国各港劳动力差别为基础,用韦伯等费用线方法求得因劳动力费用而引起的区位变形。

(5) 资本指向。由于海港建设费用浩大,需大量基本投资,故港口趋向于设备投资最小的地点。与自然地理环境关系密切的港湾条件对港口资本指向影响巨大,因此,具有良好天然港湾的海港可将海港区位吸引过来。

高兹是交通运输地理学领域中研究区位第一人,他把港口和腹地联系起来,强调自然条件的区位作用,创立了最小费用原则,并提出了海洋运费形成中容积、重量与价值的关系,这些都比韦伯更进一步。其不足之处是对垄断和政府政策没有涉及,在腹地分析中,虽有对工业中心与海港联系的论述,但未涉及货流分析。对两种运输组织形式强调过分,实则运输联系决定生产力分布。

2) 港口区位势理论

20 世纪 40 年代,西方学者将物理学的"位势"概念移植到区位相关问题的分析中,建立起空间相互作用理论的"区位势"模式(王铮,2002)。一个地方 i 的区位势 V_i 表示为周围其他所有地方 j 对它施加的总影响,反映的是区位与区域系统内不同群体间的相互作用的机遇或概率。区位势通用模式数学表达式为

$$V_i = \sum_{j=1}^{n} P_j \exp(-\beta r_{ij}) \qquad i \neq j \tag{1}$$

式中:V_i 为地方的区位势;P_j 表示围绕地方 i 的 j 地区位要素供应量,一般采用人口规模指标,除此之外,也可以用商业零售额、就业机会数、工业总产值、固定资产和流动资金等其他替代指标;r_{ij} 为两地间距离;β 为距离摩擦指数。区位势模型在划定城市经济吸引范围、定量考察城市间经济联系的密切程度以及经济布局的区位决策方面产生了广泛影响。区位势反映的是某一地方的区位条件和发展潜力,是其在特定区域系统中的重要性和竞争力的一种测度模型。

在国内,董洁霜、范炳全(2003)将区位势的概念引入港口研究,提出港口区位势的概念及其理论研究框架。他们提出港口区位势的定义为:因港口本身所具有的规模和所处的区位而产生,以港口区位因素为根据,反映港口与区域交互作用的规模和机遇。他们认为港口区位势理论是研究港口与区域交互作用的方式、作用量本身、作用的机遇或概率,分析港口区位潜在的发展条件,并揭示增强、改善和提高港口与区域的交互作用和港口区位潜在发展条件与机制的一种基本理论。港口与区域交互作用是通过港口各个区位因素的发展变化,港口、城市、区域三个层面的相互影响、相互作用得以实现,并作用于区域港口体系的形成与演化、港口型经济及产业形成与发展、港口城市经济空间结构演变等过程。

(1) 港口区位势基本因子。① 港口通达性:反映港口地理位置的重要性、自然条件的优越性、腹地货源的可得性;② 港口产业集聚度:反映港口产业的发展水平、规模与结构,产业与港口的依存程度;③ 港口城市联动性:反映港口所依托城市的性质与职能、城市经济规模与结构、港口发展用地的可得性。

(2) 港口区位势增长机制。港口区位势增长机制分析主要包括港口基本区位势增长和港口综合区位势增长机制两方面。① 港口运输区位势:港口通达性是港口运输区位势形成与发展的基本条件,因此港口通达性的提高即是港口运输区位势增长的基本机制。② 港口产业区位势:港口作为水陆货物运输的转运中心,既面向市场又靠近原料,具有运费最低的优势,往往成为一些产业发展的最佳区位,而产业综合体的发展以及由此产生的自增长效应是港口产业区位势形成与发展的主要机制。③ 港口城市区位势:港口与城市相互竞争和相互协作的交互作用是港口城市区位势存在的基础,港城竞争的焦点主要在于土地的可得性;而港城之间的协作具有广泛的社会经济基础,港口与城市一体化协调发展是港口城市区位势实现的机制。

港口区位势的增长一方面是以上各基本区位势增长的综合,另一方面是全球经济一体化和科学技术的进步对港口区位势增长机制产生深刻的影响。随着集装箱运输和多式联运模型的迅速发展,区域内每个港口都成为世界经济网络的一个组成部分,占据不同的位置,发挥不同的作用。根据各个港口在世界经济网络中的不同位置和作用,建立港口在世界经济贸易网络中动态的区位势增长机制,用于分析在全球经济一体化条件下和现代综合物流网络体系中的世界主航线动态发展变化趋势、港口区域群体组合体系的形成与发展演化，以及港口之间的竞争与合作的机制。

3）港口通用模型

1965 年，英国地理学家伯德（Bird，1965；1968；1971）最早系统提出 Anyport 模型及港口通用模型。他通过考察英国河港的发展过程，依据港口物质设施的添加与变化，将港口发展划分为六大发展阶段：① 原始发展阶段；② 顺岸式港口扩展阶段；③ 顺岸式港口细部变化（突堤、栈桥等）阶段；④ 船坞细部变化阶段；⑤ 港池式码头发展阶段；⑥ 专业化码头（T 头突堤或栈桥及深水泊位，为工业专用）发展阶段。该模型刻画了港口拓展的时空规律，揭示了港口设施建设、功能拓展和技术演进对城市的空间影响问题。Anyport 模型不能解释所有港口的发展，但为各区域的港口比较提供了简便方法和基础，对目前大型港口仍有很强的适用性。该模型的不足之处在于对港口服务的陆向腹地和由班轮服务的海向腹地，尤其是航运活动考虑较少。对全球大港而言，港口通用模型具有全球普适性，并且首次考虑了港城相互作用问题。徐永健等（2001）指出，随着港口向下游发展，港口与城市核心区之间的分离越来越明显。

近年来，诺特布姆等（Notteboom et al，2005）认为港口设施的发展呈现三个阶段的形态变化（图 2-3）。① 布局阶段：最初布局受制于地理环境，港口活动限于仓储和批发业，并有贸易和造船业。② 拓展膨胀阶段：工业革命促使港口运输与造船业兴起，码头、防波堤和船坞等设施扩张建设，国际贸易和临港工业发展。③ 专业化阶段：建设专业码头以分

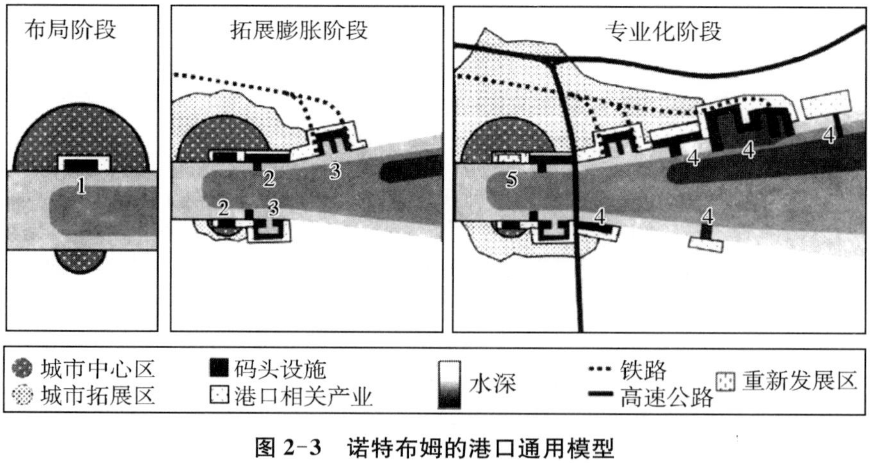

图 2-3 诺特布姆的港口通用模型

类处理矿石、石油、煤炭和集装箱等不同货物，防波堤延伸且港口泊位逐渐深水化，部分港区外迁。

4）海港城市成长模式

吴传钧先生等(1989)的海港城市成长模式从动力结构揭示了港与城的产业、功能变化关系及海港城市的一般成长规律，如表 2-1 所示，着眼点既不是港口城市体系，也不是城市内部空间结构和组织模式，而是将港口与城市发展的动力结构和空间联系的内在机制联系起来。他认为海港城市的成长动力分为三种，即港市直接联系、港市间接联系和城市自增长效应。港市直接联系的发生源于海港的运输中转功能；港市间接联系通常以集聚引力、协作引力和乘数效应三种方式出现；城市自增长效应是指城市发展到一定水平以后，其本身的规模通过循环和积累，就能促使城市继续发展，即城市本身的发达就是自身成长的动力。

表 2-1　海港城市的成长模式

项目	Ⅰ	Ⅱ	Ⅲ
动力结构	直接联系(港务、集散部门)	直接联系(港务、集散、港口工业)、间接联系	直接联系(三部门)、间接联系、城市自增长效应
海港城市经济特征	初级商港型	港口工业型	多元化型
港市关联强度	最强	强	弱

吴传钧和高小真在进一步考察我国北方海港城市成长过程和比较分析基础上，联系动力结构的演变过程，提出了三阶段划分的海港城市一般成长模式。第一阶段，海港城市对港口有很强的依赖性，这时城市活动的中心是运输中转，一旦由于某种原因使港口衰亡，在没有其他特殊力量参与的情况下，城市作为“海港城市”的发展过程就会中断，它可能沿着“非港口城市”的轨迹继续发展下去。第二阶段，港口工业出现，港市间接联系也逐渐发挥作用，这时海港城市对港口的依赖尽管仍很强，但比前一阶段已大为逊色。在这里，港口工业的形成具有非常积极的意义，标志着海港城市完成了从简单地服务于港口到积极地利用港口这一目的性转变。从此，海港城市不再是被动地受海港驱动而发展，而

是通过港市相互作用，与海港相互推动，共同发展。第三阶段，即那多元化阶段，海港城市必须求助于新的动力，才能实现在现有水平上的飞跃。但是，根据复杂系统对参数变动的不敏感性可知，由于动力结构与城市经济结构具有多元化特征，因此一般的外力容易被共吸纳而难以产生很大影响，只有强烈的冲击才能使动力结构有所改变，从而打破旧的平衡，使海港城市经济结构经过调整在更高水平上形成新的平衡。对于没有其他优势的一般海港城市来说，所期望的这种冲击往往来自海港的新发展。

此外，港市关系具有循环上升的特点。海港发展所提供的每一个契机若能得以很好利用，就可以成为海港城市发展的动力，这时港市关系最强。随着结构的多元化，原动力的相对作用减小，港市关系减弱，直到被港口的另一新发展所带动，之后开始更高层次的又一循环，循此途径，海港与海港城市组成的有机系统得以进化和发展，如图2-4所示。

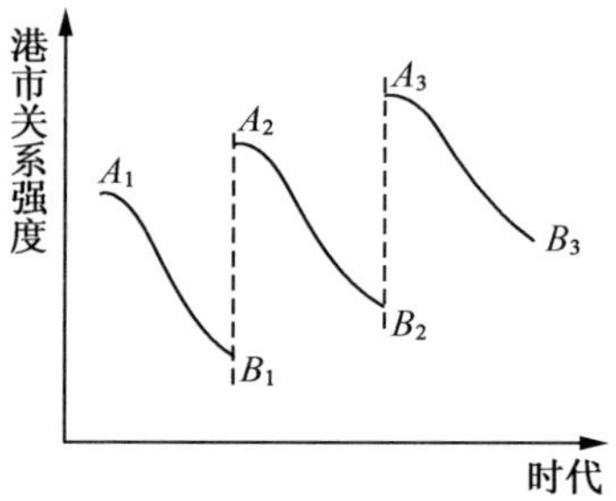

图 2-4　港市关系强度随时间变化

5）港口枢纽—网络结构

港口枢纽—网络结构是一种由于交通线的存在，围绕中心形成以中心为葩嵌、交通线为廓道、其他产业点或城镇为基底的网络结构。港口是一种特殊的城市，它发挥了运输、贸易和分配的功能，围绕港口会形成一种特殊的区域结构——枢纽—网络结构，而枢纽的主要港口是葩嵌。通常一个港口地区发展，从经济、技术、社会变化的角度看，可以归结出四个空间发展阶段（王铮，2002）。

第一阶段，港口：是贸易中心和产业中心的输运功能区。孤立的港口很少有洲际运输，主要输运食物和能源，并且运输是劳动力密集型的。港口活动主要集中于港口城市，大量产品只有一个市场。港口部门的任务仅是提供航海服务。

第二阶段,港口区:港口功能伴随工业发展复杂化,在出现洲际大宗原材料运输后形成港口区,此时,区域的工业主要建在低成本的海外原材料基础之上。海港的空间规模已扩大到港口毗邻地区,除了沿码头分布,还包含针对工业的不以码头为约束的地域。该阶段设备增多,资本也变得密集起来。港口权力部门的任务主要是提供土地和基础设施。

第三阶段,港口圈:由于贸易和产业活动的变化,与港口有关的活动可以分布在一个较大的区域内,若干的港口区联系形成港口圈。海港的主要功能是作为洲际集装箱运输的主要港口,用集装箱运输的货物则被分配在一个个功能不同的港口区。对于集装箱运输来说,集装箱的合成和分配都被定位在距离码头较远的地方,而港口圈不仅覆盖了港口区范围,还包括了港口区周围的地域。港口圈与港口区的区别在于前者有自己的附域,附域不执行港口功能,而是为港口圈内部的港口区服务。为了解决港口区之间以及港口区和它周围地区的竞争,港口权力部门处于非常显著的地位。港口圈的生成改变了区域的空间结构,原来的区位单位将发生再区位。然而港口圈还不能被看作一个连续的地理单位,在港口网络中的功能港口圈仍需要在功能相互作用的基础上确定自己的地位。

第四阶段,港口网络:若干港口圈及其内地范围构成港口网络。在这个阶段,随着空间要求的加强和活动的流动性增强,区位的相对吸引力也发生变化。这时形成推拉作用,推因素包括区位可察觉的短处,那些刺激改变区位因子,例如规模不经济、堵塞、缺少空间和高价劳动力——都是推因素;拉因素包括可以察觉的优点,它刺激区位选择;与此同时,改变区位要求和发展港口范围外的新的商业点对于港口周围的节点也是拉因素。推拉因素潜在影响着区域变化,港口的规模不经济和港口圈外的地域相对较强的吸引力都导致了港口的推力和其他区位拉力的产生,而这些推力和拉力又使与港口有关的一些活动逐渐远离港口。空间分散过程进一步扩大了原来的港口圈功能,而联运的运输和信息技术又使这些扩张变得容易。例如,集装箱仓库建立在远离海岸线的地方,既能节省仓储费又能服务若干港口圈,此时的港口圈是功能个体化的功能港口圈。

在港口网络中形成新的功能港口圈,港口网络中结点功能的个体化和一体化都导致了它们区位之间功能的相互作用。不连续的空间规模扩大和港口与相关功能进一步特化的地域之间相互依赖，使得港口网络作为功能港口区域普遍出现。

港口网络可以根据依赖性分为链状网络、复杂网络、编组网络，并且港口网络结构是一类典型的枢纽—网络结构。一方面，枢纽—网络结构是由功能节点构成的空间结构，如不同的节点承担贸易(如港口)、市场(中心城市)或生产功能。这些"港口"作为葩嵌，既活化空间又决定了区域的经济性质；道路网络作为廓道，起了联系和功能分割的作用；各网络节点是个性化的，即专业化的，因而区别于一般的韦伯网络结构。另一方面，枢纽网络结构强调的是节点与网络，它忽视了核心—腹地结构的空间连续性。当然，网络节点具有经济腹地而类似一个克里斯泰勒型的中心—网络结构，强调的是节点的功能联系，而不像中心—腹地结构那样强调空间的联系与差别。

6）港口功能演化阶段理论

伴随着社会经济发展，港口已经从与工业化过程相适应的发展阶段进入与信息化时代相适应的发展阶段。从世界港口发展历程看，港口主要伴随着工业化的进程而发展，世界工业化主要经历了工业化前期、工业化时期和工业化后期三个发展阶段。1992 年，联合国贸易与发展会议在《港口的发展和改善港口的现代化管理和组织原则》中将港口在功能上的发展分为三代。而许多专家则认为，港口正在向第四代发展，其具体演化过程及特点(于汝民，2003)，如表 2-2 所示。

第三、四代港口与第一、二代港口相比有四个明显特征：① 港口的基本运输业务依托现代化的机械设备和电子信息管理技术[电子数据变换(Electronic Data Interchange，简称 EDI)或电子商务手段]，效率远高于传统港口。② 运输服务的技术含量进一步提高，在港区内或港区周边出现了诸多产业群落，如经济技术开发区、保税区、出口加工区和临海工业区等，用以进行加工、分拨甚至配送，从而实现港口的增值服务功能。③ 实行高效地集中管理，最大限度地缩短船舶和货物在港的停泊时间。港区内往往设有自由贸易区或保税仓库为中转物流提供免税服务，并逐步向自由港方向发展。④ 现代物流功能是其最重要的服务特征。货物流与信息流不分割，追求"零仓储"的供应链管理。

表 2-2 现代港口发展演变阶段

发展阶段	第一代	第二代	第三代	第四代
时间段	20 世纪 50 年代中期以前	20 世纪 50 年代中期—20 世纪 80 年代	20 世纪 80 年代以后	21 世纪初叶
功能特点	运输枢纽	运输枢纽、货物中转、工业与商贸中心	多式联运与物流中心	全球资源配置枢纽
生产特点	主要业务是货物装卸与储存，港口生产采取保守形式：货物移动、港内交接、分项服务、低增值	在原有运输业务之上，增加了港口工业与商业服务等增值业务配备货物的流动与中转，联合服务，提高增长能力	在运、工、商、贸等多功能业务基础上，主要通过货物信息流动与分配等一条龙物流活动，高增值综合物流服务	组织自治化、生产自动化、经营集约化、管理现代化、环境生态化，全程、全方位、多层次、个性化发展
与用户关系	松散，不定期等货	与用户关系密切，港城非正式关系揽货	生产、贸易与运输一体化，港口与用户关系密切，港城一体化发展	经贸港运输实行“国民待遇”，港口群体、城市社会区分为运网带和综合流通网，形成区域经济、技术、文化、利益共同体
决定因素	劳动力和资本	资本与技术	技术信息和服务	人才与环境

如果说第一、二、三代港口活动主要集中于调配、集散等有形商品，那么第四代港口的活动已扩展到无形商品，如资本、技术、信息等各个范畴，形成国际上资源配置中心。从传统眼光来看，已很难分清哪些活动应属于港口，哪些活动应属于城市。例如，鹿特丹就把港口运输功能、工业功能、商业功能和信息功能确定为港口发展的四大支柱。

2.3.2 区域空间成长与联系的相关理论

1）区域空间结构的形成机制

区域空间结构作为区域经济的一种重要结构，是指各种经济活动在区域内的空间分布状态及空间组合形式。区域经济活动是在地理空间上进行的，一方面，各种经济活动的产生需要把分散在地理空间上的相关要素组织起来，形成特定的经济活动过程；另一方面，各种经济活动之间需要相互联系、相互配合，但是它们的区位指向又不尽相同，于是就需要考虑如何克服地理空间的约束而相互连接起来，形成一个大的经济系统。在区域经济发展中，始终都要考虑如何实现要素的空间优化配置和经济活动在空间上的合理组合，从而克服空间距离对经济活动的约束，降低成本，提高经济效益。区域空间结构是在多种力量的交互作用下形成和发展的，主要表现在经济活动的区位指向、要素和经济活动的集聚与扩散、经济影响的空间近邻效应等方面。

(1) 区位指向下的点、线、面空间组合

所谓区位指向是指经济活动在选择区位时所表现出的尽量趋近于特定区位的趋向。通常，经济活动的区位指向可以分为以下几种：其一，自然条件和自然资源指向。如农业和采矿业基本上是这种指向。其二，原料地指向。如高物耗的钢铁、建材、木材加工、重型机械制造、各种农副产品加工业等基本上都是原料地指向。其三，燃料动力指向。如高耗能的火力发电、有色金属冶炼、电冶合金、稀有金属生产、石油化工等都属于燃料动力指向。其四，劳动力指向。又可分为廉价劳动指向和高素质劳动力指向，其中廉价劳动力指向如纺织、服装、制鞋、烟草等，高素质劳动力指向如电子、信息、生物工程、新型材料等。其五，市场指向。如服务业、部分食品和饮料工业、部分化学原料工业以及对市场行情波动敏感的行业。其六，运输指向。选择区位时通常都趋向于运输费用最低的地方，即常常分布在重要的交通枢纽。

区位指向是影响区域空间结构形成与发展的一种重要的、基本的力量。由于各种经济活动的经济技术特点及由此而产生的区位特征存在差异，所以它们在地理空间上所表现出的形态是不一样的，表现出点状、线状、面状分布形态。例如，工业、商业等表现为点状，交通、通信等则表现为线状，农业多表现为面状。这些具有不同特质或经济意义的点、线、面依据其内在的经济技术联系和空间位置关系相互连接在一起，就形成了具有特定功能的区域空间结构。它们之间的组合方式主要有七种组合模式:"点—点"构成节点系统,表现为条状城镇带和块状城镇群;"点—线"构成交通、工业等经济枢纽系统;"点—面"构成城市—区域系统,表现为城镇聚集区、城市经济区;"线—线"构成交通、通信、电力、供排水等网络设施系统;"线—面"组成产业区域系统;"面—面"组成宏观经济地域系统,如经济区、经济地带;"点—线—面"就构成了空间经济一体化系统,具体表现为节点相互依存,域面协调发展,通道配套运行,各种空间经济实体的联系交错密集,呈现网络化系统。一般区域空间结构由点、线、网络和域面这四个基本要素所组成,这些空间形态是区域空间结构的基本构成要素,形成由点—线—面构成的网络结构是区域空间结构发展成熟的必要条件,也是推进区域合作、加强区域互动的重要载体。

(2) 集聚与扩散机制

① 集聚机制。集聚是指资源、要素和部分经济活动等在地理空间上的集中趋向与过程。集聚机制的形成源于三个方面:一是经济活动的区位指向;二是经济活动的内在联系;三是经济活动对集聚经济的追求。集聚机制的形成是必然的,集聚过程一旦开始,就极易形成循环因果式的促进集聚的力量,从而加速集聚过程。

集聚能够产生集聚引力。在集聚引力的作用下,区域经济在空间上会发生一系列的变化。首先,集聚导致区域的极化现象。在集聚过程中,区域内的资源、要素、企业、经济部门等将不断地向优区位移动,于是就促成了区域经济增长极或增长中心的形成和发展。其次,集聚将加剧经济发展的空间差异与不平衡。在集聚引力的作用下,区域内部会产生中心与边缘的分化过程,产生经济活动在空间分布上的密集与稀疏现象。第三,集聚是促进发达地区、城市、城市密集区、专业化地区、产业密集带等形成和发展的主要力量。第四,集聚还能够引发和加剧经济发达地区与落后地区、城市与农村、专业化地区与一般地区等之间形成发展关系上的"马太效应",即强者恒强、弱者恒弱。

② 扩散机制。扩散是指资源、要素和部分经济活动等在地理空间上的分散趋向与过程。扩散机制的形成源于以下几个方面:第一,避免集聚不经济;第二,寻求新的发展机会;第三,部分经济活动区位的指向作用;第四,政府的政策作用。总体而言,扩散机制将促进资源、要素、企业、经济部门在空间上趋于相对均衡,有利于逐步缩小区域内部的经济水平差异,促进经济协调发展。

扩散机制有就近扩散、跳跃式扩散、等级扩散和随机扩散四种表现形式。就近扩散是资源、要素、企业和经济部门由集聚地区向周围地区的扩散。一般而言，与集聚地区相邻的地区有适宜的区位和较好的外部环境，比偏远地区的发展条件好，并且与集聚地区联系方便，便于获取信息、得到发展上的支持。向这样的地区扩散容易取得较好的集聚效益，及时抓住发展机遇，跟上经济发展的趋势。跳跃式扩散是资源、要素、企业和经济部门从集聚地区越过周围地区而直接扩散到其他地区。接受跳跃式扩散的地区要么整体发展水平相对较高，具备接受扩散所需的良好条件，能够对集聚地区的资源、要素、企业、经济部门产生很大的吸引力，吸引它们直接进入到本地区；要么存在某些方面的发展机遇或潜力，在众多的地区中成为集聚地区进行扩散的优选对象。等级扩散是集聚地区的资源、要素、企业和经济部门按照城市等级体系由上至下地进行扩散。从集聚地区开始的扩散基本上是首先扩散到其他区域的大城市，然后由大城市扩散到中等城市、小城市，并依托这些城市向广大乡村扩散。随机扩散是集聚地区资源、要素、企业和经济部门的一种无规律的扩散。产生集聚扩散的原因，一是地区之间信息不畅，集聚地区在进行扩散时，已知的可选择范围有限；二是因某些社会因素（如长官意志、亲友关系）和心理因素（如个人偏好）致使扩散的地区选择偏离经济合理的原则，这种情况在部分资源、要素和企业的扩散中比较常见。

③ 集聚与扩散的相互转化。集聚与扩散既相互对立，又可以并存，是制约区域空间结构形成与发展的重要机制（李小建，2006）。它们之间的关系体现在以下几个方面：首先，在区域空间结构形成与发展的不同阶段，集聚与扩散的作用强度不一样。在区域空间结构形成初期，集聚机制起着主导作用，引发区域内部发生空间分异；在区域空间结构发展时期，集聚机制的作用将逐步减缓，扩散机制逐渐发挥作用；当区域空间结构进入成熟期，集聚机制与扩散机制同时作用，其表现形式和程度较为复杂，一般情况是扩散机制的作用强于集聚机制。其次，集聚机制与扩散机制的作用都存在一定的惯性，也就是说，集聚（或扩散）一旦发生，就将沿着其固有的方向持续下去。在没有人为干预的情况下，只有等到出现集聚不经济（或扩散不经济）时，集聚（或扩散）才会受到遏制，并有可能由集聚为主转化为由扩散为主（或由扩散为主而转为由集聚为主）。这时，原来的集聚（或扩散）趋势是不会消失的，仍将与扩散（或集聚）同时存在，但是集聚（或扩散）在内容、规模、层次、速度等方面会发生不断

地变化。

集聚与扩散具有的惯性是有限度的。集聚作用超过一定限度就会产生集聚不经济,从而遏制集聚的进一步进行;同样,扩散作用达到一定限度也会产生扩散不经济,从而抑制扩散的继续进行。这是因为,扩散过度会割裂经济活动之间所固有的联系,失去发展所必需的外部环境,不能开展合理的分工与协作,于是就导致生产与经营效益下降,甚至连正常地生产或经营过程也难以维持。

2）空间近邻效应

空间近邻效应是指区域内各种经济活动之间或各区域之间的空间位置关系对其相互联系所产生的影响。地理学的空间距离衰减原理揭示了各种经济活动或区域的经济影响力是随空间距离的增大而呈减小的趋势。第一,经济活动都有节约社会劳动的内在要求,在可能的情况下,一般倾向于按就近原则组织相关的资源和要素去进行生产和经营。第二,受空间感知能力的限制,各种经济活动在进行发展决策时能够获取的决策信息常常以周围地区的居多。因此,为了降低决策风险,它们大多倾向于在周围地区采取行动,谋求发展。现代交通条件的改善使各种经济活动到较远的地方去谋求发展已比较方便,但是受长期形成的经济与社会联系的影响,它们在同等条件下选择发展的地域时仍将以周围地区为主。总之,只要能够基本满足所必需的技术要求、经济效益,各种经济活动都倾向于就近组织资源、要素,也就容易与空间上近邻的相关经济活动或区域发生联系;而且,随着空间距离的增大,各种经济活动采取行动的可能性及产生的影响都将相应地减小。

空间近邻效应对区域空间结构的形成与发展有三方面影响。一是促使区域经济活动就近扩张。在满足发展所需条件的前提下,各种经济活动一般都会采取由近及远逐步推进的方式来扩大自己的影响空间、建立分支机构、寻求发展合作伙伴等。二是影响各种经济活动的竞争。由于在一定时期内可投入到经济发展中的资源和要素是有限的,同时市场的需求也是有限的,所以位于同一地区或相互靠近的各种经济活动在利用资源、要素,开发市场时就势必会发生激烈地竞争;相反,如果经济活动彼此在空间上相距较远,那么它们之间的竞争就可能减小。三是影响各种经济活动之间在发展上的相互促进。各种经济活动在空间上相互靠近除了会加剧竞争,它们之间也将因此有更多的机会建立起相互依存的发展关系,彼此开展分工与协作。这样,它们既能因分工与协作而提高经济效益，又能在分工与合作中较容易地寻找到新的发展机会。反之，如果各种经济活动相距较远，那么它们之间开展分工与合作，进而在发展上获得相互促进作用的机会也会相应减少。空间近邻效应的这几个方面的作用都会不同程度地影响区域空间结构的形成和发展。

2.3.3 区域间经济发展关系理论

1）赫希曼的极化—涓滴效应学说

世界著名的发展经济学家赫希曼（A. O. Hirshman）通过对一个国家内各区域之间的经济关系进行的深入研究，提出了极化—涓滴效应学说，解释经济发达区域与欠发达区域之间的经济相互作用及影响。赫希曼认为，如果一个国家的经济增长率先在某个区域发生，那么它就会对其他区域产生作用。为了解释方便，他把经济相对发达的区域称为"北方"，欠发达区域称为"南方"。北方的增长对南方将产生不利和有利的作用，分别称之为极化效应和涓滴效应。

极化效应表现在三方面：一是，随着北方的发展，南方的要素向北方流动，如南方的劳动力在就业机会和高收入的诱导下向北方迁移；北方的投资机会多，投资的收益率高于南方，南方有限的资金也流入北方。资金与劳动力的流动还会相互强化，从而使南方的经济发展能力被削弱，导致其经济发展恶化。二是，在国内贸易中，北方经济水平相对高，在市场竞争中处于有利地位。在出口方面，南方由于生产效率相对较低，无法与北方竞争，导致出口的衰退。三是，南方本来可以向北方输出初级产品，但是如果南方的初级产品性能差或价格有所上涨，那么北方就有可能寻求进口。这样，就使南方的生产受到压制。

涓滴效应体现在：北方吸收南方的劳动力，在一定程度上可以缓解南方的就业压力，有利于南方解决失业问题。在互补情况下，北方向南方购买商品和投资的增加，会给南方带来发展的机会，刺激南方的经济增长。特别是北方的先进技术、管理方式、思想观念、价值观念和行为方式等经济和社会方面的进步因素向南方的涓滴，将对南方的经济和社会进步产生多方面的推动作用。

赫希曼认为，在区域经济发展中，涓滴效应最终会大于极化效应而占据优势，原因是北方的发展将长期带动南方的经济增长。尤其是北方的发展会出现城市拥挤等环境问题，南方的落后则从国内市场需求方面限制了北方的经济扩张，国家经济发展也将因南方的资源没有得到充分利用而受到损害。因此国家将出面来干预经济发展，加强北方的涓滴效应，促进南方的经济发展，同时也有利于北方的经济继续增长。

2）中心-外围理论

中心—外围理论或称核心—边缘理论，是20世纪60年代和70年代发展经济学研究发达国家与不发达国家之间的不平等经济关系时所形成的相关理论观点的总称(崔功豪等，1999)。中心—外围的概念和分析方法后来被引入区域经济的研究之中，融入了明确的空间关系概念，形成了解释区域之间经济发展关系和空间模式的中心—外围理论。其中，美国学者弗里德曼(J. R. Friedman)在1966年出版的《区域发展政策》一书中提出的中心—外围理论较具代表性。

弗里德曼认为，因多种原因，在若干区域之间会有个别区域率先发展起来而成为“中心”，其他区域则因发展缓慢而成为“外围”。中心与外围之间存在着不平等的发展关系。总体上，中心居于统治地位，而外围则在发展上依赖于中心。中心对外围之所以能够产生统治作用，原因在于中心与外围之间的贸易不平等，经济权力因素集中在中心，同时，技术进步、高效的生产活动以及生产的创新等也都集中在中心。中心依靠这些方面的优势而从外围获取剩余价值，然而对于外围而言，中心对它们的发展产生压力和压抑。如中心工资水平的提高，就会使外围面临相应地提高工资水平的压力，或者是被迫增加出口来弥补进口增长所造成的资金压力。因此，外围的自发性发展过程往往困难重重。更重要的是，中心与外围的这种关系还会因为推行有利于中心的经济和贸易政策，使外围的资金、人口和劳动力向中心流动的趋势得以强化。可见，中心与外围之间构成了不平等的发展格局。

弗里德曼对中心与外围关系的进一步研究指出，中心的发展与创新有很大的关系。在中心存在着对创新的潜在需求，使创新在中心不断地出现。创新增强了中心的发展能力和活力，并在向外围的扩散中加强了中心的统治地位。他还认为有六个自我强化、反馈的效应支持了中心的成长，它们分别是主导效应、信息效应、心理效应、现代化效应、连接效应和生产效应。主导效应就是外围的自然、人文和资本资源向中心的净转移；信息效应是中心内部潜在相互作用的增加；心理效应是创新的成功对更多创新的刺激作用；现代化效应是中心为适应创新而发生的社会价值观念和行为方式的转化；连接效应是一个创新引起新的创新的趋势；生产效应是为创新而提供有吸引力的结构支持，包括经济规模的增长和专业化。信息效应和心理效应常常与主导效应相伴随,而现代化效应则与连接效应、生产效应密切相连。在这些效应的作用下,中心不断地成长;相比之下,外围的发展将处于不利地位。

3)梯度推移学说

所谓梯度是指区域之间经济总体水平的差异,而不仅仅是技术水平的差异。梯度推移学说的基本观点是,一个区域的经济兴衰取决于它的产业结构,进而取决于它的主导部门的先进程度。与产品周期相对应,可以把经济部门分为三类,即产品处于创新到成长阶段的是兴旺部门;产品处于成长到成熟阶段的是停滞部门;产品处于成熟到衰退阶段的是衰退部门。因此,如果一个区域的主导部门是兴旺部门,则被认为是高梯度区域;反之,如果主导部门是衰退部门,则属于低梯度区域。推动经济发展的创新活动(包括新产品、新技术、新产业、新制度和管理方法等)主要发生在高梯度区域,然后依据产品周期循环的顺序由高梯度区域向低梯度区域推移。梯度推移主要是通过城市系统来进行的,这是因为创新往往集中在城市,而且城市从环境条件和经济能力来看比其他地方更适合于接受创新成果。具体的梯度推移有两种方式,一种方式是创新从发源地向周围相邻的城市推移;另一种方式是从发源地向距离较远的第二级城市推移,再向第三级城市推移,依次类推。这样,创新就从发源地推移到所有的区域。

在我国,梯度推移学说于 20 世纪 70 年代末引入区域经济研究之中,主要探讨国家经济发展的区域重点转移问题。持该观点的人认为,区域经济发展是不平衡的,区域之间存在着经济技术的梯度,经济布局的重点选择应该根据区域之间的经济梯度来决定。首先要重点发展高梯度区域,在高梯度区域实行对外开放政策,国家给予重点扶持,通过引进先进的技术,消化、吸收,然后依次向低梯度的区域推移。随着高梯度区域的经济发展加速,推移的速度将加快,从而带动低梯度区域的经济发展,逐步达到区域之间的相对均衡。

3 国外海港空间效应的案例分析

3.1 基于案例分析的港口空间效应理论模式

3.1.1 西方与亚洲港口城市演化阶段比较

西方与亚洲港口城市演化过程的比较，如表 3-1 所示。

表 3-1 西方与亚洲港口城市演化过程比较

西方港口城市演化阶段		时期	亚洲枢纽港口城市整合阶段	
主要特征	图式		图式	主要特征
原始港口城市 城市与港口在空间上和功能上紧密结合		古代/中世纪—19 世纪		沿海渔港 本地沿海渔村，进行自给自足的地方贸易
港城空间拓展 快速发展的商业和工业迫使港口在城市之外拓展，出现了直线码头和装卸业	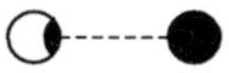	19 世纪—20 世纪		殖民地商埠港城 殖民统治下为输出初级产品推动港城发展
现代工业港口城市 工业特别是炼油等石化产业发展和集装箱运输形成独立空间		20 世纪中期		中转港口城市 贸易扩大和中转业务急剧增多，通过填海造陆扩展空间

续表 3-1

西方港口城市演化阶段		时期	亚洲枢纽港口城市整合阶段	
主要特征	图式		图式	主要特征
城市滨水区衰退 海运技术导致大型临港工业区发展		20 世纪 60—80 年代		自由贸易港口城市 出口导向政策通过免税和低成本劳动力吸引大量临港、外贸加工业发展
滨水区再开发 现代大型港口占用大量陆地和海上空间，位于城市中心区的老港区及周围城区形成港口新兴服务业区域		20 世纪 70—90 年代		枢纽港口城市 枢纽功能推动港口效率提升，城市中心区土地压力增大
港城联系恢复 全球化和多式联运改变港口作用，港口与城市的再开发促进港城融合		20 世纪 80 年代至 21 世纪初		全球枢纽港口城市 枢纽港成本增加，腹地不断扩展，新港口不断出现

注：○表城市，●表港口。

霍伊尔(Hoyle,1988;1989;2000)把西方港口城市的演化过程概括为六个阶段，即原始港城阶段、港口城市空间拓展阶段、现代工业港口城市阶段、城市滨水区衰退阶段、滨水区再开发阶段、港城联系恢复阶段。在西方国家工业化的整个过程中，港口对城市的空间作用及港城关系发生了很大变化。在大多数全球性港口城市，制造业的迁出和人口的迁入是后工业化时期的显著特点。在港口城市发展初期，港对城处于支配地位。之后，随着港口和城市规模扩大，逐渐出现“无港区域”，港口和城市由于空间矛盾而形成空间分离。再后来出现“无区港口”，即城市中心部分滨水区被废弃，海运技术变革导致港口设施从城市核心区向更合适的地方重新布局。在后现代社会，“福特主义”的港口从城市中迁出，城市核心区的港口区由生产功能转向消费和服务功能。

李等学者(Lee et al, 2008)以新加坡和中国香港为例,考察了亚洲港口城市的相互关系,提出亚洲枢纽港口城市整合阶段模型,这一演化过程也分为六个阶段。但不同的是,亚洲枢纽港口城市一般由沿海渔港发展而来,经历了殖民地时期的商埠发展阶段,港口及港口城市对于整个腹地的带动作用和空间效应更加明显。港口利用通商口岸或自由港政策,中转功能得到充分发展,但港口工业功能并未像西方港口那样突出。此外,自 20 世纪 60 年代以来,西方港口城市普遍出现了从滨水区兴盛到衰落再到复兴的过程,而亚洲枢纽港特别是新加坡、中国香港等城市虽存在港区位移的现象,但大规模的滨水区衰败再复兴的过程并不明显。

3.1.2 基于非洲案例的腹地运网演化模式

1963 年,西方学者塔弗(Taaffe)在非洲加纳和尼日利亚沿海地区交通发展案例的基础上提出了发展中国家港口—铁路发展模型,此模型生动刻画了沿海港口及港口体系成长对腹地交通网络扩展的空间效应,同时也揭示了沿海地区交通网络的发展过程和方向。塔弗认为该地区的运网扩展分为六个发展阶段,如图 3-1 所示。

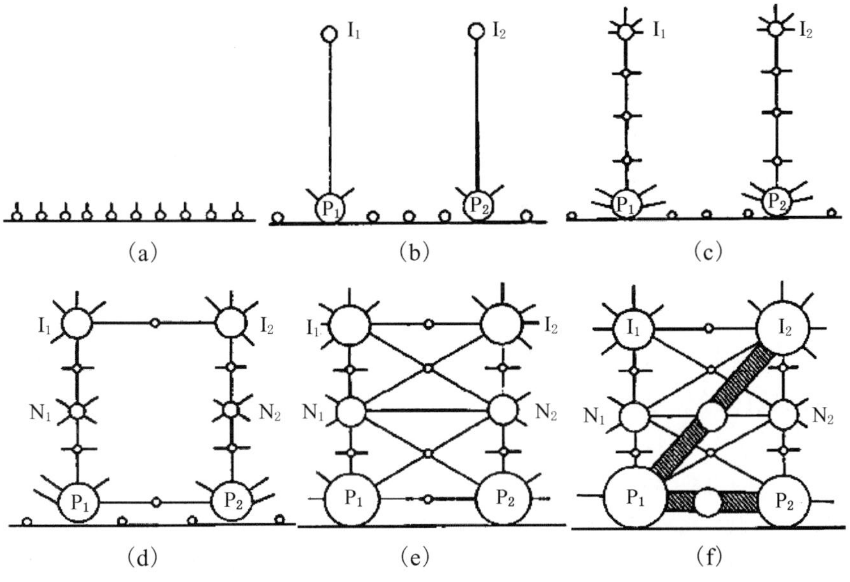

图 3-1 海港为中心的区域运网扩展(Taaffe)模型

第一阶段:分散的天然小港口阶段。工业化前或殖民地占领时,沿海地区分布有分散的、无差异的天然小港口,这些港口相互孤立,在平直海岸线呈一线展开,并且依托天然港口形成居住区或小市镇。由于这些小港口没有纵深腹地,也无横向往来,故港口以渔港性质为主,偶尔辅以商船贸易;与此同时,由于每个港口都只与其周围陆地组成一个个封闭的、以渔业生产为主的自然经济系统,所以港口倾向于沿海岸线均匀分布,各港口功能并无差别。

第二阶段:腹地中心与主要港口交通连接形成阶段。均匀分布的小港口中的个别小港口受到外来冲击成为开放性港口,并推动铁路修筑从这些港口缓慢向内陆深入。与腹地连通的港口在港口贸易推动下,逐渐从单纯渔港转变为商港,成为专业港口。随着贸易繁荣,人口增长迅速,依托商港形成较大的海港城市,港口发展也由均匀不差异分布变为集中散布。由于腹地的大小决定着商港的规模,而商港的规模经济又将吸引附近港口向其集中,所以,有交通线深入的港口将率先成长,而没有交通线、又距大港口较远的区域仍呈现港口散布状态。在腹地资源相对有限的情况下,港口区位与腹地竞争法则相互作用,推动形成大小港口交错发展的态势。

第三阶段:港口—腹地运输支线发育阶段。一方面,港口通过交通线不断强化与腹地的有效联系,并在交通干线上按照$(1/2)^n$效应发育新的城镇;与此同时,不断发育与铁路线正交的运输支线,并沿铁路线集聚人口。另一方面,在腹地内陆深处的交通线顶端具有吸引优势,因此逐渐形成仅次于海港端大城市的次大城市,又因腹地内资源少于腹地外资源,故在顶端向外发展的支线多于向内的支线。

第四阶段:腹地交通线顶端之间交通连接形成阶段。与其他内陆中心城市相比,处于深入内陆交通干线顶端的城市往往率先增长,其中心性不断增强。因此,不同端点间的中心城市在互补作用下,经贸联系不断强化,推动端点城市间的交通干线优先连接,以取得最好的裁弯取直效果。同理,沿海相邻的大港口间也实现了直通连接。相应的,交通干线中腰处支线也逐渐发达,交汇点发育众多中小城市。沿海小港口在港口集中化、大型化和沿海小规模运输转移至路上等作用下逐渐减少。

第五阶段:腹地中城镇间交通联系完善阶段。港口、内陆较大城市间都发展了彼此均可直达的线路。港口、内陆中心和铁路干线均半处城市发展最快、联系最密切。至此，区域城市间的联系已完成，腹地内组成准完全网络，重要城镇间都有直达交通线，沿海港口间的交通运输完全转到路上，大海港的渔业生产衰落，小港口全部消失。

第六阶段：腹地最大中心城市与最大港口间形成通道式交通线阶段。在区域已形成的运网整体中，突出发育最大港口与最大内陆中心的联系线路。此时，因大小城市已被交通线织成一个整体，其中最大、最重要的经济中心是由最高等级的干线连接，形成区域通道。根据冯·诺曼大道定理，在由四个大城市节点组成的口型交通网中，其中的一条对角线连通形成交通线后，它的输送吸引效应将最大，社会运输成本最小，运输费也最小，这条交通线是一条通道式的交通线(管楚度，2000)。同时，沿海两个大港口间将出现一个中等港口，这又是因两个大港口的港距有一定的下限值要求，港口越大，下限值也越大。那么，在两个大港口之间距离的中腰处也会产生$(1/2)^n$效应，并且形成一个小于这两个大港口一个等级的港口。

3.2 典型海港对城市及腹地空间效应的案例分析

3.2.1 新加坡：扼守马六甲海峡的航运中心与世界性港城

新加坡港位于马来半岛南端、马六甲海峡的东南侧；水深适宜，吃水在 13 m 左右的船舶可顺利进港靠泊；是一个难得的天然良港，具有发展成世界大港的优越条件。目前，新加坡港是亚太地区最大的转口港，也是世界最大的集装箱港口之一。该港扼太平洋和印度洋之间的航运要道，战略地位十分重要，自 13 世纪开始成为国际贸易港口，是世界上最重要的航运中心之一。新加坡作为一个面积超过 600 km^2的城市岛国，在 1959 年自治到现在的短短 50 多年时间内，已从昔日一个小渔港、中转码头和海军基地发展成为一个繁荣的城市国家，是东南亚的经济和交通中心城市，同时也是世界第一大货运码头、第二大电子中心、第三大炼油中心和第三大外汇交易市场。充分利用优越的海港区位条件和“东方十字路口”的战略位置，并将其转化成为发展临港工业、转口贸易及航运物流增值服务的竞争优势，是新加坡发展成为世界城市的关键，也是将海港区位优势转化为发展优势并实现海港的区域效应最大化的典型代表。

新加坡依托港口功能演化及世界经济发展潮流，在不断强化国际航运中心地位的基础上，通过临港产业升级和结构调整，将港口比较优势变为国家发展的竞争优势，并在此过程中，逐步实现创新能力的成长和强化。新加坡的港城空间作用及临港产业发展主要经历了三个阶段(颜盈媚，2012)(表 3-2)。

第一阶段，以出口贸易和进口替代转型升级为重点的港城初级阶段(1819—1967 年)。其中，1819—1959 年，新加坡处在英国、日本等殖民统治下，一直从事东南亚转口贸易，经济落后、结构单一、比例不协调。与此同时，以转口贸易为中心的产业结构非常脆弱，易受外部经济形势影响。1959 年自治之初，制造业仅占经济总量的 8.63%，转口贸易及相关业务则高达 80%，转口贸易所依托的港口在新加坡占有绝对地位，城市依托港口发展。1959 年独立后，随着东南亚国家港口在转口贸易中的竞争加剧，新加坡出口贸易额急剧下降，开始从转口贸易向进口替代的工业化经济结构转型，逐渐发展了多种加工工业。到 1967 年，制造业比重已达 16.27%，贸易业比重下降至 32.28%。由于新加坡资源贫乏，进口替代工业的发展也依托港口进口原材料，所以此时城市发展对港口仍具有较大依赖性。

第二阶段，以出口导向转型升级为重点的港城相互联系时期，临港产业的兴起并不断升级、更新。为了提高就业率，在 1968—1979 年，新加坡大力吸引外资投制造业和金融业，发展面向出口的劳动密集型制造业，从而实现了新加坡制造业快速发展和民众充分就业。但大量的外汇收入又形成了较高的通货膨胀压力，于是政府又开始重点发展资本密集型的炼油、船舶制造、电器和精密仪器制造等面向出口的制造业，其中，炼油等石化产业占制造业比重的 1/3。这些工业依托港口逐渐形成裕廊等临港产业发展基地，同时港口功能演化又促进了新加坡产业结构的多元化发展。

第三阶段，以技术密集型和知识型服务业为重点的港城集聚效应时期。20 世纪 80 年代初，随着工业不断集聚，人口密度不断增加，土地紧缺状况不断加剧。与此同时，东南亚其他新兴国家也逐步成为出口加工业发展的集聚区，出现了劳动力紧缺、劳动成本上升等问题。为了在极其有限的土地资源上创造更多的价值，保持国家发展的竞争优势和经济持续增长，新加坡政府审时度势，将临港产业发展的重点又转向了高附加值和技术密集型的出口工业。政府出台优惠政策大力吸引电脑、石化企业投资,不断改善本土产业发展环境,努力提高高等教育水平和劳动者素质,发展高附加值的金融、保险及相关商业服务业,在国际航运中心基础上构建国际金融中心,从而使新加坡成为亚太地区吸引资本、技术和人才大量流入的中心。到 20 世纪 90 年代,为应对中国、印度等国家的崛起,新加坡提出了以科技和知识创新为核心、建设“知识型产业枢纽”的新的产业发展战略,加快将制造业向上游产业提升,大力发展产品设计和研发,强化科技和创意产业。此外,新加坡通过与东亚、东南亚等腹地国家的合作,扩展经济发展的腹地和产业外向“飞地”,本土经济更注重在国际贸易、航运与物流、金融、科技研发与创意等高端产业中实现价值再造。其中,港口物流业已成为支柱产业之一,对新加坡的国民生产总值(Gross National Product,简称 GNP)贡献度超过 8%,吸收的就业人口超过 11 万,占全国劳动人口的 6%,港口物流业已成为当前新加坡港口推动城市发展的重要纽带。

表 3-2　新加坡港口发展对城市的影响及响应

发展阶段	港口功能	城市发展	发展模式	时间
港城初始联系	英、日等殖民地商埠,依托腹地原材料产出,成为橡胶及出口加工地	依靠港口的出口贸易获得共生发展	转口贸易	殖民时期,1819—1959 年
	加快向进口替代的工业经济结构转型,发展了食品、印刷、纺织、服装、木材加工等产业	城因港而兴,依靠港口发展带动国家发展,港城关系初步建立	进口替代	独立后,1959—1967 年
港城相互联系	初期,发展面向出口的劳动密集型制造业	城市在临港加工业发展的基础上实现高就业率和人口的快速增加	出口导向初期	1968—1979 年
	后期,发展炼油等资本密集型的临港工业及相关服务业	形成专业化港区及大型临港工业区,促进城市基础设施加快完善	出口转型升级	

续表 3-2

发展阶段	港口功能	城市发展	发展模式	时间
港城集聚效应	初期,发展高附加值和技术密集型的出口工业,吸引技术密集型企业投资落户	推动会计、房地产、法律、广告等与区域金融中心有关产业、服务及基础设施配套	技术引进吸收	1980年后
	逐渐转向知识型服务业,建设"知识型产业枢纽"	港口物流业带动现代物流发展并成为主要支柱产业,发展研发、设计及创意产业,成为亚太地区的中心	创新发展	

新加坡港城演化过程表明,港口对城市经济发展具有多方面的空间效应。第一,港口经济的乘数效应;第二,临港产业的集聚效应;第三,产业结构的优化效应;第四,港口经济的引擎效应。此外,还包括贸易转移与贸易创造效应、区域经济互动关系的福利效应、规模经济效应、交易成本效应和资源配置效应等。与一般港口城市不同,新加坡经历了转口贸易—进口替代—出口导向—技术密集型—知识型服务业等不同产业阶段,制造业从下游加工生产向上游的设计、创新等提升。与此同时,港口从单一的转口贸易向石化、物流等临港工业发展,港口功能得到不断扩展和提升。此外,由于新加坡地域狭小,作为城市岛国,资源贫乏,在港城发展演化的全过程均必须依靠港口提供的基本物资发展相关产业,所以新加坡的发展始终与港口发展密切相关。从长远来看,随着东亚、东南亚自由贸易区的进一步发展,特别是诸如泛亚铁路等交通基础设施的改善(图 3-2),新加坡将不仅拥有广阔的海上腹地,还将在陆向腹地拓展中,占据明显优势。

3.2.2 鹿特丹:世界型枢纽城市与欧洲门户

鹿特丹(Rotterdam)港位于荷兰西部北海沿岸的莱茵河与新马斯河交汇的入海口处,东溯莱茵河、多瑙河,可通至里海,是典型的河口港,兼有海港与河港的性质。与此同时,鹿特丹市是荷兰最大的工业城市,是一个典型的港城一体化城市,是以港兴城、港城共生的典型代表。港口

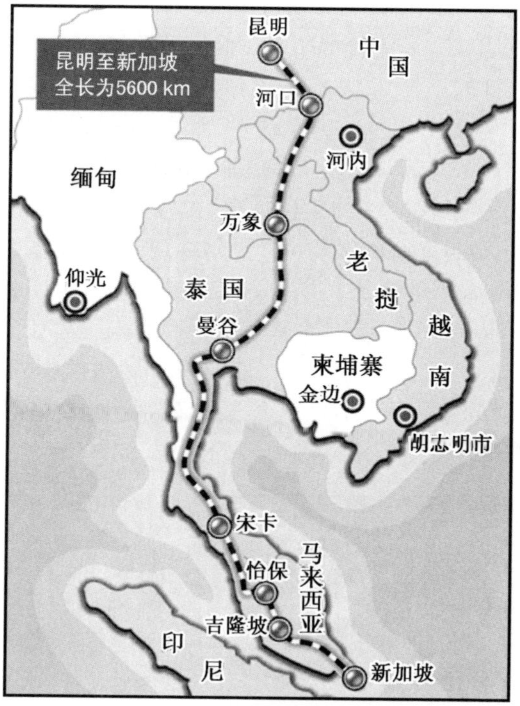

图 3-2 泛亚铁路示意图

开发建设及港口经济发展所产生的地域空间效应是鹿特丹成长为世界枢纽城市和欧洲经济中心城市的关键。

1）港口不断扩展，始终保持欧洲枢纽港地位

鹿特丹在 1328 年修筑堤坝形成渔业港镇。15 世纪，新航路的开辟和地理大发现以后，世界海运和贸易重心由地中海转移到北大西洋沿岸，从此，北大西洋航线成为世界最繁忙的航线。1570 年后，鹿特丹随着西欧海上运输和对外贸易的开辟，成为英国、法国和德国之间的过境运输港。19 世纪，德国完成产业革命和实现工业化之后，莱茵河成为世界最繁忙的内河航线，处在这两条航线交点上的鹿特丹由此获得了崛起之机。但是，鹿特丹港靠自然河道入海，由于三角洲河床不稳，经常改道，使鹿特丹港至北海口约 30 km 的直线航距最长迂回绕远超过 150 km，甚至还出现过出海通道淤塞、中断航运的情况。为了改善港口条件，1866—1872 年，荷兰建成从鹿特丹港至荷兰角长为 33 km、深为 15 m 的新航道，并于 1885 年加深，使莱茵河有了最便捷且不易淤积的

深水出海通道,从而把内陆腹地更牢固地纳入其影响范围,取得了优于其他北海港口的地位。20 世纪初期,鹿特丹港区不断西延。20 世纪 30 年代后,建成当时世界最大的人工挖掘港口——瓦尔哈文(Waalhaven)港区。1947—1955 年,港口主体西移至罗曾堡岛,建成可容载重为 6.5 万 t矿船的博特莱克(Botlek)港区和石油化工区。20 世纪六七十年代,又根据集装箱等海运新技术的油轮载重吨位的发展趋势,在岛西开挖深 23 m、宽 400—600 m、长 12 km 的贝尔运河,修建欧罗波特(Europoort)港区,在滨海浅滩淤积地修建马斯弗拉克特(Maasvlakte)港区。其中,Europoort 港区和 Maasvlakte 可停泊 50 万 t 特大油轮,运河航道可通行 30 万 t 级巨型油轮。20 世纪 90 年代以来,鹿特丹开始实施新的扩能计划,建造 10 万—15 万 t 级的第五代、第六代集装箱码头,集装箱吞吐能力不断提高,以确保其欧洲最大集装箱运输中心的地位(图 3-3)。

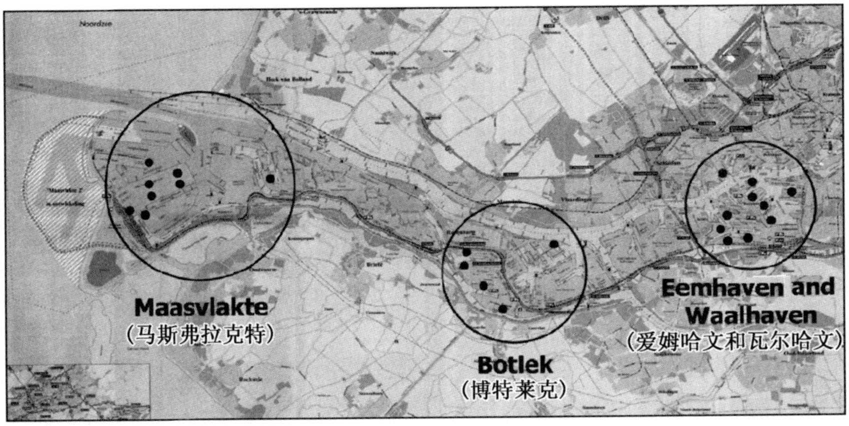

图 3-3 鹿特丹港区分布图(彩图见书末)

鹿特丹港拥有莱茵河、高速公路、港口铁路等运输干线,且与国内外交通网相连。进港原油除经莱茵河转运外,还铺设运输油管道,直通阿姆斯特丹以及联邦德国、比利时。大宗过境货运占货运总量的 85%,其中原油和石油制品占 70%,其余为矿石、煤炭、粮食、化肥等。进出口主要对象国为联邦德国、英国、法国、意大利等欧盟国家。从 20 世纪 60 年代起,鹿特丹一直保持着世界第一大港的地位,但仍然不断加强泊位建设与设备更新,并且拥有许多提供特别服务的港务公司。鹿特丹与欧洲大陆以及世界其他地区和国家之间建立了由公路、铁路、海路和空中航线构成的立体交通网,300 多个欧洲城市可以直达鹿特丹港。鹿特丹已成为最重要的国际货物中转站和集散中心。

2) 港区是城市主体,港口产业和城市在港口作用下实现空间演替

鹿特丹港区是城市的主体,市区面积为 200 km^2 多,其港区总面积自第二次世界大战后的 26.3 km^2 扩大至 2004 年的 105 km^2。其中,工业区面积为 52 km^2,港口水域面积为 35 km^2,集装箱码头作业区 8 个,多功能码头作业区 17 个,全气候码头作业区 1 个,滚装码头作业区 7 个。港区海轮码头总长为 56 km,河船码头总长 33.6 km,实行杂货、石油、煤炭、矿砂、粮食、化工、散装、集装箱专业化装卸,同时可供 600 多艘千吨船和 30 多万艘内河船舶停泊。港口直接与间接雇员近 60 万人,港口及相关辅助产业总产值占荷兰全国国内生产总值(Gross Domestic Product,简称 GDP)的 12%,占当地城市 GDP 的 40%。

鹿特丹港是由港口作业区及毗邻的港口工业区、装配物流园区形成的一体化的现代化港口综合体。20 世纪 50 年代后半期起,石油化工业、制造业、钢铁工业、食品工业等临港产业兴起,临港产业的地域影响范围也突破原有传统码头区域向周边区域扩展,城市建设与工业区紧密结合,并与西部相邻城镇合并。这一阶段周边区域主要发展物流业、加工业和管理咨询业等。20 世纪 70 年代后,与港口相关联的新兴服务业在港口周边的城市地域开始发展。近年来,鹿特丹发达的工业、贸易和航运业促进金融、保险、信息服务等第三产业的快速发展,第三产业成为鹿特丹临港经济的重要组成部分,逐步赶上第二产业;此外,鹿特丹轻工业(如食品加工)在工业生产中的比重也越来越大。目前,鹿特丹港是世界三大炼油中心的龙头老大,拥有四个世界级的精炼厂、30 多个化学品和石化企业、四个工业煤气制造商等企业,全球著名企业如壳牌、埃索、科威特石油公司都在鹿特丹港落户。食品工业则成为另一重要支柱,食品公司的贸易、仓储、加工以及运输等都集中在港区,号称“世界食品业之王”的联合利华总部也设在这里。

此外,鹿特丹依托港口功能演化有效推动产业升级。利用港口作为区域物流中心的优势,实行“比自由港还自由”的政策,吸引大约 3 500 家国际贸易公司入驻,提供储、运、销一条龙服务,是目前欧洲最大的汽车拼装和销售中心之一。通过保税仓库和货物分拨中心进行储运和再加工,提高货物的附加值,然后通过公路、铁路、河道、空运、海运等多种运输路线将货物送到荷兰和欧洲的目的地。港区集聚了大量从事大型

油罐仓储业务的公司，是西欧装卸、仓储、炼油的中心地区。同时，与世界上最大的海港相配套的交通运输、物流、银行、保险、商业服务业也十分发达。

随着港口功能演化和临港产业不断集聚，鹿特丹港区已经形成涵盖港口直接产业、间接产业、依存产业与和关联产业等众多产业组成的临港产业综合体，沿河口向海岸延伸逐渐形成了超过 80 km 长的临港产业带，这些产业地域空间成为城市空间的主体，也决定着城市形态演变方向。城市依托港区布局实现明确的功能分区。以新马斯河为界，北部是历史上形成的内城，南部主要为港区，两者之间有桥梁、隧道、渡船和铁路紧密相连。内城的西海堤以南新马斯河沿岸为行政中心，保留昔日的市政厅、圣劳伦斯大教堂等历史遗迹，同时，港务、银行、保险机构也集中于此。市中心若干街区在第二次世界大战前的基础上，为减少建筑用地，增加绿地和空间，铺设了宽广道路，修建了多层建筑和高层住宅群。

3）欧洲门户——撬动欧亚大陆桥腹地经济发育的支点

鹿特丹港西依北海，通过莱茵河、多瑙河可通至里海和黑海等欧洲内陆腹地，是名副其实的“欧洲门户”，是欧洲最大的港口，也是欧亚大陆桥的桥头堡之一。鹿特丹港为了更好地利用其海港区位，扩大其对欧洲腹地的地域空间范围，通过采用储、运、销一条龙的物流服务模式，最大限度地整合主导产业的上下游产业链。通过一些保税仓库和货物分拨中心进行储运和再加工，提高货物的附加值，然后通过公路、铁路、河道、空运、海运等多种运输路线将货物送到荷兰和欧洲的目的地。以石化产业链为例，这里有大型炼油厂，其炼油能力占荷兰总能力的一半，是世界三大炼油中心之一；油码头有管道与港内炼油厂以及阿姆斯特丹、弗利辛恩相通，并可直达比利时的安特卫普和德国的法兰克福炼油厂；港口拥有油轮码头、其他散装液化物码头、散装干货码头、杂货码头、集装箱船码头、滚装船码头、燃料供应、拖带服务、干船坞，其中干船坞最大可修理 50 万 t 的船舶，散装干货船的吃水为 18 m，油轮的吃水为 22.65 m。近年来，随着东亚特别是中国港口能力的迅猛增长，鹿特丹虽然不再是世界吞吐能力第一的港口，但仍然是欧洲第一大港和世界上最有效率、现代化程度最高的港口。2007 年，鹿特丹港完成货物吞吐量 40 118 万 t，居世界第四位；集装箱吞吐量 1079 万 TEU，居世界第六位。

从鹿特丹港始发的 500 条班轮航线挂靠世界上 1 000 个左右港口。鹿特丹港吞吐的货物中 80%的发货地或目的地都不在荷兰，大量的货物在港口通过一流的内陆运输网进行中转，运抵欧共体各成员国。通过适当的运输模式货物可在 48 h 内运到欧洲内陆各目的地。荷兰的长途公路货运量占欧洲公路运输总量的 40%，荷兰的高速公路运输与欧洲的公路网直接连接，覆盖了从英国到黑海、从北欧到意大利的欧洲各主要市场。鹿特丹港还通过铁路网与欧洲各主要工业地区相连，直达班列开往许多国外目的地。荷兰通过鹿特丹港可以方便地进入欧盟 3.5 亿消费者的大市场，从鹿特丹港进口的货物中有 75%—80% 都是供应给欧洲其他国家的，只有 20%—25% 的进口供给荷兰本国企业。

鹿特丹港集疏运系统由港口铁路、公路、内河、管道和城市交通系统及机场连接，构成为一个有机的系统。它内连各港区码头，紧接港口工业区和市区，远通欧洲综合交通管网。在海运与内河航运实现无缝连接的基础上，鹿特丹随着欧洲一体化的发展，将港口腹地扩展至欧洲内陆，并沿着欧亚大陆桥，通过俄罗斯、中亚等节点城市与东亚等新兴经济体实现连通，从而使中国也成为鹿特丹港的腹地。2004 年，中国内地便成为鹿特丹港处理集装箱的第一大来源地和第三大目的地，来往集装箱数超过 102 万 TEU，占港口总集装箱吞吐量的 12%。目前，中国赴欧洲的深水货运航班有一半首站停靠在鹿特丹，现有的两条欧亚大陆桥通道均以鹿特丹为欧洲桥头堡，鹿特丹成为撬动欧亚大陆桥经济带的重要支点，如图 3-4 所示。

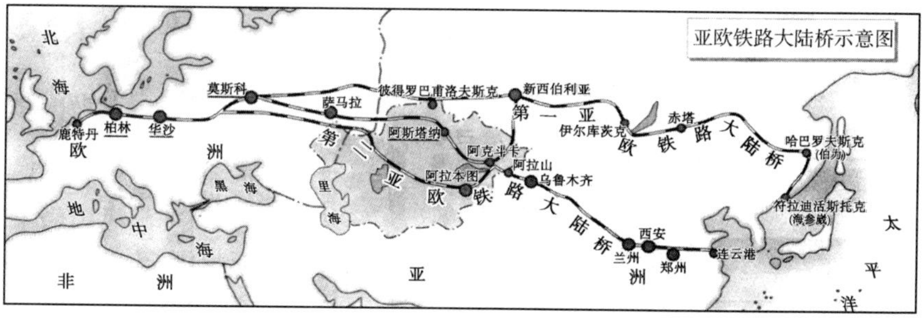

图 3-4　鹿特丹港与两条欧亚大陆桥

4 中国海港空间效应的识别

4.1 海港的空间特征

前文所述,港口空间效应就是指港口形成与发展对所在区域产生的一系列空间作用及影响。因此,海港是海港空间效应产生的主体,其本身就是一种复杂的地域系统,有其特定的空间特性,对海港空间效应的发挥具有重要影响。

港口是指具有相应设施,提供船舶靠泊,旅客上下船,货物装卸、储存、驳运以及相关服务,并按照一定程序划定的具有明确界限的水域和陆域的综合体。港口的首要任务是运输功能,即完成货物(或旅客)在水路运输工具之间或水水运输工具之间的换装或换乘,并完成货物在港的储存等一系列对货物的处理(杨吾扬,1986)。因此,港口是水上运输的基础设施,是水路运输的枢纽和对外贸易的门户。

本书认为,港口空间是指由于港口这种水陆综合运输节点的产生和发展,与之相联系的各类直接或间接的业务活动和产业组织不断集聚,并逐渐形成一种以港口为引力中心的特定地理区域。港口对周边区域具有动态变化的引力作用,从而使港口成为一种典型的极化区域。即一定空间范围被某种形式的流量联系在一起,区域中拥有对周围有吸引力的中心——港口,港口与周围形成信息、物质、能量的交换。此外,港口空间具有三个层次,且各层次的空间具有地域的不连续性,这与建港的自然、经济等条件有关。第一是单个港口内部的设施空间布置和组织结构,属于微观层次;第二是港口与周边连接地区组成的附属区域,也可称为临港地带,属于中观层次;第三是区域港口体系,指一定地域范围内多个港口相互作用、相互影响形成的有机整体。港口体系本身也具有不同的空间层次。

4.1.1 港口的设施空间

港口作为一种大型基础设施,其内部空间布置复杂,主要由水域和陆域共同组成。

(1) 水域。港口水域包括入港航道、停泊区和港池。入港航道是船舶出入的孔道。停泊区又称外港,是供入港船舶抛锚碇泊用的广大水面。将停泊区和海面隔开的是外堤,分防波堤、突堤和导堤三种。

(2) 港池和码头。港池是水域的一部分,而码头为陆域的一部分,它们是构成港口的核心部分。港口水域内,对风浪有充分防护、形状有一定规则的较狭窄水面,称为港池或内港。港池直接同码头连接,专为船舶装卸货物之用,其水深应保证在低水位时容许的最大船舶进出无阻,周围有驳岸,形成港口的泊岸线或码头线。码头是与港池毗连的陆域部分,小的港口实际上就是码头。在码头上设有装卸机械,进行货物的装卸作业;旅客则在客运码头上下。

港池和码头的布置形式多种多样,一般说来,码头线的布置有顺岸式、突堤式、挖入式。按货物运输的要求,码头趋向于专业化,最主要的专业化码头有四类:① 散货码头,装卸煤、矿石、谷物等。② 件杂货码头:采用 10—25 t 的起重机装卸,多从原有综合码头发展而成。③ 集装箱码头:配备有 30—40 t 大型集装箱起重机,为接运方便,要求码头后方纵深长,堆场大。④ 油码头:要求深水和广水域,对泊稳条件要求不严,故多在远岸深水区。石油通过海底油管及漂浮软管与油轮装卸设备进行衔接。

(3) 陆域。包括港内所有陆上用地面积,分作业区和港口后方两部分。在港口作业区内布置各种港口设备:装卸机械、前方仓库或堆场、对外交通线路、后方仓库及铁路、道路等。所有港内货物的装卸和运输都在作业区内进行。港口的各种辅助设备,如机修车间、车库、消防站、行政办公及生活服务设施等,通常设置在港口作业区的后方,以免同作业区干扰。

4.1.2 海港的地域类型

1) 按职能分类

按照港口的职能,即其本身的用途,可将港口分为商港、军港、避风港和渔港四类,其中大部分港口属于商港。因此,本书以商港为研究对象,不涉及其他类型港口。① 商港。主要为国内各地区经济联系以及对外贸易服务。它是海上和内河航线货物和旅客的起讫点或中转地,因而成为水陆交通枢纽、附近工农业产品的集散地和加工工业中心。商港一般拥有较大的经济发达、人口众多的腹地,给港口提供一定的客货运量，即吞吐量；位于连接水陆交通的重要口岸，同国内外有关港口联系方便；有铁路、公路和内河沿海航道同内陆腹地联结。按货运工作的性质，又可将商港分为普通港和专业港。② 军港。是为国家国防军事目的而建立。军港具有一些特殊的设备，如兵营、火药库、炮台等。③ 避风港或称中途港。位于主要海洋航线上，专供沿海或远洋长途航行的海船躲避暴风、海浪，补给燃料和淡水之用。④ 渔港。是海洋或河湖的渔业基地。渔港在岸上一般设有初步加工厂、冷藏库、收购转运站等。

2）按地理位置分类

按地理位置，港口可分为海岸港、岛港、河口港、内河港等四类。本书所研究的海港是从大的区域空间尺度讲的，因此将海港分为海岸港、河口港和海岛港三类。港口的地域类型是根据港口的地理位置、港湾的自然和经济环境以及港市建设的具体条件所进行的海岸和河段的地理类型划分，是港口地理研究的基础。

（1）海岸港：将港口直接修筑在海岸上，故海岸的自然环境对港口的布局有显著影响。海岸主要可分作海蚀海岸、沉积海岸、珊瑚岸等三大类，我国港口主要为前两类。

① 海蚀海岸的港口。海蚀海岸通常称为岩岸，一般向海洋的倾斜角度很大，岸壁较高，岸下就是深水区，所以对船只的航泊有利，且绝少泥沙淤积之患。海蚀海岸上的海湾具有许多建港的优点。首先，湾口有或多或少的天然屏障，减弱了波浪、潮流和强风的影响；其次，湾内水面较宽阔，水深不大，岛礁较多，即若修建防护构筑物，费用亦省。海湾内建港必须有宽阔的水面和足够的水深，以利于同时停泊较多的船舶和容许吃水较深的大轮驶入；岸上地应面积较大、地势较平坦，使陆域和交通线的布置无大困难；在经济地理方面，海湾应有较大的腹地，交通比较方便，位置与国内和对外经济联系的方向相符合等。在我国，此类型的港口在北方沿海分布最多，有秦皇岛港、营口鲅鱼圈港、大连港、龙口港、烟台港、威海港、青岛港、钦州港等。

② 沉积海岸的港口。沉积海岸通常称为沙岸，其特点是沿岸地势低平，深水区距岸很远，在泥沙移动和波浪作用下，不断有新的河海沉积物在岸边淤积，使水深逐渐变浅，岸线日趋单调平直。由于沉积海岸的航道和水域经常受到泥沙沉积和回淤的危害，需经常疏浚以维持通航或通过填海造陆改善港口条件。如上海金山港、连云港、天津新港等沉积海岸个别情况下也能形成天然港湾，其中泻湖湾最为典型。欧洲的北海

和波罗的海沿岸,这种港湾最为发育。我国利用泻湖形成港口的有北海港,该港的内港为一天然泻湖,而外港停泊区则设在北海湾内。

(2) 河口港:指位于河流入海的感潮河段上,本身兼作海港与河港的港口。在河道通航条件较好的江河上,河口港往往是在距海口较远、距内陆经济中心较近的河旁兴起,河口港又分为三角江港口和三角洲港口。① 三角江港,航道较宽,水位较深,航道条件好,但潮差较大,水域往往不能保证充分平静。我国闽浙沿海不乏三角江港口,其典型者如临海港、温州港和泉州港。② 三角洲港口,水位低浅,淤塞严重,我国的广州黄埔港、天津港、上海港、汕头港都是这样。

河口的海港具有许多海岸港无法比拟的优越性:① 它的庇护条件良好,一般不用修造人工防护物,而把港区设在河道沿岸或支流上;而且,由于河口或江河下游地势平坦开阔,陆域的设置比较方便。② 河口港依靠河川干支流深入内陆,在一般情况下可进行海河转运,充分利用廉价的水上航道;对于航运条件特佳的大河,如我国的长江,则更可以组织江海直达运输,大大提高海港的通过能力和航线的运输量。③ 靠江河联系着的整个流域往往形成河口港天然的广大腹地。由于以上的原因,世界上的大商港中,河口港占了多数,如莱茵河的鹿特丹、密西西比河的新奥尔良、长江的上海、恒河的加尔各答等,我国有上海港、广州港、天津港、海口港、丹东港。

(3) 海岛港:海岛港位于岛上,岛本身主要作为港口据点,并因港而出名。海岛港可分为近陆岛港和海洋岛港两种。

① 近陆岛港。同大陆仅一水之隔,它在经济上和大陆是一体的,在交通上以桥梁、堤坝、轮渡甚至隧道与大陆联系。一般是由于建港自然条件的要求才把港设在岛上,如香港港、厦门港、舟山港属于此类。此外,有些港口为保证大船停靠的水深,在主港附近再建辅助岛港,如青岛港为满足巨型油轮作业,在胶州湾内西岸旁的黄岛上新建油码头,岛与岸筑海堤联系,敷以油管直达码头,以便胜利油田的石油外运。

② 海洋岛港。同大陆没有密切的经济联系,腹地很小,故多为远洋或沿海航线的中途港、避风港和具有战略意义的军港。我国的南海诸岛,不乏珊瑚岛礁,可作良好避风港。在我国东部沿海省区从南到北分布有 12 个海岛县,它们是广东南澳县,福建平潭县和东山县,浙江玉环县和洞头县,舟山市四个区县,上海崇明县、山东长岛县和辽宁长海县,这些海岛县虽距离大陆不远,但却具有海洋岛的特征,形成具有自身特

色的经济发展特点和地域特征。海岛与大陆间的经济联系主要靠海岛港口运输来完成,但交通状况受天气和海浪状态影响较大。海洋岛港对于一个大国的战略意义重大,是我国管理南海广大海域、东海钓鱼岛等附属岛屿、保卫万里海疆的前哨基地。

4.1.3 海港的功能空间

港口作为一类地理空间,也是一种经济系统(Olivier,2006)。这种经济系统具有开放性、层次性、功能性和地域性的特点,从而通过其所联系的自然、人文、经济、社会等复杂要素对沿海区域产生深刻、广泛的空间作用。

根据对港口设施的利用程度和空间距离,大致可将港口功能空间分为五类:① 港口作业区,指港口主体业务活动所需要的水域和陆域,也就是港区陆域和港界范围内的水域。② 港口辅助业务和派生业务活动所需要的空间,包括船舶代理、货物代理、船舶供应、金融保险、法律咨询等。港口与城市不可分离,凡是大的港口,所在城市就是港口空间。③ 依靠港口而产生的各类业务活动所需要的空间,包括临港保税区、经济区、开发区、加工区、物流园区等,临港地带是港口空间最重要的组成部分。④ 港口业务活动辐射的区域,也就是腹地,包括直接腹地和间接腹地,还有海向腹地。特别是在几个港口密集的区域易形成港口群空间。⑤ 港口虚拟空间,指将港口业务转化成信息形态时所形成的空间状态,它使港口业务延伸空间在极大的范围内得到扩展(茅伯科,2005)。

从港口作为对外贸易门户的角度出发,以政策优惠度为衡量标准,在港口及其邻近区域可形成几类不同的"海关特殊监管区"。"海关特殊监管区"在我国首次正式使用于 2006 年颁布的《中华人民共和国海关对保税物流园区的管理办法》中,它是指经国务院批准设立的保税区、出口加工区、园区、保税港区及其他特殊监管区域的总称。它是一个国家或地区为实现某些特定目的,如吸引外资、扩大出口、促进转口贸易等,而实行特殊海关监管制度和政策的特定区域。相关名词如自由贸易区、自由港、自由贸易港区、出口加工区、自由区、保税仓库、对外贸易区等概念很多。① 自由港。自由港是目前世界上自由开放程度最高、范围最大、实现港口城市与自由贸易区融合发展的海关特殊监管区。世界上能称得上完全意义上的自由港城市很少,香港是其中最典型的一个。大多数"自由贸易区"或"自由贸易港区"只是将港口城市的附近地区作为自由区,并设有限制。而自由港的范围则包括整个港口城市,其间不仅商品可免税自由进出，而且居民也可自由出入与居住，同时资本可自由流动。② 自由贸易区又称为自由区、工商业自由贸易区等，是指两个或两个以上国家通过达成某种协定或条约取消相互之间的关税与关税具有同等效力的其他措施的国际经济一体化组织。通常设在港口的港区或邻近港口地区，尤以发达国家居多。③ 保税区亦称报税仓库区。这是我国海关设置或经海关批准注册、受海关监督和管理的、可以较长时间存储商品的区域。保税区具有进出口加工、国际贸易、报税仓储商品展示等功能。

4.1.4　中国海港空间体系

港口体系的概念发轫于港口地理和系统论的有机结合，一般认为，它是指一定地域范围内，一系列规模不等、职能各异、相互联系、彼此牵制的港口有机整体。与其他经济空间组织一样，港口体系具有群体性、关联性、层次性、整体性和动态性等特征(曹有挥，1995)。其规模组合与空间结构是地域经济结构、社会结构和自然环境在水运经济景观中的直接反映。随着经济全球化和区域一体化的深入发展，生产要素加速流动，跨国公司的区位选择日益多元化，单一港口对区域资源配置的作用受到了诸多限制，区域港口体系的整体优势往往成为港口国际竞争的首要因素。

任何一个港口都不是孤立存在的，而是特定区域系统的一个组成单元。港口形成与发展是港口与区域系统长期交互作用的结果，不同港口拥有不同的区位要素，同时在区域港口体系中占据不同位置，发挥不同功能作用。从国家综合运输网发展的需要看，港口是国家综合运输体系的重要节点；从国家经济安全、增强综合国力的需要看，随着经济全球化进程的加快和我国对石油、天然气、原材料等重要物资对外依存度的增加，港口设施作为外贸物资进口的接卸点、中转或储备基地，其对国家经济安全的作用更显重要。国际航运船舶大型化、专业化、运输组织联盟化的趋势日益增强，港口成为在激烈的国际航运市场竞争中提升我国航运业的竞争能力和经济安全保障的重要战略资源。

我国拥有 18 000 km 的大陆海岸线，现有沿海港口 150 余个(含长江南京及以下港口)，2010 年货物吞吐量达 61.1 亿 t，外贸吞吐量 23.9 亿 t，集装箱吞吐量 1.3 亿 TEU①。改革开放 30 多年来，我国沿海

① 本书所指的沿海港口范围在《中国港口统计年鉴》的基础上，增加了苏州港和南通港。

港口整体上已初步形成了布局合理、层次清晰、功能明确的港口布局形态。根据不同地区的经济发展状况及特点、区域内港口现状及港口间运输关系和主要货类运输的经济合理性，可分为环渤海、长江三角洲、东南沿海、珠江三角洲和西南沿海五个港口群体，基本形成煤炭、石油、铁矿石、集装箱、粮食、商品汽车、陆岛滚装和旅客运输八个运输系统布局。此外，各沿海省市区均形成的港口群也自成体系，如表 4-1 所示。

表 4-1　2010 年中国沿海省份海港货物吞吐量

省区	港口货物吞吐量（万 t）	外贸吞吐量（万 t）	集装箱吞吐量（万 TEU）
广东	105 299	39 231	3 868
山东	86 421	49 073	1 531
浙江	78 846	29 375	1 404
辽宁	67 790	16 845	969
江苏	60 686	18 902	798
河北	60 344	13 607	62
上海	56 320	30 225	2 907
天津	41 325	20 709	1 009
福建	32 687	12 789	867
广西	11 932	7 195	56
海南	9 662	1 891	82

1）环渤海地区港口群体

环渤海地区港口群体由辽宁、京津冀和山东沿海港口群组成，服务于我国北方沿海和内陆地区的社会经济发展。第一，辽宁沿海港口群以大连东北亚国际航运中心和营口港为主，包括丹东、锦州等港口，主要服务于东北三省和内蒙古东部地区。其中，以大连港、营口港为主布局大型、专业化的石油（特别是原油及其储备）、液化天然气、铁矿石和粮食等大宗散货的中转储运设施，相应布局锦州等港口；以大连港为主布局集装箱干线港，相应布局营口、锦州、丹东等支线或喂给港口；以大连港为主布局陆岛滚装、旅客运输、商品汽车中转储运等设施。第二，津冀沿海港口群以天津北方国际航运中心和秦皇岛港为主，包括唐山、黄骅等港口，主要服务于京津、华北及其西向延伸的部分地区。其中，以秦皇岛、天津、黄骅、唐山等港口为主布局专业化煤炭装船港；以秦皇岛、天津、唐山等港口为主布局大型、专业化的石油(特别是原油及其储备)、天然气、铁矿石和粮食等大宗散货的中转储运设施；以天津港为主布局集装箱干线港，相应布局秦皇岛、黄骅、唐山港等支线或喂给港口；以天津港为主布局旅客运输及商品汽车中转储运等设施。第三，山东沿海港口群以青岛、烟台、日照港为主及威海等港口组成，主要服务于山东半岛及其西向延伸的部分地区。其中，以青岛、日照港为主布局专业化煤炭装船港，相应布局烟台等港口；以青岛、日照、烟台港为主布局大型、专业化的石油(特别是原油及其储备)、天然气、铁矿石和粮食等大宗散货的中转储运设施，相应布局威海等港口；以青岛港为主布局集装箱干线港，相应布局烟台、日照、威海等支线或喂给港口；以青岛、烟台、威海港为主布局陆岛滚装、旅客运输设施。

2）长江三角洲地区港口群体

长江三角洲地区港口群依托上海国际航运中心，以上海港、宁波港、连云港港为主，充分发挥舟山、温州、南京、镇江、南通、苏州等沿海和长江下游港口的作用，服务于长江三角洲以及长江沿线地区的经济社会发展。本区集装箱运输布局以上海港、宁波港、苏州港为干线港，包括南京、南通、镇江等长江下游港口共同组成的上海国际航运中心集装箱运输系统，相应布局连云港、嘉兴、温州、台州等支线或喂给港口；进口石油、天然气接卸中转储运系统以上海港、南通港、宁波港、舟山港为主，相应布局南京等港口；进口铁矿石中转运输系统以宁波港、舟山港、连云港港为主，相应布局上海、苏州、南通、镇江、南京等港口；煤炭接卸及转运系统以连云港为主布局煤炭装船港和由该地区公用码头、能源等企业自用码头共同组成；粮食中转储运系统以上海、南通、连云港、舟山和嘉兴等港口组成；以上海、南京等港口布局商品汽车运输系统，以宁波、舟山、温州等港口为主布局陆岛滚装运输系统；以上海港为主布局国内外旅客中转及邮轮运输设施。根据地区经济发展需要，在连云港港适当布局进口原油接卸设施。

3）东南沿海地区港口群体

东南沿海地区港口群以厦门港、福州港为主，包括泉州、莆田、漳州等港口组成，服务于福建省和江西省等内陆省份部分地区的经济社会发展和对台“三通”的需要。其中,煤炭专业化接卸设施布局以沿海大型电厂建设为主;进口石油、天然气接卸储运系统以泉州港为主;集装箱运输系统布局以厦门港为干线港,相应布局福州、泉州、莆田、漳州等支线港;粮食中转储运设施布局由福州、厦门和莆田等港口组成;布局宁德、福州、厦门、泉州、莆田、漳州等港口的陆岛滚装运输系统;以厦门港为主布局国内外旅客中转运输设施。

4)珠江三角洲地区港口群体

珠江三角洲地区港口群由粤东和珠江三角洲地区港口组成。该地区港口群依托香港经济、贸易、金融、信息和国际航运中心的优势,在巩固香港国际航运中心地位的同时,以广州港、深圳港、珠海港、汕头港为主,相应发展汕尾、惠州、虎门、茂名、阳江等港口,服务于华南、西南部分地区,加强广东省和内陆地区与港澳地区的交流。该地区煤炭接卸及转运系统由广州等港口的公用码头和电力企业自用码头共同组成;集装箱运输系统以深圳港、广州港为干线港,汕头、惠州、虎门、珠海、中山、阳江、茂名等支线或喂给港组成;进口石油、天然气接卸中转储运系统由广州、深圳、珠海、惠州、茂名、虎门等港口组成;进口铁矿石中转运输系统以广州港、珠海港为主;以广州、深圳港等其他港口组成粮食中转储运系统;以广州港为主布局商品汽车运输系统;以深圳、广州、珠海等港口为主布局国内外旅客中转及邮轮运输设施。

5)西南沿海地区港口群体

西南沿海地区港口群由粤西、广西沿海和海南省的港口组成。该地区港口的布局以湛江港、防城港、海口港为主,相应发展北海、钦州、洋浦、八所、三亚等港口,服务于西部地区开发,为海南省扩大与岛外的物资交流提供运输保障。该地区港口集装箱运输系统布局以湛江、防城、海口及北海、钦州、洋浦、三亚等港口组成集装箱支线或喂给港,进口石油、天然气中转储运系统由湛江、海口、洋浦、广西沿海等港口组成,进出口矿石中转运输系统由湛江、防城和八所等港口组成,由湛江、防城等港口组成粮食中转储运系统,以湛江、海口、三亚等港口为主布局国内外旅客中转及邮轮运输设施。

数据显示,2010 年我国沿海港口吞吐量前四位港口分别为宁波—舟山港 63 300 万 t、上海港 56 320 万 t、天津港 41 325 万 t、广州港 41 095 万 t,均超过 4 亿 t 规模。全国沿海港口吞吐量超亿吨的有 17 个,其中,青岛港、苏州港、大连港超过 3 亿 t,秦皇岛港、唐山港、营口港和深圳港超过 2 亿 t。21 世纪以来，特别是 2005 年以来，环渤海港口运输快速增长，货物吞吐量所占比重已经超过长三角和珠三角，达到 39.9%，长三角紧随其后，占 32.0%，珠三角则占 14.6%。总体来讲，一方面，沿海港口外贸吞吐量分布格局与总吞吐量分布格局相差不大，但也呈现北重南轻的局面，如图 4-1 所示。说明我国沿海港口运输主要承担对外贸易职能，对外贸易的持续增长是港口运输增长的主要动力。另一方面，集装箱运输仍呈现南重北轻的格局，长三角、珠三角和环渤海分别占37.7%、28.5%和26.1%，如表 4-2 所示。上海港的集装箱吞吐量已超过 2 900 万 TEU，深圳港 2 251 万 TEU，位列第二，此外，宁波—舟山、广州、青岛、天津等港口均超过 1 000 万 TEU，三大沿海港口群各占两席；但从每万吨货物的集装箱生成量来看，珠三角明显占优势，为 432 TEU/万 t，长三角和环渤海分别为 261 TEU/万 t 和 145 TEU/万 t，由南向北依次递减，且差距明显。每万吨货物的集装箱生成量排名前五的港口依次为深圳港(1 019 TEU)、上海港(516 TEU)、厦门港(457 TEU)、中山港(439 TEU)和青岛港(343 TEU)。这充分表明，在港口运输特别是进出口货物的结构上，珠三角港口的轻工产品、机电产品等适箱货源比重较高，而环渤海港口中的石油、煤炭、矿石、粮食等能源、原材料等大宗货物比重高，不同区域的港口运输主导功能差别显而易见。

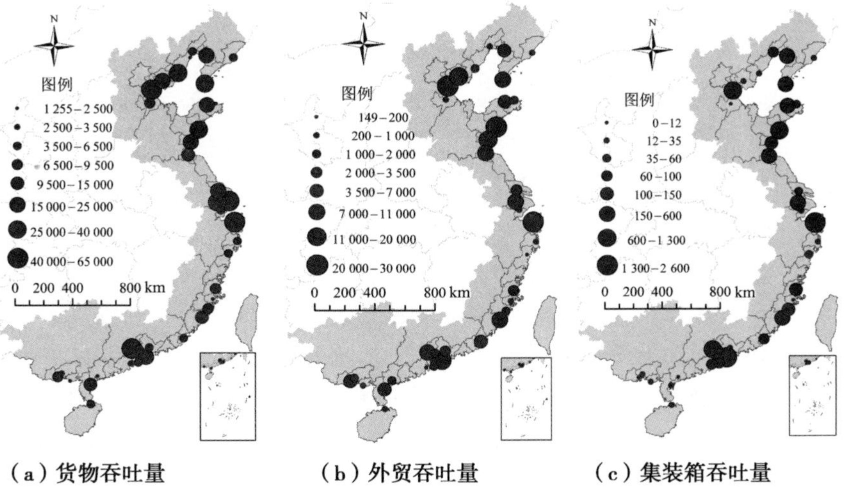

(a) 货物吞吐量　　(b) 外贸吞吐量　　(c) 集装箱吞吐量

图 4-1　2010 年中国沿海港口体系空间格局

表 4-2　2010 年我国三大区域港口群吞吐量比较

港口群	货物吞吐量/比重(万 t/%)	外贸吞吐量/比重(万 t/%)	集装箱/比重(万 TEU / %)
长三角	195 852(32.0)	78 503(32.7)	5 109(37.7)
珠三角	89 451(14.6)	36 370(15.2)	3 865(28.5)
环渤海	244 176(39.9)	98 772(41.2)	3 544(26.1)

4.2　海港空间效应的识别系统

4.2.1　影响因子

港口发展历史表明，海港只在特定位置兴起和发展，并形成具有某种性质和规模的港口。某一港口空间效应如何形成和释放受多种因素的影响，有自然因素、基础设施因素、经济因素、技术因素和制度因素等，各因素之间相互作用，彼此影响。

1）自然地理位置及其决定的建港自然条件

港口所处的纬度和温度带决定其水域和航道是否受到气候、潮差和冰冻的影响；港口所处地域类型，如河口、海湾、海岛等，决定港口的岸线走向、长度、水深等建港自然条件，河口三角洲容易淤积，但因有内河与腹地相通，联系方便；海湾和海岛的自然形态和潮差决定了岸线长度、港口基础设施建设的投入力度和码头、泊位等的分布和组成，进而影响港口吞吐能力的提升；港口及其城市与区域其他港口和城市的空间距离等直接影响着港口(城市)在区域港口体系和城市体系当中的竞争潜力。

2）港口与腹地的运输通道

港口与腹地的运输通道主要反映港口与腹地联系的便利程度，即运输通道和集疏运网络发达程度，可通过路网密度、交通干线影响度等指标进行综合测算。交通优势度不仅包括了港口的因素，也同样包括腹地的因素。因此，港口自身集输运能力再强，若没有内陆腹地相应的网络配套能力，港—腹联系也不通畅。

3）港口规模及其货源结构

港口规模和货源结构一方面受制于腹地经济发展水平和产业结构；

另一方面，港口规模和货源结构一旦形成，便会反作用于腹地，形成一种区位惯性。特别是随着集装箱运输的发展，枢纽港和支线港加快分离，一般采用多式联运将港口与内陆腹地无缝对接；相应的，船公司空间组织网络和企业物流网络也将处于一种动态稳定状态，并对港口与腹地运输网络产生重要影响。

4）港口多功能发展水平

港口不仅仅具有运输、物流等基本功能，还有工业、贸易、商业、金融等功能，许多国家的港口还兼有对外政策的窗口功能。多数国家，尤其是欧洲大部分国家和美国、日本等，均将港口城市看成其经济增长点，十分重视开发港口的多种经济功能（郐俊善，1997）。世界著名的港口城市——伦敦、纽约、东京、鹿特丹、高雄、神户、洛杉矶、中国香港、新加坡等，不仅是世界著名的航运中心，还是世界著名的经济、金融和贸易中心。港口的功能多元化程度越高，越有利于与腹地开展多方面、多层次的产业联系与交流，越有利于形成港—腹间的优势互补和产业分工。可以说，港口的功能多元化及其发展水平标志着一个港口的现代化程度和综合竞争能力。

5）临港产业集聚水平

产业集聚既有量的要求也有质的要求。低水平的临港产业聚集不但与港口和城市发展争夺岸线资源，占用港口和城市发展空间，而且经济效益低下，环境污染严重，是一种不可持续的、集聚不经济的发展方式。高水平的临港产业集聚应该是与港口和城市发展方向一致，土地利用集约化，港口和岸线利用高效化，各产业部门和功能区与港口运输、物流和城市高端服务功能形成紧密地多向联系，在环境保护、结构改善和持续发展方面具有高度地自我修复和组织能力。

6）港口城市经济总量

港口与其所在的城市是一个统一体，城市是港口最直接和稳定的经济腹地。港口城市的经济规模及其产业结构不仅决定着港口的货源和货种构成，还是港口货物的主要市场和直接消费地。港口与城市共用基础设施、交通网络和发展空间，城市的规模及其在区域经济地域系统中的地位和功能不仅引导着港口多功能发展方向，还直接影响着港口与经济腹地的作用方式和联系程度。

7）区域港口竞争态势

由于区域内各港口距离腹地中心城市的空间距离、相对位置、功能特点、集疏运条件等存在差异性，腹地货源选择出海口时具有多种可能，这就引起了不同港口之间对腹地货源的争夺。各大船公司和货主便会选择运费最低、运距最短、服务最优的港口作为自己的运输网络节点，从而进一步左右港口规模的扩大和功能提升。当一个区域的交通网络发达到成为一种普遍的区域环境时，港口与腹地城市间的空间距离就成为运输费用的决定因素。如果港口距离腹地遥远，那么在同等交通可达性情况下，货源将极有可能流向其他距离腹地比较近的港口。因此，各港口的地理位置、空间距离对区域港口竞争态势有很大的影响。

8）港口与腹地的经济联系

港口—腹地经济地域系统是一个有机联系的整体，港口是这个系统中的“门户”和“枢纽”，在系统中承担相应的职能。这种职能的外向功能具有高度的区域影响，同时其发展程度又源于区域内生增长动力。因此，港口与腹地之间的联系随经济发展水平、产业结构、贸易结构的不同而具有较大差异。

9）港口开放度和管理水平

自由港是港口开放的最高层次，是全部或绝大多数外国商品可以免税进出的港口。世界上最发达的港口往往都是开放度最大、管理水平最高的自由港。在我国，港口在开放程度上有一、二类开放口岸、保税区、保税港区等不同的形式，特别是保税港区已经成为我国目前开放度最高的自由港区。

4.2.2 动力结构与组成要素

根据本书对海港空间效应所做定义，即港口空间效应是一种空间作用及这种作用产生的区域影响，它包含了作用的过程与效果。其施动者为港口，受动者为广大腹地，港口之所以产生对腹地的这种作用，源于港口本身具有特定的地域功能，从而在一定的经济地域系统内发挥相应的作用及影响。因此可以说，海港空间效应是表征沿海港口—腹地地域系统发展、演化及基本格局的重要内容。一方面，港口空间效应始终处于动态变化之中，作为一种经济系统和极化的功能地域，港口的这种区域影响贯穿了港口形成、发展、演化的全过程。另一方面，从港口来讲，虽然运输中转活动是一般海港形成与发展的唯一原动力，但海港一旦形成，随着港口与腹地联系日益紧密，区域对海港需求不断上升，其功能和作用模式逐渐多元化、复杂化，作用及其影响的广度、强度也不断加大，直到有新因素打破这种增长，例如新港口出现引发的竞争，促发新的增长过程，从而使港口空间效应表现为一种累计增长、突变、重组、再增长的循环过程。从这个角度讲，海港空间效应的组成要素既是现有海港对区域的作用效果，也是海港对区域作用再增长的条件。

海港空间效应的动力结构表现为势能、港—腹引力、通道三个方面。

1）海港势能

任何一个港口都不是孤立存在的，而是特定区域系统的一个组成单元。港口形成与发展是港口与区域系统长期交互作用的结果。港口与区域系统的长期交互作用使得不同港口拥有不同的区位要素，同时在区域港口全体组合中占据不同位置，发挥不同功能作用（董洁霜等，2006）。海港势能（Harbour Integration Potential）反映某一海港对区域产生作用或施加影响的条件和潜力。现代海港的势能表现为一种集区位、交通、贸易、商业、产业集聚、开放度等条件和功能优势于一体的综合势能，反映海港由于其体量增强和港口功能多元化而在区域系统中形成的某种主体功能位势。因此，海港势能也可称为海港区位势、位势（能）等，具有强烈的区位特点，可分为形成势能和作用势能两种。形成势能主要反映海港形成、发展及其空间效应产生的区位条件，表征腹地对与海港发展的支撑能力，其主动者为腹地，受动者为海港；而海港作用势能的主动者为海港，受动者为腹地，表征港口对腹地的影响程度。两者的组成要素和影响因子有联系也有区别，甚至是可以相互转化的。区位条件是两者共有的，但不同的区位因子对于形成势能和作用势能的影响程度和方式不同。其中，建港的自然条件如岸线、航道、水深等主要指海港的形成势能，港口吞吐量、货源结构及其基础设施水平一旦形成就成为作用势能的组成要素。鉴于数据收集原因，本书主要研究作用势能。

2）港—腹系统引力

空间相互作用是指区域之间所发生的商品、人口与劳动力、资金、技术、信息等的相互传输过程。空间相互作用表现为引力时，能够使相关区域加强联系，互通有无，拓展发展的空间，获得更多的发展机会；空间相互作用表现为排斥力时，又会引起区域之间对资源、要素、发展机会等的竞争，并有可能对有的区域造成损害。港口与腹地之间存在着相互依存、相互作用的关系，腹地经济越发达，对外经济联系越频繁，对港口运输需求也越大，由此推动港口规模扩大和结构演进；港口的发展又为腹地经济发展创造条件，可促进港口腹地范围的进一步扩展。我们将港口与其腹地间的这种相互作用关系称之为港—腹引力(Harbour-Hinterland Gravitation),这种作用关系对以港口为中心的区域经济发展具有重要意义。进一步而言,港口城市与腹地城市的产业联系深刻影响着港—腹引力的作用程度。只有当港口与腹地形成具有垂直、水平、侧向等多种产业联系,形成优势互补、互动发展的态势时,港口—腹地经济地域系统才能进入一种良性循环。因此,区域之间发生相互作用首先要存在互补性,可达性好,并且没有干扰机会或干扰机会的影响小。港—腹引力具有多重组成要素,包括港口城市与腹地中心城市的空间距离、经济规模、产业结构、行政归属和管理体制,等等。

3) 作用通道

港口是区域的门户,门户与区域中心之间必须有联系通道,即交通运输走廊。内陆腹地通过运输通道将大量商品运往港口开展对外贸易。如果说港口对腹地具有一定的向心作用,那么港口与腹地之间的作用通道(Routeways)正是这种向心作用得以形成的物质前提。特别是随着集装箱船舶大型化方兴未艾,一艘新型集装箱船在港口所卸下的数以千计的集装箱会对港口通往内陆的疏运网络构成巨大地挑战。区域集装箱枢纽港的形成必须有发达的腹地集疏运通道和内陆中转站做支撑(韩增林等,2006)。影响港口与腹地作用通道的要素主要有港口与腹地连接的交通线、路网密度、集疏运条件等。

综上,海港势能为港口影响区域的发展提供了某种可能,是海港空间效应形成并释放的前提条件。根据港口类型和功能的不同,可在货运、客运、集装箱运输、对外贸易、商业等不同方面形成不同位差的势能。港—腹作用通道是港口城市与腹地城市间因空间联系而形成的交通运输走廊,是畅通港口与腹地联系的倍增器。港口发展规律表明,凡是与腹地联系的交通通道畅通的沿海港口,其发展势头就会成倍增长。如上海、宁波、青岛、烟台、厦门和泉州等港口运输此消彼长,均与内河、铁路等深入腹地的交通通道有关。

4.2.3 计算模型

根据上文对海港空间效应动力结构及其组成要素的疏理分析,特构建海港空间效应(Harbour Spatial Effect)识别模型,基本式为

$$E = \sum_{1=j}^{n} L \cdot G \cdot R \tag{1}$$

式中：E 为海港空间效应；L 为海港区位势；G 为港—腹系统引力；R 为港腹通道连接度。

1）海港区位势

一个港口 i 的综合区位势 L_i 表示为周围所有地方 j 对它施加的总影响，反映的是区位与区域系统内不同群体间的相互作用的机遇或概率。反之，则表示港口对腹地所有地方施加的总影响，海港综合区位势模式数学表达式为

$$L_i = \sum_{1=j}^{n} \frac{P_i}{D_{ij}} \tag{2}$$

式中：L_i 为海港综合区位势，表示一地区围绕 i 港口的各城市（包括港口所在城市）所有功能要素在 i 港口产生的位势之和；P_i 则表示港口 i 对区域所有地方的 n 功能要素供应量，反映了港口在本地区所处的运输（经济）区位势；D_{ij} 表示港口 i 与腹地城市 j 之间的距离。可以采用港口货物吞吐量、外贸吞吐量、集装箱吞吐量等反映港口规模及其功能量的指标，或根据这些指标确定港口综合规模指数；除此之外，也可以用商业零售额、就业机会数、投资和流动资金等其他替代指标对港口的其他功能区位势进行衡量。区位势模型在划定城市经济吸引范围，定量考察城市间经济联系的密切程度以及经济布局的区位决策方面产生了广泛影响。而海港综合势能反映的是某一沿海港口的区位条件、发展潜力或其对区域施加影响的总能量，是其在特定区域系统中的重要性和竞争力的一种测度模型。在国内，董洁霜、范炳全等（2006）最早对港口区位势的问题进行了探讨。

2）港—腹系统引力

城市流和空间相互作用模型是引力计算和反映城市间联系程度的基本模型，但城市流主要反映城市外向功能水平，无法体现城市区位特征。港—腹引力受区位和空间距离的影响巨大，当同处一个区域的两个港口距离区域中心城市差异较大时，按照最小运费原则，距离区域中心城市较近的那一个港口占有优势，从而容易吸引中心城市的货源。鉴于

此，考虑数据的可获得性，本书选用空间相互作用的基本式作为港—腹引力的衡量标准

$$G_i = \sum_{j=1}^{n} \sqrt{\frac{m_i m_j}{D_{ij}^2}} \tag{3}$$

式中：G_i 为港口与腹地的空间引力总量；m_i，m_j 分别代表港口城市与腹地城市规模的相应指标和综合指数；D_{ij} 为港口与腹地某城市的距离，可为空间距离、时间距离等。为使空间距离对港腹引力的影响在可控范围内，对空间相互作用进行降幂处理。

3）作用通道

影响港口与腹地作用通道的要素主要有港口与腹地连接的交通线、路网密度、集疏运条件等，而港口交通优势度主要考虑港口在腹地区域中的运输可达性，这与港口城市的陆路运输规模是成正比的。因此，为简化计算、考虑数据的可获得性和可操作性，本书定义港腹通道连接度简化计算公式为

$$R = \sqrt[3]{\frac{F - F_w}{\overline{F - F_w}}} \cdot \frac{d}{D} \tag{4}$$

式中：R 为各港口的港腹通道连接度；F 为港口城市货运量；F_w 为港口城市水运量；$\overline{F - F_w}$ 为沿海港口城市非水货运量的平均值；$\sqrt[3]{\frac{F - F_w}{\overline{F - F_w}}}$ 可称之为简化的港口交通优势度指数；d 为两地直线距离；D 为两地实际距离，其中，d 通过中国 ArcGIS 数据平台获取，D 则通过查阅《中国公路营运里程图集》获取（交通部公路司，2008）。

4.3 中国海港空间效应定量测度

4.3.1 理论假定

1）在大尺度区域研究中，将港口城市等同于港口

考虑数据的可获得性，本书以中国大陆 31 个省级行政区为样本，将

中国大陆地区作为整个沿海港口群的腹地。在此背景下，将沿海港口城市看作海港的复合体和质点看待，研究海港对区域的空间影响。杨吾扬先生(1986)曾指出港口是港口城市的重要组成部分，前者对后者的物质外貌和经济职能的形成起着重要作用，故有些场合下，港口是港市的同义语。在港口的影响下，海港城市具有不同于其他城市的一些特点。第一，海港城市大多具有发达的交通条件和国内、国外双向经济腹地，经济外向型倾向显著。我国设立的保税区和出口加工区大多分布在沿海港口城市，且港口城市物流在港口吞吐量中所占比重较高，因此，城市发展本身对港口条件利用较大。第二，港口发展带动了城市相关产业发展，使海港城市产业结构呈现出明显的临港特征。因此，当进行大范围的区域分析时，将港口城市等同于港口作为区域发展的增长极或质点，在理论上是合理的也是可行的。

2）现代港口对区域的影响要素涵盖运输、工业、贸易等多方面

表征海港空间效应的供应要素取决于港口功能及其多元化发展，因此，港口空间效应可以分解为运输效应、贸易效应、工业效应、金融效应等。根据港口多元化发展情况，其分解要素越多，对海港空间效应的表达就越准确、全面。同时，由于选用的港口城市代表港口，为了反映港口的特性，本书将港口的基本功能——交通运输要素，分解为港口货物吞吐量、外贸吞吐量、集装箱吞吐量三个分量，其他指标诸如港口城市的工业总产值、进出口总额、金融机构年末贷款余额等划分为非运输类指标，以评估港口多功能发展对区域的影响。

3）港口空间效应研究必须首先确定港口及其腹地范围

由于我国地域辽阔，国土面积分布也成不规则形态。所以，如果不划分港口腹地，会出现大连和深圳同时争夺一个腹地城市的现象，这与实际情况不符；相反，如果腹地划分过细，又可能无法体现交叉腹地和重叠腹地的现象，导致港口空间效应的作用范围偏小。因此，港口腹地划分是一个难点。

具体讲，腹地是港口研究必不可少的内容，也是近年来学术界使用较多的一个概念，但对腹地的概念和划分却众说纷纭。按照经济地理学的解释，所谓腹地(Hinterland)是指港口城市背后、提供出口物资和销售进口商品的内陆地区[中国大百科全书(简明版)，1998 年]。腹地既然是一片陆地相连的区域，必然会有自己的边界，但准确进行腹地划分却不是件容易的事情。第一，由于区域港口群的发展，港口之间对腹地

货源的争夺日益激烈,腹地不再是某个港口的专用,而是多个港口共用一个腹地。有的内陆区域的出海口也以一个港口为主,兼有多个周边小港,有的区域则处于几个港口的交叉地带,出海通道多元化比较明显。第二,随着区域发展水平的提高,越来越发达的交通网络使运输可达性对区位选择的制约大大降低,而腹地与多个港口发生物流联系的可能性增加,从而使港口腹地的范围处在此消彼长的动态变化之中。第三,港口的多功能发展使港口与腹地的联系不再仅限于运输与物流,特别是一些港口在软环境或增值服务、政策创新、要素流动等方面也具有了"门户"功能,成为"保税港"、"信息港"等。"柔性空间"、"虚拟空间"使港口原有腹地空间大大扩展,以往相距遥远的港口与内陆腹地城市由于彼此间的联系,也建立了一种新型的港—腹空间关系。第四,跨国公司或大型企业集团逐渐成为市场经济的主体,他们往往将大型港口作为资源配置枢纽,围绕大型港口城市布局和构建区域投资、生产、销售网络等。此外,企业个体行为及其区位偏好也影响着对目标港口的选择。

可见,腹地空间本身是一种模糊空间和多重空间。一个港口可以有多个不同的腹地,不同货种、不同产业也可以有不同的腹地;一个腹地城市也可以将多个港口作为口岸,同时为不同港口、提供不同货种和不同规模的货源。因此,"中心体系"和"门户体系"的存在使港口与腹地成了一种双向选择关系。寻求对腹地进行精确划分本身就是错误;再加上港口与腹地联系的统计资料的不可获得性,也增加了现实中对港口腹地划分的难度。

本书的处理方法是将复杂问题简单化。第一,根据中华人民共和国交通部于 2007 年公布的《全国沿海港口布局规划》中对中国大陆地区港口群及其腹地的划分为原则,在此基础上延伸毗邻的中西部地区形成相应的港口—腹地联系区域。这样做的好处是,在不影响港口直接腹地份额的前提下,尽量将有较多交叉和重叠腹地的港口划为统一区域。第二,在距离港口较远的中西部地区,主要依据实际情况和空间临近原则划分。例如,由于青藏铁路的修通,西藏地区与港口联系的运输通道比较接近陇海铁路,所以将其划入山东沿海港口范围。第三,由于受空间相互作用和距离衰减原理影响,海港空间效应在中西部的份额已经相当微弱,所以沿海省区是腹地划分的重点,这在港口布局规划中已有明确划分。虽然中西部省区不同学者划分不同,但对总体结果的影响不大。第四,港口腹地有海上和陆地之分,本书将港口作为沿海区域的门户,只对陆地部分进行研究。综上,本书对沿海港口腹地的划分如图 4-2 和表 4-3 所示。

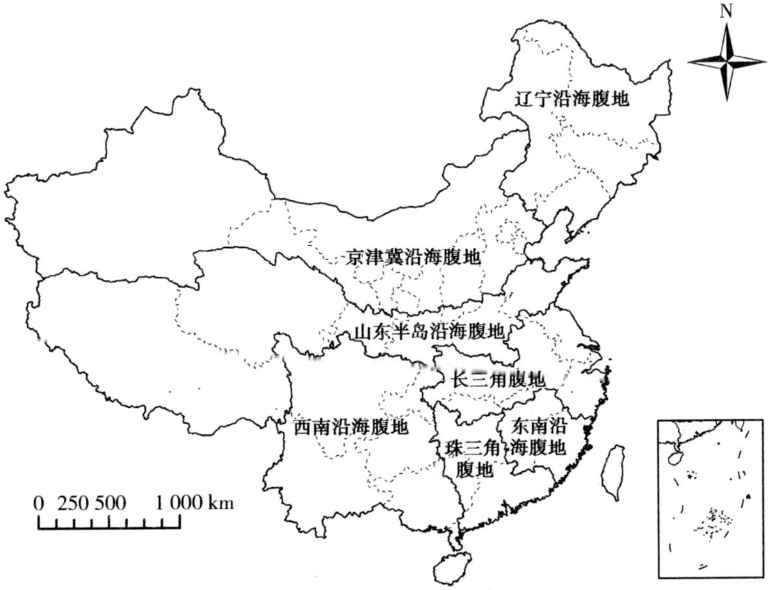

图 4-2 主要港口群及其腹地划分

表 4-3 沿海主要港口群及其腹地划分

区域	沿海港口组成	腹地范围
东北地区	大连、营口、丹东、锦州、葫芦岛	辽、吉、黑三省和内蒙东部
京、津、冀、华北、西北大部地区	天津、秦皇岛、唐山、沧州	京、津、冀、宁、新五省区,陕北两市,晋、甘、蒙大部
黄河中下游及以西地区	青岛、烟台、日照、威海	鲁、豫、藏三省区,陕西大部、山西南部、江苏北部三市和安徽四市
长江中下游地区	上海、连云港、南通、苏州、嘉兴、宁波、温州、台州	沪、苏、浙、皖、鄂五省市,湖南北部、江西北部

续表 4-3

区域	沿海港口组成	腹地范围
海峡西岸地区	厦门、福州、莆田、泉州	闽,江西大部
珠三角地区	广州、深圳、珠海、中山、惠州、汕头、茂名、虎门、江门	广东大部、湖南大部,广西的梧州、贺州、桂林三市
西南地区	湛江、海口、北海、钦州、防城港	桂、琼、云、贵、川、渝六省市,湛江

4.3.2 计算与空间分析

1) 研究说明

(1) 数据平台。根据国家基础地理信息中心 1∶400 万 ArcGIS 地理信息系统数据库,结合 2011 年中国城市统计年鉴,部分缺失数据(如进出口总额)来自各省、市统计年鉴或统计公报。各海港城市的海港空间效应是对所在城市和腹地城市所施加影响的综合。

(2) 样本选取。由于资料获取原因,选取中国城市统计年鉴中所列 291 个城市为腹地城市研究样本,沿海港口城市选取丹东、大连、营口、锦州、葫芦岛、秦皇岛、唐山(京唐港)、天津、沧州(黄骅港)、烟台、威海、青岛、日照、连云港、南通、苏州、上海、嘉兴、宁波—舟山、台州、温州、福州、莆田、泉州、厦门(与漳州港合并)、汕头、惠州、深圳、广州、中山、珠海、茂名、东莞(虎门港)、江门、湛江、海口、北海、钦州、防城 39 个沿海港口城市作为海港样本,港口群及其腹地划分如图 4-2 和表 4-3 所示。需要特别说明的是,虽然苏州港、南通港在统计中往往列为内河港,但由于其处于长江河口的地理位置以及两港口规模近年来迅猛增长,尤其是苏州港有效缓解了上海港沿长江航道的货源压力,成为前者的重要补充,所以本书将南通港和苏州港作为沿海港口进行分析。

(3) 理论上,海港空间效应的单位可以换算成单位面积经济价值,但可获得的港口规模数据中均为货运重量而非价值,因此将各分项计算结果通过标准化后称之为海港空间效应指数。为了反映海港空间效应的结构与组成,依据前文所述,以港口城市六个指标测得的分项指数相加得到海港综合效应指数,港口吞吐量、外贸吞吐量和集装箱吞吐量三个分项指数综合而成运输效应指数,工业、对外贸易和金融综合而成非运输效应指数。

(4) 本书所提出的港—腹通道连接度与海港城市交通优势度、港口与各个腹地城市间的运输通道等多因素密切相关。因此,交通优势度是影响海港与腹地联系通道通达性的重要参数,本书依据前文公式(4)做简化计算得到各海港城市交通优势度,如表 4-4 所示。

表 4-4　沿海港口交通优势度

海港城市	港—腹通道连接度	海港城市	港—腹通道连接度	海港城市	港—腹通道连接度	海港城市	港—腹通道连接度
丹东	0.748	威海	0.643	温州	0.842	中山	0.824
大连	1.164	青岛	1.174	福州	0.856	茂名	0.697
营口	0.985	日照	1.054	莆田	0.541	虎门	0.818
锦州	0.922	连云港	0.932	泉州	0.806	江门	0.681
葫芦岛	0.847	南通	1.035	厦门	0.777	湛江	0.816
秦皇岛	0.737	苏州	0.973	汕头	0.564	北海	0.616
唐山	1.274	上海	1.444	惠州	0.688	钦州	1.048
天津	1.268	嘉兴	0.829	广州	1.493	防城港	0.865
沧州	1.105	宁波	1.196	深圳	1.133	海口	0.594
烟台	1.033	台州	0.910	珠海	0.737	—	—

2) 主要海港空间效应分布特征

(1) 主要枢纽港在本区域空间影响上占据绝对主导地位,上海港在我国海港综合效应中起支配作用。2010 年,上海港货物吞吐量、外贸吞吐量和集装箱吞吐量分别达到 56 320 万 t、30 225 万 t 和 2 906.9 万 TEU,分别占全国总量的 9.2%、12.6%和 21.4%,与此同时,上海港对腹地的综合区位势指数为 591 点,综合空间效应指数为 600 点,分别占全国海港势能总量的 17.6%和 28.3%,海港势能和港腹引力的叠加导致港口经济及其关联经济板块的空间集中化程度更加明显。与港口运输体系"一主一副"不同,长三角海港空间效应呈现"一主两副"的格局,上海、苏州、宁波—舟山三港的海港空间效应分别占长三角地区的 58.4%、20.5%和14.5%。苏州港因靠近长三角几何中心,与腹地特别是苏南地区的空间相互作用更紧密,因此在综合空间效应指数上超过宁波港,达到 211 点。宁波港因处于长三角南部,虽然港口运输规模处于首位，但结合港口工业、对外贸易及金融等多功能发展来看，其海港空间效应仍排在苏州港之后。环渤海地区海港空间效应与港口运输体系对应，分别形成辽宁沿海、京津冀和山东半岛三个子系统，天津作为整个区域的枢纽港，其海港综合空间效应指数达到 215 点，占全国的10.2％，占整个区域的40.4％，青岛和大连分别占环渤海地区的 20.9％和 12.0％。珠三角的广州、深圳两大枢纽港则分别占全国的 10.5％和 9.3％（图 4-3）。

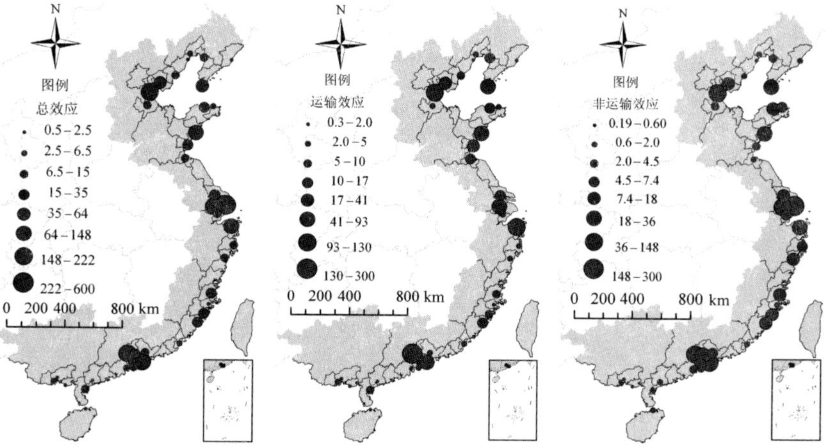

图 4-3 主要海港对腹地的空间效应指数分布

（2）从主要海港空间综合效应指数排名来看，前八位均为我国沿海三大港口群的主、副枢纽港，而东南、西南沿海的枢纽港中的厦门港、湛江港分别排在第 12 位和第 22 位，如表 4-5 所示。在八大港口的货物吞吐量占全国沿海港口总量 54.7％的情况下，八大枢纽港的海港综合空间效应占全国的 83.6％，仅上海、广州、天津三大枢纽港就占 49.0％。表明各枢纽港无论在交通运输与物流等港口直接产业方面，还是在工业、贸易、金融等关联产业和港口增值服务方面都居于本区域的主导地位。天津港、大连港、青岛港、上海港、湛江港、广州港、厦门港占本区域海港空间效应总量的比重依次为78.0％、75.0％、64.8％、58.4％、54.2％、46.4％和41.2％，只有广州港和厦门港的比重低于 50％；与此形成强烈对比的是，上述枢纽港货物吞吐量只占各自区域的40.6％、46.5％、46.7％、28.8％、43.6％、45.9％、42.3％。可见，各区域支线港对于枢纽港货源的分流态势都比较强，枢纽港与支线港之间的货源争夺现象都很明显，区域内部竞争异常激烈。除东南沿海和西南沿海地区外，各枢纽港的功能多元化和整体影响突出，而支线港仅有运输基本职能明显，枢纽港与支线港代际差别、现代化水平及港口产业发育水平差异明显。此外，由于本身经济总量及地理位置原因，厦门港在海峡西岸的主导作用并不十分突出。湛江港虽然已经初具西南地区枢纽港的水平，但由于本地区港口体系及港口经济发育尚处于较低水平，因此其空间结构仍处于不稳定阶段。

表 4-5　各海港的综合效应指数

排名	海港	综合效应	排名	海港	综合效应	排名	海港	综合效应	排名	海港	综合效应
1	上海	600	11	虎门	26.7	21	秦皇岛	9.60	31	锦州	3.69
2	广州	223	12	厦门	25.0	22	湛江	9.24	32	防城港	3.37
3	天津	215	13	南通	23.5	23	台州	8.79	33	茂名	2.54
4	苏州	211	14	日照	19.2	24	惠州	8.26	34	海口	2.44
5	深圳	196	15	福州	17.1	25	中山	7.65	35	丹东	2.32
6	宁波—舟山	149	16	泉州	17.0	26	沧州	7.54	36	莆田	1.65
7	青岛	111	17	营口	14.4	27	珠海	7.35	37	钦州	1.43
8	大连	64.0	18	温州	12.5	28	威海	6.59	38	葫芦岛	0.97
9	唐山	43.4	19	连云港	12.2	29	江门	5.07	39	北海	0.58
10	烟台	34.4	20	嘉兴	9.96	30	汕头	3.82	40	—	—

（3）海港空间效应的各功能分量集中化程度比较。根据集中化指数 $I=(A-R)/(M-R)$［式中，I 为集中化指数，A 为实际数据的累积百分比总和，M 为集中分布时的累积百分比总和，R 为均匀分布时的累积百分比总和］，计算海港空间效应各分量的集中化指数（表 4-6）。港口对腹地的运输效应是整个海港空间效应的基础，运输效应和非运输效应的集中化指数分别为0.768和0.795，六个功能分量的空间效应集中化指数依次为吞吐量效应0.726、工业效应0.752、外贸吞吐量效应0.791、金融效应0.826、对外贸易效应0.855和集装箱吞吐量效应 0.874。其

中，货物吞吐量、外贸吞吐量、集装箱吞吐量三个运输分量的差异较大。一般的散杂货、大宗货物和内贸货物的港口运输及其关联效应的集中化程度最低，表征粗放式的港口运输业务分布较广。外贸运输和集装箱运输作为港口运输的专业化功能，反映了港口运输的贸易结构和增值水平，也具有更广泛的产业关联效应和价值关联效应。一定程度上，集装箱生成量和生成密度还可反映港口工业、物流等多功能、增值能力的发展水平。因此，其所关联的经济效应更明显集中于枢纽港和综合性港口。

表 4-6　各海港的运输效应指数

排名	海港	运输效应	排名	海港	运输效应	排名	海港	运输效应	排名	海港	运输效应
1	上海	300	11	烟台	16.8	21	虎门	4.63	31	丹东	1.65
2	广州	131	12	厦门	16.2	22	温州	3.67	32	海口	1.56
3	天津	127	13	南通	12.1	23	惠州	3.27	33	中山	1.56
4	宁波—舟山	113	14	营口	11.7	24	珠海	3.20	34	茂名	1.47
5	深圳	92.8	15	连云港	10.5	25	防城港	3.13	35	江门	1.38
6	青岛	82.9	16	秦皇岛	8.57	26	台州	2.98	36	钦州	1.11
7	苏州	64.1	17	湛江	7.86	27	嘉兴	2.58	37	莆田	0.71
8	大连	41.3	18	泉州	7.75	28	锦州	2.40	38	葫芦岛	0.45
9	唐山	30.9	19	福州	7.39	29	汕头	2.14	39	北海	0.38
10	日照	17.1	20	沧州	4.64	30	威海	2.04	40	—	—

（4）从各枢纽港的空间效应组成结构来看（图 4-4、图 4-5），上海港在六个分项指标中都占据首位，上海的港口功能多元化程度最完善，是名副其实的国际航运中心、港口工业中心、商贸中心和金融中心。上海、广州和天津三大枢纽港比较而言，广州外贸运输的中心性较差，明显让位于深圳港；宁波—舟山港一般货物运输影响低于广州但强于天津，而外贸运输影响低于天津但强于广州；而深圳港在集装箱运输和对外贸易方面均排在第二位，仅次于上海港。从各分量在总

海港效应的比重上看，湛江港一般货物运输的影响占57.8%，其次是大连和宁波—舟山港，均超过40%。从工业、对外贸易和金融等非运输效应占总效应的比重来看，苏州、上海、广州和深圳依次排在前四位，分别达到65.9%、50.7%、42.7%和42.5%，表明其港口除运输以外的关联产业及相关功能发展水平较高，港口经济的多元化程度明显。此外，我国海港运输中的港口货物吞吐量、外贸吞吐量和集装箱吞吐量的首位度分别达到11.2%、13.2%和22.2%，对应的各项海港空间效应的首位度分别为19.4%、26.7%和39.3%，而海港综合空间效应的首位度则为28.3%。

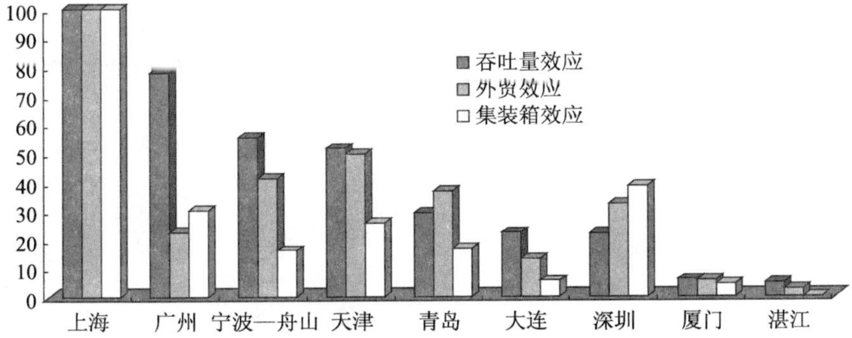

图4-4 各区域枢纽港对腹地的运输效应分项指数比较

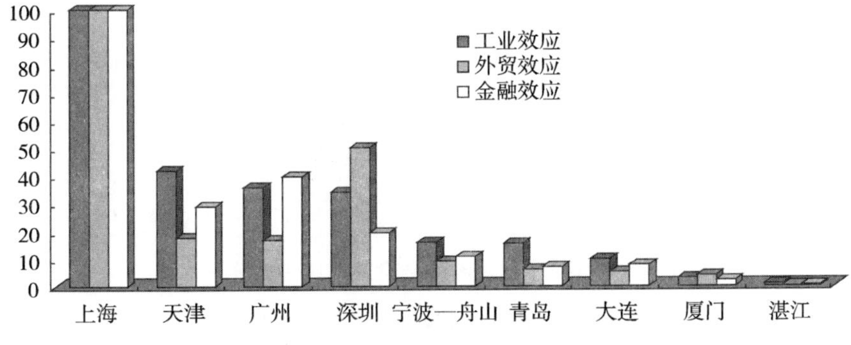

图4-5 各区域枢纽港对腹地的非运输效应分项指数比较

3）腹地城市所受海港空间效应的分布格局

腹地城市所受到的海港空间效应与每个海港空间效应总量不同，它表征腹地城市受区域内所有海港的综合影响程度。根据各城市所受海港城市空间效应总量绘制图 4-6。

（1）总体分布呈现沿海一线与四大块状集中区。一方面，京津唐、长三角、珠三角和山东半岛形成了四个高密度集中分布区，表明这四个区域的城市受海港空间影响普遍较强；而辽东半岛、福建和北部湾地区的海港空间效应仍主要局限于港口城市，辽东半岛虽然在大连存在高值区，但其他港口城市的经济临港化程度及规模仍比较小，地域影响有限。东南沿海各港口经济也处于分割状态，厦门港对区域临港经济的主导作用不足。西南地区缺乏明显的临港经济增长中心，尚处于发育初期。另一方面，从山东半岛到珠三角已形成一条不间断的港口经济带，各城市受海港空间效应联系不断加强。京津唐与辽宁、山东的连接处、福建与广东的交界处均出现明显的断裂带，说明环渤海三个分区和福建沿海与珠三角之间存在明显的区域分割态势。相比之下，上海、江苏、浙江和山东的区域联系较好。

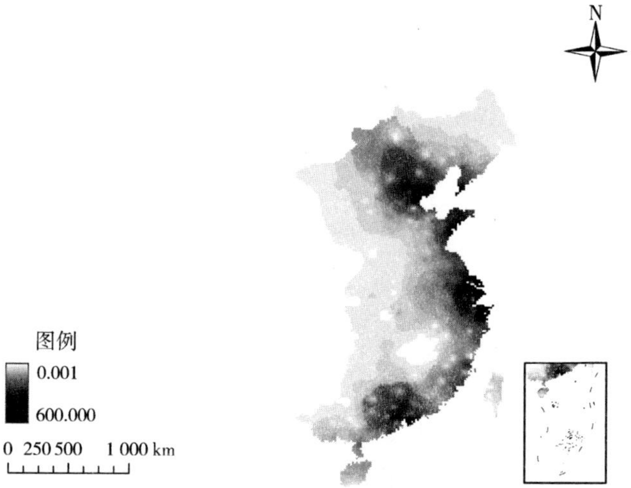

图 4-6 中国城市的海港综合空间效应指数分布格局

（2）海港空间效应分布的空间衰减规律十分明显，东、中、西三个地带所占比重差异巨大。其中，沿海港口城市自身所受到的海港空间效应占总量的 70.3%，可以说，沿海港口城市带就是一条港口经济带，或者说沿海港口城市带是临港经济发育的核心区域。这个区域的临港距离一般在 50 km 范围内，个别新兴港口城市如唐山、沧州等临港距离为 50—80 km。根据沿海地区不同港口群及其腹地的统计分析（表 4-7），长三角、珠三角和京津冀三大港口群的海港空间效应占全国总量的81.1%，说明三大区域是我国港口经济及其空间影响所及的核心区域，如表4-7(a)；山东、辽宁、福建及西南沿海地区的海港空间效应共占全国总量的15.1%；除此之外，北京、安徽、湖北、湖南的海港空间效应分别占全国总量的2.05%、2.2%、0.36%和0.31%；整个东部沿海省(市)区所受到的海港空间效应占全国海港空间效应总量的96.59%(表4-8)。特别需要指出的是，北京作为环渤海地区的中心城市，虽然不是港口城市，但由于临近天津港和唐山港，距离在150—200 km范围内，通过快速交通线，北京与两大港口的产业互动和贸易联系非常密切。尤其是近年来，北京许多大型产业项目通过搬迁或设立分厂，实现了临港布局的转型。结果显示，北京受天津、唐山等港口的空间效应指数为72.5，占全国的2.1%。与此类似，佛山距离广州港的距离小于50 km，甚至比唐山等港口城市近，再加上佛山对外贸易规模较大，其受到的海港空间效应指数高达152.9，远远超过许多港口城市。比较有趣的现象是，港—腹地域系统的海港空间效应越高，其港口城市本身所占海港空间效应比重越低，即由陆腹地城市所受海港空间效应占比也越高。说明港口经济越发达，港—腹地域系统发育越成熟，其港口经济对由陆腹地的空间影响越强烈，由陆腹地城市的经济临港化程度越高，如表4-7(b)所示。

表4-7　不同沿海区域海港空间效应份额比较　(%)

(a) 各区域海港效应占全国总量比重					(b) 各区非港口城市占海港效应比重				
区域	总效应	总势能	运输效应	非运输效应	区域	总效应	总势能	运输效应	非运输效应
长三角	46.1	32.8	42.3	50.6	长三角	35.2	33.6	32.6	37.6
珠三角	22.3	19.0	20.7	24.2	京津冀	27.5	24.6	31.8	23.3
环渤海	24.5	28.3	29.6	18.4	环渤海	24.2	32.7	22.5	27.1
京津冀	12.7	11.2	14.6	10.4	珠三角	33.1	34.1	30.8	36.7
山东	7.9	10.7	10.1	5.3	山东	15.6	30.1	17.3	12.0
辽宁	3.9	6.4	4.9	2.7	辽宁	12.5	34.4	8.8	19.8
东南	2.9	4.7	2.8	2.9	海西	8.5	18.3	9.7	7.3
西南	0.4	1.6	0.6	0.2	西南	3.7	18.9	4	2.5

从沿海省区所受海港空间效应差异来看，如表 4-8。广东、江苏和上海位列前三，广西和海南最低。广东作为珠三角经济圈的核心区，各城市的海港空间效应总量及各分量均排第一位，总效应、运输效应和非运输效应所占全国比重均超过 20％，江苏、上海和浙江的海港空间总效应、运输效应和非运输效应所占全国比重均超过 10％。从这个意义上讲，广东省是我国经济临港化程度最高的省份，以港口运输和物流为纽带，形成了复杂的临港产业体系，港口经济在区域经济发展中占有主导作用。

表 4-8 东部沿海地区海港空间效应及其分量份额比较 （％）

省(市)区	总效应	总势能	运输效应	运输势能	非运输效应	非运输势能
广东	22.76	19.87	21.38	16.76	24.37	23.83
江苏	17.51	11.74	13.53	9.69	22.18	14.36
上海	16.82	10.14	15.74	9.00	18.09	11.60
浙江	11.81	10.87	13.07	11.33	10.33	10.29
山东	7.90	10.67	10.11	13.26	5.29	7.36
天津	6.22	5.09	7.00	5.43	5.31	4.65
河北	4.38	5.65	5.37	6.92	3.20	4.03
辽宁	3.92	6.44	4.92	7.59	2.74	4.97
福建	2.85	4.65	2.79	4.37	2.93	5.01
北京	2.05	0.44	2.18	0.46	1.90	0.42
广西	0.26	1.21	0.42	1.86	0.08	0.39
海南	0.11	0.38	0.14	0.43	0.09	0.32

4.3.3 海港空间效应与港—腹经济地域系统的耦合特征

第一，海港空间效应格局是海港区位势、港—腹系统引力及港—腹作用通道连接度共同作用的结果。通过图 4-7 和图 4-8 可知，各腹地城市所受到的海港综合势能，尤其是港—腹系统引力的广度和深度明显高于海港空间效应。

我国海港运输中的港口货物吞吐量、外贸吞吐量和集装箱吞吐量的首位度分别达到 11.2％、13.2％和 22.2％，对应的各项海港空间效应的首位度分别为 19.4％、26.7％和 39.3％，而海港综合空间效应的首位度则为 28.3％。因此，港口经济本身是港口运输通过规模效应、产业乘数效应和空间扩散效应的综合作用。港口运输及以之为核心的港口物流

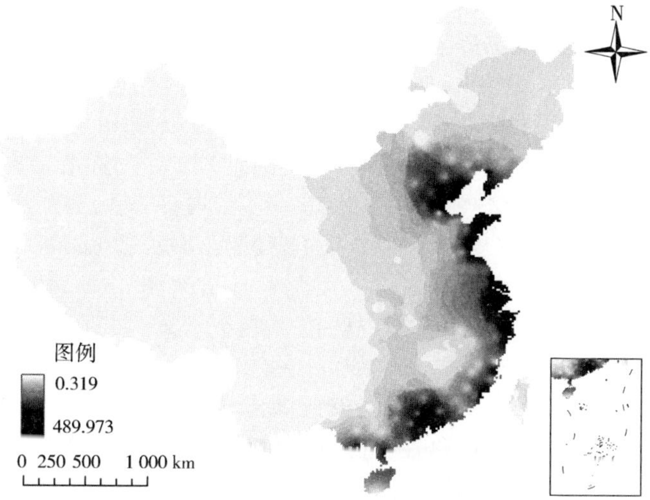

图 4-7　中国城市的海港综合势能指数分布格局

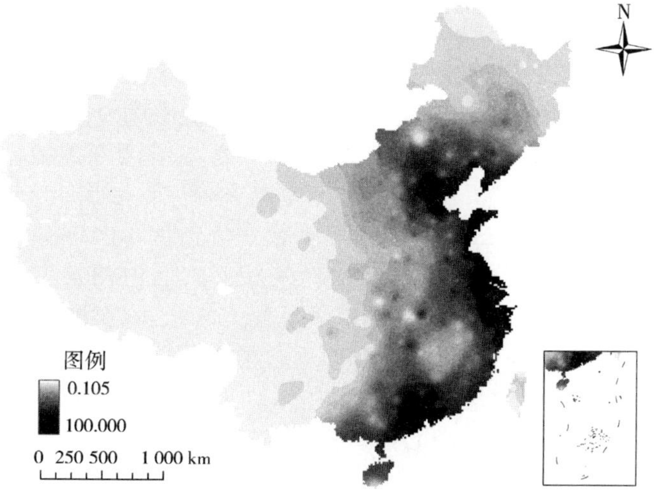

图 4-8　中国城市的海港—腹地空间相互作用指数分布格局

业作为港口经济的核心纽带，为各种临港产业提供集聚平台，并通过港口运输对整个腹地的潜在势能和港—腹产业空间联系实现港口经济的乘数效应，这种乘数效应使港口城市的临港优势与腹地经济支撑能力、港腹联系通道实现叠加，从而使港口经济空间影响的集中化程度大幅提升。

第二，不同港口的港腹空间距离差别是港口运输及其空间效应发生重构的关键因素。一个区域内部海港空间效应格局的稳定性主要取决于海港区位势，而区位势又与港口的运输规模、结构及其与内陆腹地的实地距离有关。

(1) 各区港口体系结构不同。环渤海地区各港口较为均匀地分布于海岸线上，多为大港和能源港，且均有自己稳定的货源地；13 个港口中，有 8 个吞吐量超亿吨，其中 7 个超 2 亿 t，均具有很强的运输区位势。珠三角港口群较为集中，其他港口均处于两大枢纽港阴影区域。2010 年，广州和深圳两港吞吐量占珠三角总吞吐量的 70.6%，其余港口中仅珠海港超6 000 t。长三角各港口区位各有优势，又有江海联运的优势，亿吨港有五个，海港空间效应形成“一主两副三大中心”。

(2) 港口与腹地空间距离不仅反映港口经济对腹地空间作用的难易程度，更决定着一个港口在本区域港口体系中的发展潜力。以东部沿海地区为界限，比较不同港口与内陆腹地城市的平均距离可知，大连港、厦门港和湛江港距本省内陆城市平均距离在本区港口体系中最远，分别为 397 km、299 km 和 437 km，而营口港、福州港和防城港分别为 244 km、243 km 和 327 km。随着区域交通网络越来越发达，不同港口在腹地中的可达性差距越来越小，一些开发较晚但距离腹地更近的新兴港口受运输成本优势和腹地支撑，可获得更具优势的发展机会。相比之下，天津港、青岛港、广州港距本区域腹地城市的平均距离分别为 281 km，364 km 和 250 km，仅次于本区的黄骅港 275 km、日照港 314 km、虎门港 236 km，天津港和广州港牢牢占据本区域港口运输和港口经济的主导地位。日照港对青岛港的挑战较强，但仍无法与营口港对大连港的挑战相比。长三角的港口体系较为复杂，除宁波—舟山港距本区域腹地城市距离较远外，苏州和南通仅为 248 km 和 279 km。苏州港近年来异军突起，港口规模已超过 3 亿 t，但鉴于上海的政策优势、港口非运输功能的扩展、苏州港的河口潜力不足等原因，上海港仍可在较长时期处于港口经济主导地位。

第三，区域经济地域系统的空间结构制约海港空间效应的广度和深度。首先，正如前文所述，相比运输效应，珠三角和长三角港口的非运输效应更强。珠三角主要中心城市均为港口城市，长三角主要依托长江经济带，呈现“一超多强”的格局，两区域港口的空间效应格局与区域经济地域系统高度重合。因此，两大区域经济本质上是港口经济，整个产业结构和空间布局临港化，港口城市处于城市体系的核心。其次，环渤海地区经济地域系统的三个分区具有明显的双核结构，内陆中心城市与首位港口城市鼎足而立。因此，作为表征港口与腹地城市关联度的指标，港—腹引力延伸方向明显与港腹交通经济带走向相一致。如图 4-8 中，东北地区内陆城市海港效应虽然与港口城市相比已经很小，但其向内陆的延伸方向始终围绕哈大经济带展开。天津与河北三大能源港对腹地的空间效应在港—腹引力作用下，沿大秦能源走廊等通道扩散至晋陕蒙三角区。

4.4 沿海三大经济圈海港空间效应分异特征

环渤海、长三角和珠三角是我国沿海三大经济圈和三大经济增长极，同时也是我国沿海三大港口群所在地，港口经济对区域经济空间格局具有重要影响。2010 年，三大区域沿海港口吞吐量达到 52.9 亿 t，占全国港口吞吐量的 66.0%，占全国沿海港口吞吐量的 86.5%。环渤海经济圈主要包括北京、天津两大直辖市以及辽宁、河北和山东三省，长三角经济圈主要包括上海和江苏、浙江两省，珠三角经济圈则主要包括香港、澳门和广东省。本书以中国海港空间效应测定的计算结果为基础，以沿海三大区域为对象，探讨沿海港口对腹地空间效应的区域差异及空间模式。为便于计算和统计，本书的珠三角地区只考虑广东省，同时去掉作为西南地区枢纽港的湛江市。

4.4.1 环渤海地区海港空间效应分布特征

1）港口运输结构及空间分布

如图 4-9 所示，2010 年，环渤海地区 13 个规模以上沿海港口的总吞吐量达到244 176万 t，其中，外贸吞吐量为 98 772 万 t，集装箱吞吐量为 3 543.7 万 TEU，分别占中国大陆地区沿海港口总量的 39.9%、41.2%和26.1%，集装箱运输在全国的地位要远远低于散杂货和大宗货物运输。因此，从运输结构上来讲，环渤海地区港口运输仍属于粗放型运输结构。从港口运输的空间分布来看，港口吞吐量、外贸吞吐量和集装箱吞吐量的集中化指数分别为 0.410、0.622 和 0.727，首位港口的比重分别占 16.9%、25.9%和 33.9%。其中，天津港作为首位港口，其吞吐量为41 325 万 t，外贸吞吐量为 20 709 万 t，集装箱吞吐量为 1 008.6 万 TEU；青岛港吞吐量为 35 012 万 t，外贸吞吐量为 25 541 万 t，集装箱吞吐量为 1 201.2 万 TEU。青岛港在集装箱运输规模上超过天津港位

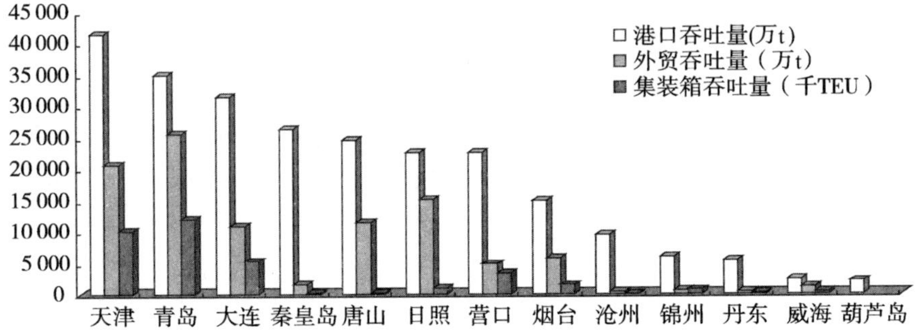

图 4-9　环渤海地区各海港运输规模比较

列第一。天津、青岛和大连三大枢纽港的港口吞吐率、外贸吞吐量和集装箱吞吐量分别占环渤海地区总量的 44.1%、62.2%和 77.2%。在外贸运输和集装箱运输方面,枢纽港与支线港的分化现象已经非常明显。

2）海港空间效应的组成及分布

如图 4-10 所示,环渤海地区各港口对腹地的空间综合效应指数合计为 532,集中化指数为 0.702,其中,运输效应指数为 347,非运输效应指数为185,两者集中化指数分别为 0.691 和 0.741,三者在全国所占份额分别为 25.1%、30.4%和 19.0%。可见,运输效应指数远远高于非运输效应指数,运输效应的集中化程度也小于非运输效应。进一步分析运输效应内部的组成可知,港口吞吐量效应、外贸吞吐量效应和集装箱吞吐量效应分别占全国总量的 31.4%、35.6%和 20.6%,集中化指数分别为 0.609、0.743 和 0.845。从三大枢纽港来看,天津港的海港空间综合效应指数、运输效应指数和非运输效应指数分别达到 215.0、127.0 和 88.3,分别占环渤海地区的 40.4%、36.6%和 47.7%,三大枢纽港的对应指数合计占环渤海地区的比重分别为 73.3%、72.3%和 75.3%。从非运输效应内部看,环渤海地区工业效应、对外贸易效应和金融效应分别占全国 24.0%、11.6%和 19.7%,其中,港口工业发展的空间效应占全国份额较高,而对外贸易的空间效应占全国的份额偏低。与港口外贸吞吐量及港口外贸吞吐量空间效应在全国占 41.2%和 35.6%相比,形成了巨大反差。造成这种现象的原因主要是由于环渤海地区港口运输中的散杂货比重,特别是能源、原材料等大宗货物比重较高。虽然具有较强的港口工业,但整体上重化工业比重较高,单位运输量的外贸生成量和集装箱生成密度不足。相比较而言,在环渤海港口空间效应中,作

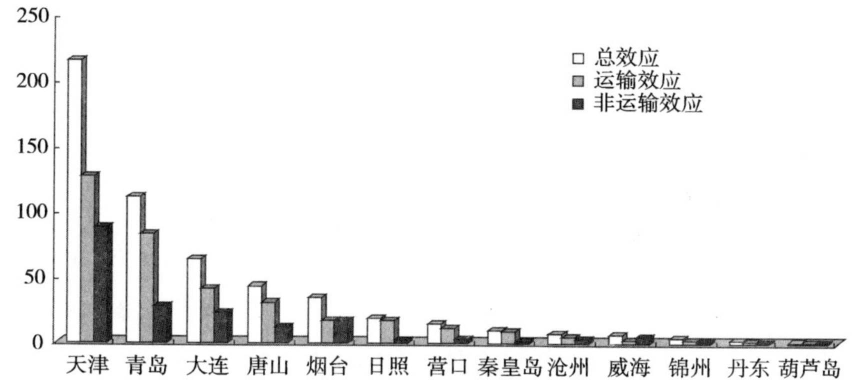

图 4-10 环渤海地区各港口海港空间效应指数比较

为港口基本业务功能的运输职能及其空间影响仍起着主要作用。因此,环渤海海港空间效应可称为基础型海港空间效应。

3）海港空间效应在各城市分布情况

如图 4-11 所示,分别以天津、青岛和大连三大枢纽港为辐射源,形成京津冀、山东和辽宁三个港腹地域子系统。其中,京津冀海港空间效应指数总量为 275,占整个环渤海地区 51.8%;山东半岛海港空间效应指数总量为 171,占环渤海地区 32.2%;辽宁海港空间效应指数总量为 85,仅占环渤海地区的 16.0%。京津冀和山东基本形成了块状集聚的海港经济作用区,而在辽宁与河北交界处、山东和河北交界处均处于沿海城市带的低值区,区域分割态势明显。港口所在的城市是港口直接腹地,但港口货源地并不局限于所在城市,因此,港口与内陆中心城市的联系和互动状况直接关系到港口运输及其他功能的空间拓展。根据计算结果,环渤海地区沿海港口城市占海港空间效应总量的 75.8%,内陆城市占 24.2%。其中,京津冀、山东和辽宁港口城市占海港空间效应总量分别为 66.9%、84.4%和 87.5%。在内陆城市中,北京的海港空间综合效应指数高达 72.5,仅次于三大枢纽港。其次是廊坊、保定和潍坊,分别为 33.8、12.5 和 12.1。从三大枢纽港来看,天津、青岛和大连城市本身所获海港空间综合效应占整个海港对腹地海港空间综合效应的 61.3%、80.4%和 88.4%,运输效应的相应比重分别为 63.1%、79.5%和91.4%,非运输效应的相应比重分别为 58.6%、83.1%和 82.9%。

4）海港区位势的分布特点

海港作用势能主要反映某一海港对区域产生作用或施加影响的条

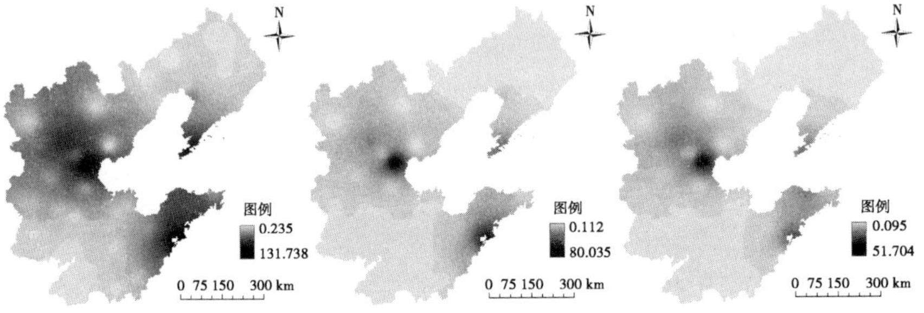

（a）总效应　（b）运输效应　（c）非运输效应

图 4-11　环渤海地区各城市海港效应指数及其分量分布图

件和潜力。如图 4-12 所示，环渤海地区各海港作用于腹地的总势能指数为 1 120.0，占全国的 33.3%，其中，运输势能指数和非运输势能指数分别为 739 和 381，占全国比重分别为 39.2%和 25.8%；而三者的集中化指数分别为 0.559、0.566 和 0.606。天津港的总势能指数和非运输势能指数分别为 294.5 和 123.8，均排在第一位。青岛港由于港口外贸吞吐量和集装箱吞吐量均超过了天津，所以，其运输势能指数达到 174.6，排在第一位。三大枢纽港总势能、运输势能和非运输势能分别占环渤海地区的 60.7%、58.8%和 64.3%。

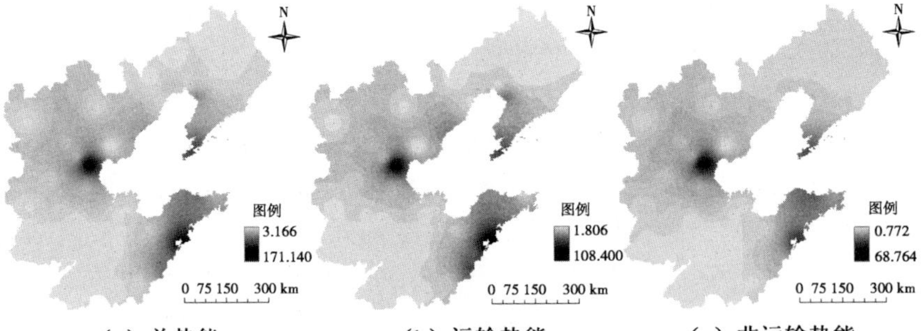

（a）总势能　（b）运输势能　（c）非运输势能

图 4-12　环渤海地区各城市海港势能指数及其分量分布图

4.4.2　长三角地区海港空间效应分布特征

1）港口运输结构及空间分布

如图 4-13 所示，2010 年，长三角地区八个规模以上沿海港口的总吞吐量达到195 852万 t，其中，外贸吞吐量为 78 502 万 t，集装箱吞吐量

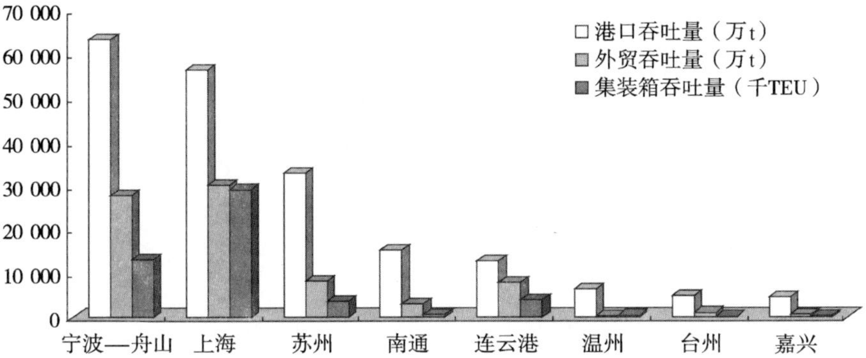

图 4-13　长三角地区各海港运输规模比较

为 5 108.6 万 TEU，分别占中国大陆地区沿海港口总量的 32.0%、32.7%和37.7%。集装箱运输在全国的地位高于散杂货、大宗货物运输和外贸运输，因此，从运输结构来讲，长三角地区港口运输属于集约型运输结构。从港口运输的空间分布来看，港口吞吐量、外贸吞吐量和集装箱吞吐量的集中化指数分别为 0.548、0.679 和 0.783。首位港口的比重分别占 32.3%、38.5%和 56.9%。从港口吞吐量来看，宁波—舟山港是首位港口，其吞吐量达到 63 300 万 t。上海港是外贸吞吐量和集装箱吞吐量的首位港口，分别达到 30 225 万 t 和 2 906.9 万 TEU。虽然苏州港吞吐量达到了 32 877 万 t，但与上海、宁波相比，仍有明显差距，特别是外贸吞吐量和集装箱吞吐量分别为 8 137 万 t 和 364.4 万 TEU，集装箱吞吐量不及连云港。因此，长三角港口体系仍呈现“一主一副”的格局。两大枢纽港的港口吞吐量、外贸吞吐量和集装箱吞吐量占长三角总量的 61.1%、73.8%和 82.6%。与环渤海地区相比，长三角地区港口运输的集中化程度更高，枢纽港在不同运输功能上均占据控制地位，枢纽港与支线港的分离更加明显。

2）*海港空间效应的组成及分布*

如图 4-14 所示，长三角地区各港口对腹地的空间综合效应指数合计约为 1 027，集中化指数为 0.774，其中，运输效应指数约为 509，非运输效应指数约为 518，两者集中化指数分别为 0.790 和 0.795，三者在全国所占份额分别为 48.5%、44.5%和 53.1%，非运输效应指数明显高于运输效应指数。通过进一步分析运输效应内部的组成可知，港口吞吐量效应、外贸吞吐量效应和集装箱吞吐量效应分别占全国总量的 42.5%、

44.2%和49.0%，集中化指数分别为0.703、0.821和0.913。与环渤海地区相比，长三角地区港口运输中的集装箱比重已明显提升，单位港口运输量的外贸生成量和集装箱生成密度也处于较高水平。

从非运输效应内部看，长三角地区工业效应、对外贸易效应和金融效应分别占全国的49.9%、58.4%和52.2%，其中，港口对外贸易和金融的空间效应占全国份额均超过一半。这充分反映出在长三角港口空间效应中，代表港口多功能发展水平的港口工业、对外贸易、物流、金融等非运输职能及对腹地的空间影响已明显超过运输职能，港口经济中的非运输职能在全国的影响也超过运输职能。因此，我们可将长三角海港空间效应称之为高级型海港空间效应。

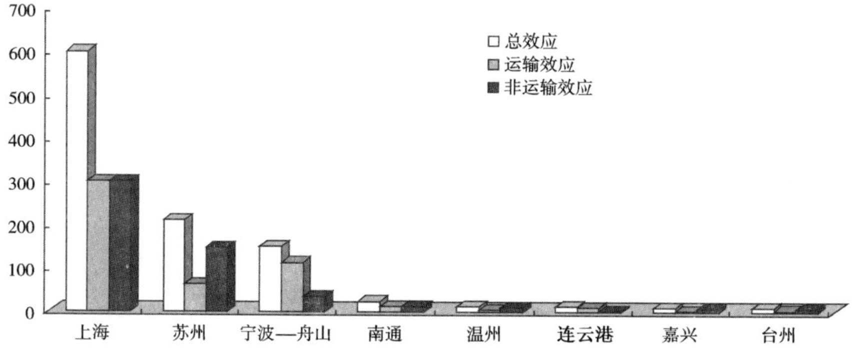

图4-14　长三角地区各港口海港空间效应指数比较

与港口运输体系"一主一副"不同，长三角海港空间效应呈现上海、苏州和宁波组成的"一主两副"格局，三港空间效应分别占长三角地区的58.4%、20.5%和14.5%，合计超过93%，运输效应和非运输效应合计为长三角地区的93.7%和93.2%。苏州港因靠近长三角几何中心，与腹地特别是苏南地区的空间相互作用更紧密，因此在综合空间效应指数上超过宁波港，达到210.6点。宁波港因处于长三角南部，虽然港口运输规模处于首位，但结合港口工业、对外贸易及金融等多功能发展来看，其海港空间效应仍排在苏州港之后。

3）海港空间效应在各城市分布情况

如图4-15所示，以上海为辐射源、苏锡常等苏南地区和环杭州湾区域为核心，向南北两个方向辐射。苏州和宁波作为海港空间效应的两个副中心，其影响范围与上海的辐射圈基本融为一体。苏州是距离上海最近的城市，虽然港口规模、港口经济和整个城市经济均具有很大的规模，但从整个经济联系和空间格局看，苏州受到上海港及城市的强烈辐射，处于上海的阴影区域。宁波海港空间效应总量虽然不及苏州，但由于经济联系加上杭州湾的阻隔，宁波港处于整个浙江海港空间效应的辐射中心。苏北和浙江中西部均处于海港空间效应的低值区。根据计算结果，长三角地区沿海港口城市占海港空间效应总量的 65.3%，其他城市占 34.7%。除海港城市外，无锡所获得的海港空间效应指数最高，达到 108.9，而杭州、常州、湖州、绍兴和南京依次为 44.3，34.1，27.5，14.2 和 14.0。从枢纽港来看，上海、苏州和宁波—舟山城市本身所获海港空间综合效应占整个海港对腹地海港空间综合效应的 59.4%、60.4%和 82.7%。作为典型的海湾型港口城市，宁波港对腹地的空间效应主要以宁波市为主，而上海、苏州则通过与其他腹地城市进行更多的联系与互动，实现港口经济效应的空间拓展。

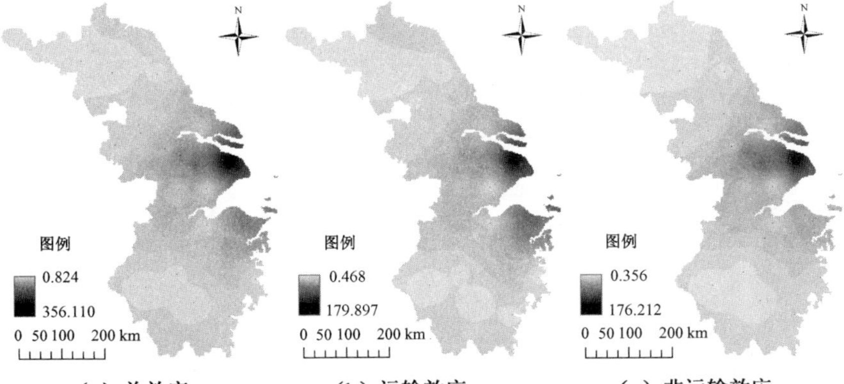

(a) 总效应　　(b) 运输效应　　(c) 非运输效应

图 4-15　长三角地区各城市海港效应指数及其分量分布图

4) 海港区位势的分布特点

如图 4-16 所示，长三角地区各海港作用于腹地的总势能指数合计为 1 302，占全国的 38.7%，其中，运输势能指数和非运输势能指数分别为 669 和 633，占全国比重分别为 35.5%和 42.8%；而三者的集中化指数分别为0.649、0.692 和 0.678。上海港作为首位港口，其总势能指数、运输势能指数和非运输势能指数分别为 591.3、291.3 和 300.0，占长三角地区的 45.4%、43.5%和 47.4%；宁波港在总势能和运输势能上仅次于上海，分别达到 278.7 和 213.6，占长三角地区的 21.4%和 31.9%；苏

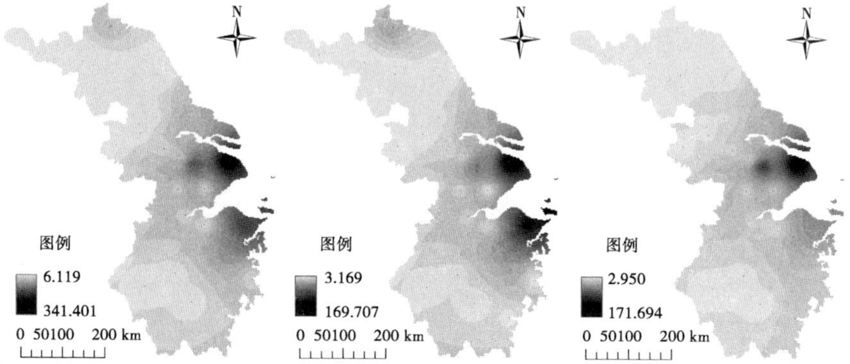

(a) 总势能　　(b) 运输势能　　(c) 非运输势能

图 4-16　长三角地区海港势能指数及其分量分布图

州港在非运输势能上远远高于宁波港，达到 177.9，占长三角地区的 28.1%。三大港的海港区位总势能占全国 33.4%，占长三角地区的 86.3%，运输势能和非运输势能分别占长三角地区的 86.8%和 85.8%，三者大大低于相应海港空间效应指数的比重。

4.4.3　珠三角地区海港空间效应分布特征

1）港口运输结构及空间分布

如图 4-17 所示，2010 年，珠三角地区九个规模以上沿海港口的总

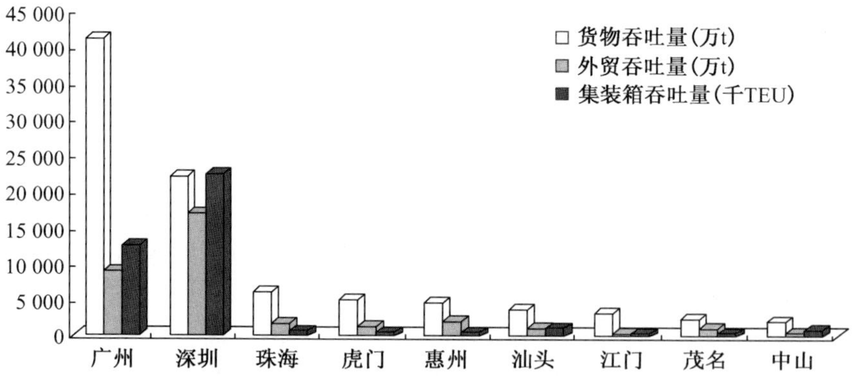

图 4-17　珠三角地区各海港运输规模比较

吞吐量达到 89 451万 t，其中，外贸吞吐量为 36 370 万 t，集装箱吞吐量为 3 865.1 万 TEU，分别占中国大陆地区沿海港口总量的 14.6%、

15.2%和28.5%。珠三角地区的集装箱运输占全国的比重接近港口吞吐量和外贸吞吐量的两倍，因此，珠三角地区港口运输属于高度集约型的港口运输结构。从港口运输的空间分布来看，港口吞吐量、外贸吞吐量和集装箱吞吐量的集中化指数分别为 0.625、0.681 和 0.830。首位港口的比重分别占 45.9%、47.0%和 58.2%。从港口吞吐量来看，广州港是首位港口，其吞吐量达到 41 095 万 t，远远大于深圳港的 22 098 万 t；而从外贸吞吐量和集装箱吞吐量来看，深圳港是首位港口，分别达到 17 106万 t 和 2 251 万 TEU，远远超过广州港的 8 992 万 t 和 1 254.6 万 TEU，两大枢纽港在运输功能上形成较为明确的分工，形成双核互动发展格局。广州港更倾向于散杂货和对内贸易，深圳港则专注对外贸易运输和集装箱运输，两大枢纽港的总吞吐量、外贸吞吐量和集装箱吞吐量占珠三角总量的 70.6%、71.8%和 90.7%。沿海三大经济圈中，珠三角港口运输的集中化程度最高，其他支线港由于处于两大枢纽港的阴影区，发育明显不足。

2）海港空间效应的组成及分布

如图 4-18 所示，珠三角地区各港口对腹地的空间综合效应指数合计为 480，其中，运输效应指数为 241，非运输效应指数为 239，集中化指数分别为 0.782、0.828 和 0.752，三者在全国所占份额分别为 22.7%、21.1%和 24.6%，非运输效应指数略高于运输效应指数。通过进一步分析运输效应内部的组成可知，港口吞吐量效应、外贸吞吐量效应和集装箱吞吐量效应分别占全国总量的 21.6%、16.0%和 27.6%，集中化指数分别为 0.852、0.823 和 0.868，港口集装箱运输及其对腹地的空间影响明显超过港口运输的实际规模。从非运输效应内部看，珠三角地区工业效应、对外贸易效应和金融效应分别占全国的 22.3%、27.8%和 24.5%。其中，港口对外贸易及其对腹地的空间影响明显超过港口的其他非运输业务功能，而集装箱效应和对外贸易效应在全国占有几乎相同的比重，具有较高的外向服务功能。总体看，珠三角的非运输效应占全国的比重高于运输效应，表明港口经济中的非运输职能的外向服务功能强于运输功能，也可称之为高级型海港空间效应。

与港口运输体系的双核结构相同，珠三角海港空间效应呈现广州和深圳双核互动格局。两港空间效应分别占珠三角地区的 46.4%和 40.8%，合计达到 87.2%，运输效应和非运输效应合计为珠三角地区的 92.7%和 81.7%。排在第三位的东莞（虎门）海港空间综合效应指数仅

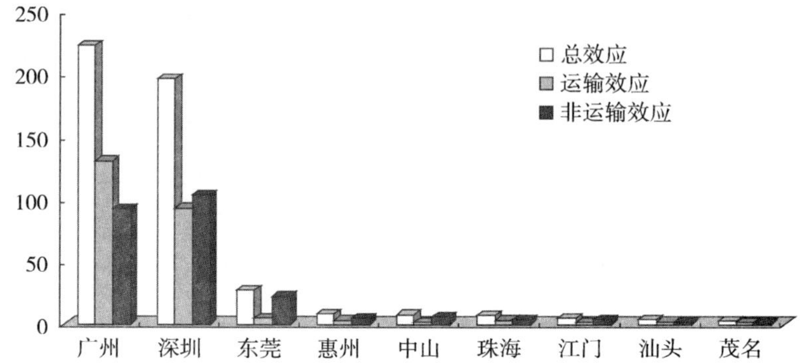

图 4-18　珠三角地区各城市港口海港空间效应指数比较

为 26.7，占珠三角地区的 5.6%。此外，与环渤海及长三角不同，珠三角地区枢纽港的运输效应占地区比重以及集中化指数均大大高于非运输效应，两大枢纽港对于港口运输体系的整合程度较高；同时，临近两大枢纽港的城市，不论是否为港口城市，均可共享其临港优势，推动临港经济空间扩散。

3）*海港空间效应在各城市分布情况*

如图 4-19 所示，深圳和广州两城市所受海港综合效应指数分别为 161.4 和 127.7，占珠三角总量的 60.2%，基本形成以广州和深圳为辐射源、环珠江口城市为核心，向珠江口两岸及内陆辐射的空间格局。佛山所受到的海港综合效应指数排在第三位，达到 92.3，占珠三角总量的 19.2%，远远高于其他海港城市。这是由于佛山虽非港口城市却处于典型的临港地带，城市紧邻珠江口，距广州港在 50 km 内，港城距离小于许多港口城市，得以与广州共享临港优势。而江门、汕头、茂名虽属港口城市，但区位偏远，腹地狭小，港口运输及港口经济的成长与扩散受到挤压，海港空间效应规模偏小，造成粤北山区和粤东、粤西三个偏远地带海港空间效应指数急剧下降，区域内部差异明显。

根据计算结果，珠三角地区沿海港口城市占海港空间效应总量的 72.4%，高于长三角，低于环渤海；其他城市占海港空间效应总量的 27.6%。深圳和广州两大城市自身获得的海港空间效应分别占其海港空间效应总量的 82.3%和 57.3%。因此，从港口与腹地的互动关系来看，广州港对腹地的影响和整合作用要远远大于深圳港。相比之下，深圳港的腹地主要是其所在城市，而深圳作为我国最大的出口导向型的临

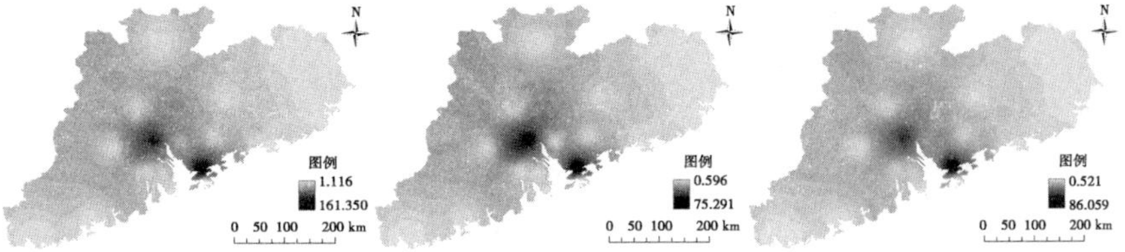

（a）总效应　（b）运输效应　（c）非运输效应

图 4-19　珠三角地区各城市海港效应指数及其分量分布图

港产业基地，对深圳港的发展具有很强的支撑作用。与此类似，东莞本身所获得的海港空间效应占虎门港对腹地空间效应总量的 92.5%。因此，从这个意义上讲，广州仍是珠三角地区当之无愧的枢纽港，其对腹地的带动和辐射作用要远远大于深圳港，而东莞则属于典型的临港产业基地和外贸基地。

4）海港区位势的分布特点

如图 4-20 所示，珠三角地区各海港作用于腹地的总势能指数为 685，占全国的 20.4%，其中，运输势能指数和非运输势能指数分别为 315 和 370，占全国比重分别为 16.7%和 25.0%；而三者的集中化指数分别为0.675、0.728 和 0.641。深圳港作为首位港口，其总势能指数、运输势能指数和非运输势能指数分别为 296.2、140.0 和 156.2，占珠三角地区的 43.2%、44.4%和 42.2%；而广州港总势能、运输势能和非运输势能指数分别为 219.3、123.9 和 95.4，分别占珠三角地区的 32.0%、39.3%和 25.8%。两大港的海港区位总势能占全国的 15.3%，占珠三角地区的75.2%，运输势能和非运输势能分别占珠三角地区的 83.7%和68.0%，三者大大低于相应海港空间效应指数的比重。

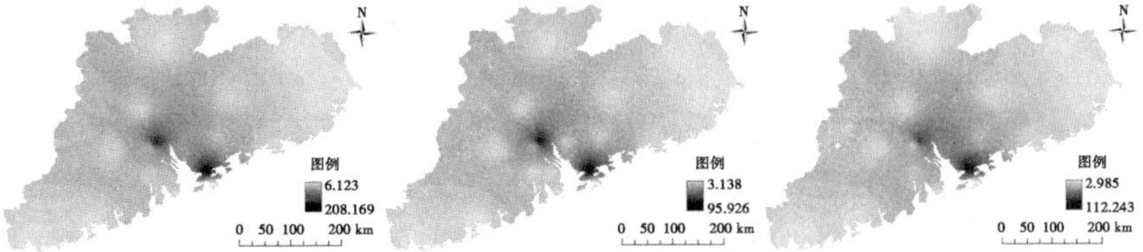

（a）总效应　（b）运输效应　（c）非运输效应

图 4-20　珠三角地区各城市海港势能指数及其分量分布图

5 区域微观基础：海港对城市的地域空间效应分析

5.1 实证一：大连港对城市的地域空间效应

5.1.1 大连港口势能的集聚过程

大连地处中国东北辽东半岛最南端，东濒黄海，西临渤海，南与山东半岛隔海相望，北依辽阔的东北平原；岸线资源极其丰富，如大连湾、大窑湾、双岛湾、长兴岛等区域均是中国沿海最难得的天然深水良港，深水岸线总长近 400 km。大连是东北海上门户，处在环渤海经济区及东北亚经济圈的中心地带，也是东北亚地区连通欧洲各国的重要海陆交汇点，离全球海运干线主航道较近，承担了东北地区 70%以上的海运货物和 90%以上的集装箱运输。

大连地区最早的城市建设应追溯到公元 12 世纪初，出于防卫需要，地理位置相对重要的金州城得到修建。1898 年，沙俄强占大连后，将其辟为"通商口岸"和向世界各国商船开放的"自由港"，并修通港区连接东北腹地直至俄国境内的东清铁路。1903 年，大连港到港商船已达 792 艘，进口货物 29.6 万 t，出口 12.7 万 t。1904 年，日本占领大连后，为了加紧掠夺东北地区的资源和原材料，仍将大连作为国际贸易港，首先改建南满铁路，加强港口和城市等基础设施建设和改造，并逐渐形成甘井子煤码头、油码头及寺儿沟危险品码头等多个码头。1934 年，南满铁路复线通车后，港口吞吐量突破 1 000 万 t，输出 766 万 t。新中国成立后，对大连港进行了多次扩建与改造，先后修复和完善了黑嘴子码头、香炉礁码头和寺儿沟油运码头等。1976 年，建成我国第一座现代化原油出口码头。1985 年，扩建香炉礁突堤码头。1987 年，建成和尚岛煤炭专用码头。"六五"、"七五"期末，大连港口吞吐能力分别达 3 655 万 t 和 4 400多万 t。1989 年，大连港成为我国第三大港，完成吞吐量 5 092 万 t，外贸货物进出口量居当年全国之首。20 世纪 90 年代，大窑湾国际深水港作为国家确定的四大深水中转港之一，成为大连港口拓展重点，分别建成25万t级杂货泊位两个、3万t级集装箱泊位两个等十个泊位。2003年后,按照中央对大连建设成为“东北亚重要的国际航运中心”的定位,推动大窑湾港区建设提速,建成3万t级原油码头和矿石码头。2005年后,开发建设长兴岛大型深水港区和临港工业园区,并逐渐发展为国家级临港开发区;分别疏通大连湾和长兴岛疏港铁路,强化了港口的海陆联运、区港一体化优势,拉近了大连与腹地的直线距离,进一步强化了大连港整体的交通区位势,大大缓解了大连港来自周边港口的竞争压力。

可见,在大连建城初期,高标准的港口建设及海铁联运模式在城市的港口交通区位势生成中起着关键作用。此后,这种区位势随着新港口的开发、港口空间扩展、配套设施不断完善、集疏运规模增长和功能提升,得以不断巩固、强化,使临港地带成为持续集聚各类生产要素的极化中心,为产业集聚和城市发展提供原始动力。大连港对城市的地域空间效应正是通过不断强化自身港口区位势,对港口物流、造船、石化等临港产业产生巨大的溢出效应,进而推动城市经济持续发展。数据显示,从1949年到2011年,大连港吞吐量从106万t增长至34 000万t,改革开放以来的年均增长率为7.7%;近十年来,随着东北老工业基地振兴,年均增长率达到12.9%。在巨大的港口交通势能和强劲的腹地经济增长支撑下,大连港运输规模仍处在一个快速增长阶段。

5.1.2 临港产业空间成长与城市形态演变

大连宜港岸线约870 km,深水岸线近400 km,主要集中在黄海沿岸的大窑湾至大连湾一带和渤海沿岸的双岛湾及长兴岛等区域。1898年,沙俄迫使清政府在北京签订《中俄旅大租地条约》(《中俄会订条约》),租借旅顺口和大连湾及附近水域(含黄海沿岸各岛屿)作为俄国海军基地,后来单方面将旅大“租借地”命名为“关东州”。1899年,俄关东州厅下设旅顺市、金州市、貔子窝市,同时设置了金州、旅顺、亮甲店、貔子窝及岛屿行政区。1902年5月30日,达里尼(大连)特别市成立,初隶俄国财政部。1903年8月,改隶远东总督府,下设市内区、辖行政街区、欧罗巴街区和中国人街区(今东关街历史街区)。

1905—1945年,大连属于日殖民时期,港口发展主要局限在东青泥瓦海岸四个突堤式码头,并建成寺儿沟、甘井子、香炉礁和黑嘴子等码头,处于孤立港口发展阶段。初期紧邻港口,有铁路、工场和船坞等配套设施区；后期发展临港仓储、满铁工厂及其他工业区，工贸均有发展。俄占领时期的大连城市面积约为 6.5 km^2，港口交通运输为重点；日占领时将其扩展至 45.7 km^2，城市膨胀，工贸繁荣。日占领期间，由于允许日本人移居大连，大连城市人口增加到 70 万，商贸和工业均得到明显发展；围绕港口和铁路场站，在甘井子、周水子和泉水村等形成了工业区，城市用地增长到 45.7 km^2。整个伪满时期，城市呈现强劲的"急速膨胀"势头(刘长德，1999)。

1949—1993 年，即新中国成立至改革开放初期，改扩建香炉礁、寺儿沟等码头，新建鲇鱼湾、和尚岛等港区，大型临港工业的专用码头开始出现，并逐渐形成较大的港口区。临港产业方面，逐步形成造船、石化等临港工业带，外围形成机械、化工、轻纺工业等，革镇堡形成大片仓储物流区。城市建成区达到 100—200 km^2，临港产业区周边形成工人聚集区，城区布局紧凑，经波动后明显膨胀。

1993 年—21 世纪初，这一时期的港口发展重点是建成大窑湾国际深水港，有效整合各港区职能，黄海岸线各港区形成初步分工，围绕主要港区逐渐形成港口圈。同时，区港联动发展步伐加快。国际物流港与开发区、保税区融合，临港产业分工加强，主城区工业开始向临港新城搬迁，此时，城市建成区达 230 km^2，开发区产业、人口集聚功能提升，对中心城区的疏解作用大增，城市形成"主副双核"空间形态。

2000 年以后，地方各个中小港区伴生的大量工业园区如雨后春笋发展起来。特别是 2005 年以来，随着长兴岛深水港区以及花园口、三十里堡、登沙河等中小型临港工业区开发，港口空间逐渐形成网络形态。以大窑湾、长兴岛大型深水港为中心，其他港区为补充，形成大连国际航运中心组合港群，各港区分工更加明显。与此同时，依托长兴岛、花园口、三十里堡等临港新城形成"V"形产业集群和空间格局，网状连通；中心城区产业加速北迁，城市建成区超过 260 km^2。城市进一步北拓、西进，多核心、组团式、网络化都市空间形态逐步形成。

大连港城演变过程表明，从 1935 年以来，大连的工业发展始终在港口空间拓展下，随着新港开发和港口区位迁移的如影随行，工业区拓展轨迹与港口发展方向保持高度一致。新港区的开发在带动港口运输业务转移的同时，通过产业和人口集聚，牵动新城和卫星城紧邻临港工业区布局，如图 5-1 所示。城市在港口及其临港产业地域扩展下实现了空间演替。

大连现代港城空间模式是在改革开放以来的 30 多年中逐渐形成的。其总的演变轨迹是依托港口发展重心北移西扩，从黄海沿岸再到渤

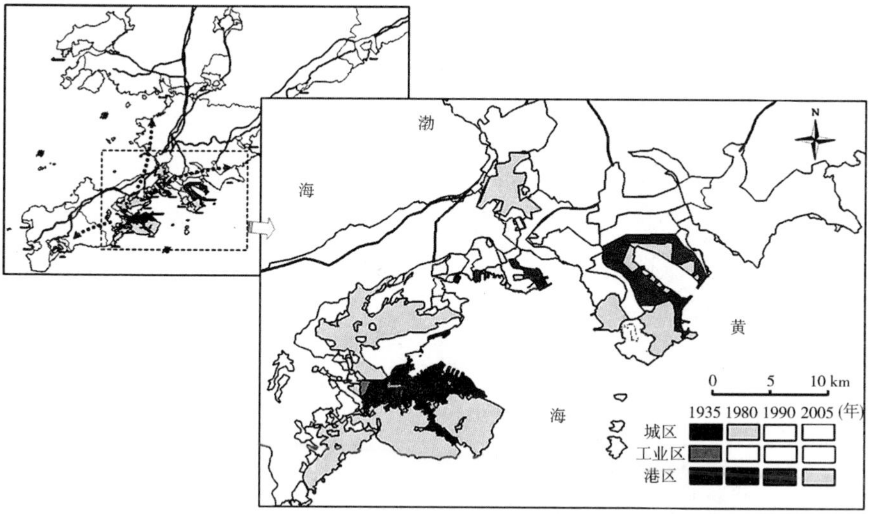

图 5-1　大连港口空间、临港产业及城市形态空间演化路径

海沿岸的演变格局，从大连湾沿岸大型工业带—开发区—登沙河—皮口—花园口，再到今后双岛湾—金渤海岸—复州湾—长兴岛，大型工业项目和城市地域扩展都随港口及港口产业、新港区的开发而展开。城市随着港口、临港产业区沿渤海岸线和黄海岸线呈"V"形带状发展，带动依托轴线的次中心城市和重点城镇成长，逐渐形成"两城三星"再到"五星"(两城：主城区和新城区—中心城，五星：中心城、旅顺口、金州新区、长兴岛、普湾新区)的组团式城市空间格局。目前，大连已形成了以大窑湾为中心、长兴岛为辅助，包括现有大连湾周边码头在内的港口网络。多数大型工业项目伴随港口及港口产业、新港区的开发而展开(图 5-2)，开发区新城、金州新城、旅顺口城区和长兴岛、庄河、花园口将成为一个港口、产业、城区互动发展和有效联动的有机网络。

5.1.3　主城区"港城式"土地利用模式

分形理论是一种宏观模拟，揭示研究对象的平均演化趋势(姜世国等，2006)。本书采用分形模型刻画城市用地分形维数的时空变化，用以反映大连中心城区各类土地利用调整与空间结构变化的关系。作为主要参数，半径维数比较成熟，几何意义明确，应用简明方便(罗宏宇等，2002；Frankhauser el al，1991)，即以城市的重心(或各类土地的重心)为圆心作回转半径 r，假定 r 范围内的土地利用面积为 $S(r)$，由于将非建

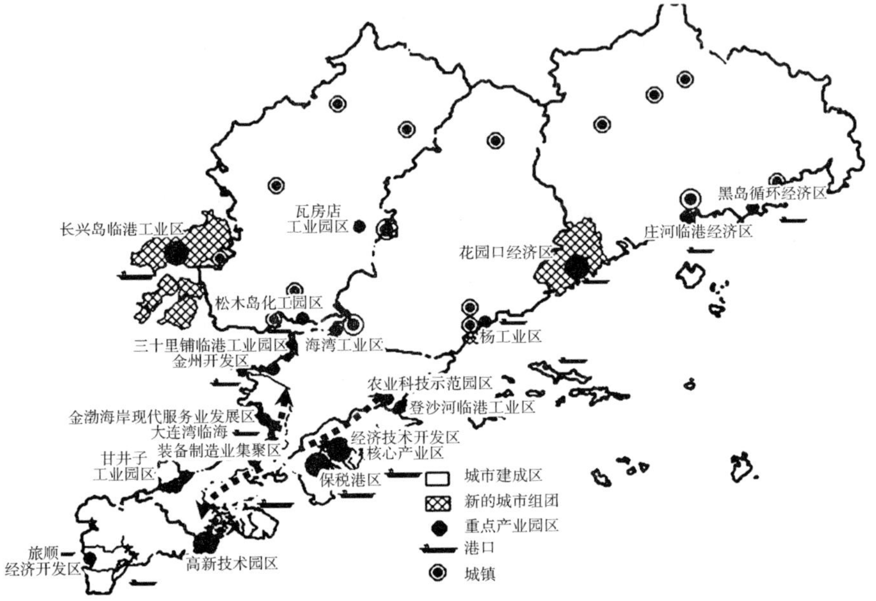

图 5-2　大连市城镇体系、主要工业园区与港口布局示意图

设用地排除在外,必有 $S(r) \leqslant \pi r^2$。假定 $S(r) \propto r^{D_s}$,则有

$$S(r) = \eta r^{D_s} \tag{1}$$

式中:η 为常系数(可能有 $\eta = \pi$);D_S 为分维。假定将城市形态图数字化,以图像中心为圆心做回转半径 r,计算 πr^2 范围内各土地利用类型的面积两边对数,则有

$$\ln S_{(r)} = \ln \eta + D_S \ln r \tag{2}$$

借助回归方法可以计算出各城市土地利用类型的分维数值 D_s,用 $A(r) = \pi r^2$ 除(1)式可得(Batty,1991)

$$\rho(r) \propto r^{D_s - 2} \tag{3}$$

式中:$\rho(r)$ 为 πr^2 范围内土地利用的平均密度,在数值上与半径 r 处的

平均密度成正比。$D_S < 2$ 时,表示城市用地密度从中心($r=0$)到周围的衰减速度,D_S 值越大,衰减越慢。当 $D_S = 2$ 时,城市土地利用密度从中心到外围没有差异。当 $D_S > 2$ 时,城市土地利用密度从中心向外围递增。半径维数可以反映城市用地的向心聚集程度和空间分布格局。当只取城市重心为圆心时,半径维数反映城市用地形态在总体上的分布规律;当分别取各类土地的重心为圆心时,半径维数则反映不同职能土地空间分布的均匀程度和聚散特征(罗宏宇等,2002)。本书利用地理信息系统软件分别提取 1980 年、1990 年、2008 年大连主城区土地利用现状信息,分别测算这三个时期大连各类型用地分形特征维数,用以考察 1980 以来各类用地空间演变特征(郭建科等,2007)。关于数据处理与计算,需要强调三点:① 以城市土地用地的重心——中山广场——为圆心;② 以 1 km 为等值半径公差,直至 $r=14$ km,基本涵盖主城区建成区范围;③ 将 r 与 $S(r)$ 绘制成双对数关系图,求分维数。

从表 5-1 的计算结果可以看出,公建用地(主要为政府职能用地)和科教文卫用地(高校科研单位和医院、疗养院占地)的位置没有变化。公建用地平均维数始终最小,反映了大连市公建用地的向心聚集程度很高,最接近市中心;科教文卫用地则离市中心相对较远。居住用地和以港口、铁路枢纽为主的对外交通用地分布在公建用地外围,且居住用地的向心聚集度逐渐下降,表现为向郊区扩张的现象。对外交通用地在主城区的向心程度则不降反升,这可能是由于老港区通过能力饱和,大窑湾新港建设带动了部分相关铁路货运站搬离市区直至到金州区编组站,使剩余的交通用地在市区更加集中造成的。根据 2008 年大连主要城市用地分形维数,并将大连中心城区空间形态抽象化,制作大连市主城区土地利用圈层模式图(图 5-3),可以比较准确地反映了各类用地在城市地域空间结构中的宏观位置,刻画出了港口及对外交通、港口物流在城市圈层结构中的重要地位,从而形成具有港航特色的城市土地利用圈层模式。

表 5-1 大连市主城区土地利用形态半径维数值

(r=14 km)	公建用地	居住用地	对外交通用地	科教文卫用地	仓储用地	工业用地
1980 年	0.535 1	1.193 7	1.217 5	1.563 4	1.729 7	2.000 6
1990 年	0.613 4	1.222 3	1.146 4	1.802 5	2.100 4	2.221 7
2008 年	0.814 0	1.530 1	1.085 4	1.783 7	2.783 3	2.172 3

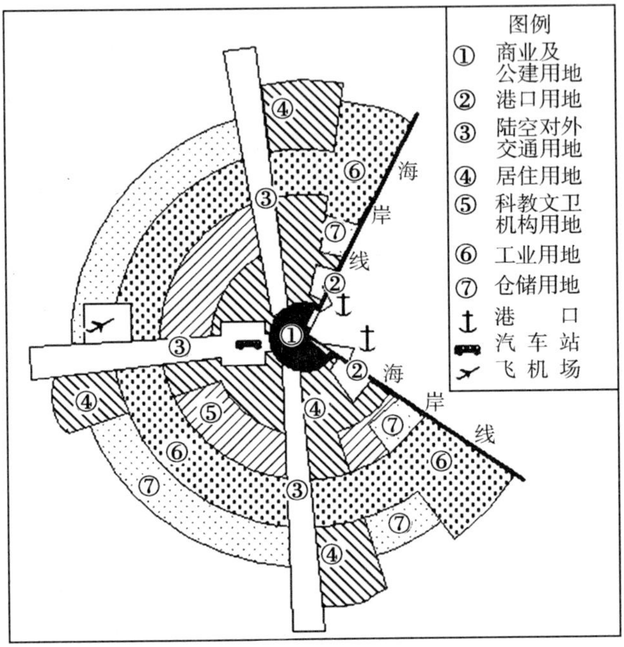

图 5-3　港城式土地利用圈层模式

1980 年、1990 年和 2008 年三个年份数据的变化特征表现为主要类型用地维数普遍增大，部分用地类型位置有所调整。可以推断，自 1980 年以来，大连市主城区的空间格局变化由圈层扩展和辐射填充两种方式相互作用共同推动。其中，仓储用地的变化最为明显，期间维数增长 60%，除了老港区的一部分港口仓储用地外，分布位置从近郊向远郊转移，且始终与工业用地紧邻，逐步形成以远郊为集聚中心区。工业用地在 1980 年到 1990 年期间从相对均衡态转变为以郊区为集中区，但在 1990 年到 2004 年间这种郊区集中现象却没有维持，反而减弱。这是由于工业大规模搬迁和大连经济技术开发区新建，许多搬迁工业在开发区建厂，并将原来革镇堡、姚北两工业用地调整为仓储用地。医疗用地总体上比高校用地要接近市中心，高校用地则逐渐向郊区迁移。居住用地的郊区化更加明显，但是，郊区目前还主要是一般住宅区，高级住宅区仍然集中在市中心地带，尤其是中山区、星海广场周围等距离市中心较近的区域，这里交通便利，同时又处于环城绿带与丘陵环抱中。因此，大连的居住用地分布比较特别，这与其独特的城市形态和地形地貌条件分不开。利用分形理论对大连主城区土地利用结构和形态进行分析,弥补了以往城市空间结构研究中定量论证的不足,从定量的角度比较准确地证明了各土地利用类型在城市空间结构中的宏观位置(表 5-2)。

表 5-2 大连城市各主要土地利用类型面积 (km^2)

年份	建成区	工业用地	仓储用地	对外交通用地	居住用地
1994	200.4	40.60	12.40	11.40	63.60
1996	227.0	46.10	13.40	11.70	63.60
1998	234.0	52.39	9.74	13.94	64.80
2000	234.0	52.42	9.98	14.68	64.96
2004	248.0	52.60	9.99	16.17	68.96

5.1.4 "港航式"轴—辐交通物流网络发育

1)围绕港口的综合交通流是城市空间组织发展轴线

从建城之初,海陆运联的一体化交通架构便为大连城市空间演化确定了发展轴线。新中国成立后,随着大连港货运量增长和城市人口膨胀,新港址开辟和货运站建设带动下的疏港交通和道路网络连接成为城市空间扩展的先导。20 世纪 90 年代后,位于经济开发区的大窑湾深水港区的开通运营,分流了货运,推动了大量临港工业从中心城区搬迁,使大连新市区得到较快发展。1993 年开始建设的疏港路,是沈大高速公路的延伸,全程为 23.6 km,开辟了大连市区的东西交通大动脉,大大提高了港口集疏运能力。2000 年以来,老港区、大窑湾深水港区、小窑湾港区、长兴岛港区、大连湾和旅顺口港区的一体化交通网建设,使主要港区实现无缝对接,形成了比较完善的组合港集疏运网络。一方面,在主城区内部,城市道路网围绕港口交通运输与布局,采用放射线、对角线和圆形广场相结合的方式将疏港路网和城市建设紧密配合起来,如图 5-4 所示。另一方面,在主城区、开发区新城、金州区、旅顺口区、长兴岛临港工业区等组团发育及空间联系中,港口、疏港道路系统以及深入内陆腹地的交通大动脉始终在引导相应功能组团的走向和形态。

2)港口物流园区主导形成城市新型产业集聚区

大连港充分利用优越的港口条件,积极发展各种专业化港口物流中心和配送中心。通过构建物流链,牵引相关产业链条上的大型企业在此

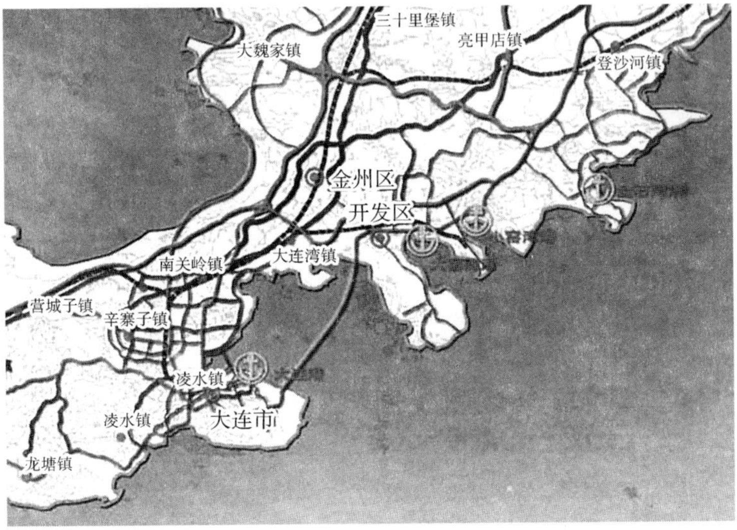

图 5-4　大连中心城市交通网络图示(彩图见书末)

开展业务,稳定和拓展港口产业空间,现已初步建成:① 国际油品及液体化工品分拨中心(新港和寺儿沟港务,拥有 30 万 t 级目前中国最大的原油码头);② 集装箱装运中心(全国第二大集装箱中转港);③ 粮食转运中心(专营泊位,作业线由计算机控制);④ 杂货及煤炭转运中心(利用港内有充足的仓库、堆场和现代化的装卸机械);⑤ 专业汽车及客滚旅游中心(利用客货运输与国内外航线);⑥ 散矿分拨中心。这些专业港区为大型制造企业从事全球采购和销售提供了便利,更吸引它们在此设场,甚至在毗邻地带建厂。

大连城市物流园区发展迅速,根据不同空间物流类型,已初步形成国际性、区域性和城市型三个层次(韩增林等,2003),成为整个大连物流产业空间发展的骨架(图 5-5),促使周边区域的物流产业聚集群向不同的方向分化,并逐渐清晰。

(1) 大孤山国际综合物流园区:将整个大孤山半岛辟建为国际物流半岛,形成以大窑湾国际物流园区为中心,以大连新港物流区、北良港物流区、保税区物流区、双 D 港物流区为一体的环岛带状物流园区。集装箱、汽车、粮食、矿石、原油港区连接保税区、开发区、出口加工区,空间布局协调。经营的种类以进出口物流和服务东北区域中转物流为主,同时带动物流设备制造业等临港产业发展。针对中转物流产品的加工服务业、国

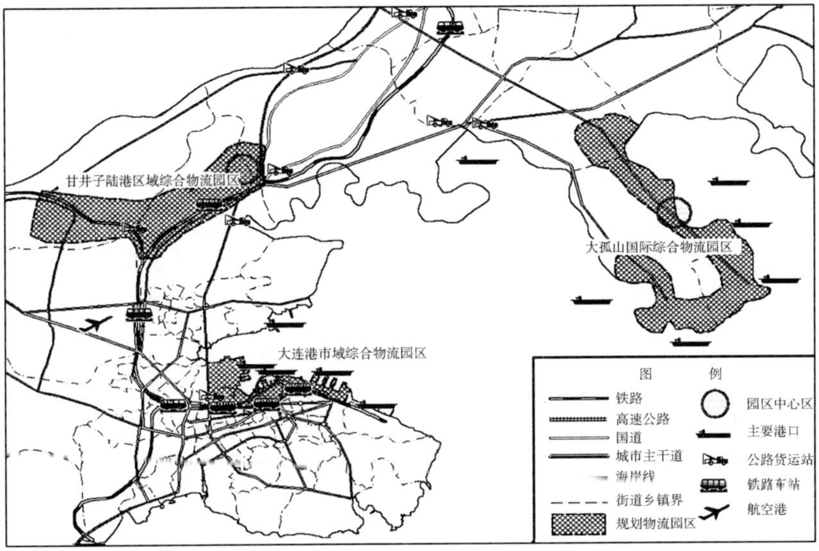

图 5-5　大连市综合物流园区布局示意图(彩图见书末)

际物流信息咨询业务兴起,大批从事转口贸易企业在此聚集。

(2) 甘井子陆港区城综合物流园区:中心区位于沈大高速公路后盐出口两侧,临近大连湾港区。包括甘井子后盐仓储批发市场区,革镇堡仓储区,周水子、南关岭批发市场仓储区"三位一体",功能分工合理。主要物流种类有汽车及零部件、机电产品、建筑材料、农副产品、大件日用消费品。园区以区域物流和生产资料物流为主,主要承担东北经济区物流和为企业生产提供的生产资料物流,周围是大连重要的甘井子工业集聚区。

(3) 大连港市域综合物流园区:这里有火车站、汽车站、工交线路枢纽站,紧邻大连港客运码头、城市中央商务区、市政管理业务区,是整个大连市交通、人流、物流和信息流的中心。园区发展模式是以大港区、黑嘴子港区、香炉礁港区为依托,以大连火车站东站和西站、双兴商品城、黑嘴子水产批发市场、香炉礁装饰材料市场、香炉礁旧物市场为一体,形成以内贸集装箱和城市配送物流为主的临港物流园区。

3) 港口主导的"轴—辐"式物流空间网络发育

以现代交通、信息网络为支撑引导的空间"流"——客流与物流——的发展与地域模式,呈现出空间"极化"的显著特征,核心—附属式的"轴—辐(Hub-and-Spoke)"网络模式在不同空间层次中均有所体现(Taaffe,1996)。"轴"是网络的特殊节点,用来加强与其他节点的联系;

“辐”是网络的非中心节点，“辐”条间的联系和作用通过“轴”来完成。“轴”和“辐”形成具有密切联系的类似“自行车轮子”的空间网络联系交流体系(金凤君，2001)。现代第三代海港的功能突出表现为区域物流中心和国际枢纽物流节点，并在此基础上向资源配置中心和信息中心发展。大连物流业发展所反映的空间关联特征比较突出，充分体现出空间“极化”的结果。

对大连仓储、物流企业的调查显示，20 世纪 80 年代初期，大连仓库布局不合理，利用率低，用地浪费大，主要分布在港口、车站附近。此后，随着城市地价飞涨，仓储、物流企业加速向连接港口、铁路与市区主通道的城郊连接处布局，逐步北迁到金州以北，而中转库迁往革镇堡仓库区，调整出的市内仓库改为城市流通库。自 20 世纪 90 年代开始，在甘井子区南关岭、革镇堡等铁路货运站和高速公路出入口一带形成集中分布区。这里处于主城区和开发新区、金州区之间的连接地带，临近成片工业区，物流需求量大，在仓储业的基础上逐渐形成了陆港国际物流园区和大连市以集货、仓储、流通加工、中转配送等现代物流服务为中心的新型产业空间(郭建科等，2006)。

根据大连市主城区和新城区近 200 家规模以上仓储物流企业、市区主要批发商业网点、专业物流中心和综合物流园区的分布，制作图 5-6。目前大窑湾新港及港口物流园区、大连老港及港口物流园区、甘井子陆港综合物流园区已成为大连物流空间网络中的一级枢纽，以它们为核心形成了三个“轴—辐”物流地域空间系统，三者之间既有分工又有协作。大窑湾港口物流园区以国际物流、综合物流为主，覆盖整个大孤山半岛，将保税、商务服务功能融于一体，以我国三大包税港之一的大窑湾港为支撑，以建设自由港或自由贸易区为目标，不断推进港区一体化进程，代表着大连现代物流业发展的核心和前进方向；大连老港物流园区是以大港城区内的几个老港区为依托，以内贸、城市配送物流为主的市域临港物流园区，主要服务于城市生产、经营和消费物流。甘井子物流园区则以区域物流为主，依靠仓储基地，主要开展仓储、分拣包装等物流服务。可以说，前两者作为港口物流，发挥着核心和枢纽作用，支配和引导陆港物流园区的运行，而陆港物流则是港口用地紧张、部分港口物流分离和分工的产物。与此同时，三大物流园区作为一级物流节点，又对本地域系统的二级和三级节点起着枢纽和控制作用。大连市众多的专业物流中心一方面成组团依附于某一综合物流园区，与它们进行着物质、能量与信息的交换;另一方面,专业物流中心与城市内广布的批发、零售网点联系密切,他们根据这些商业客户当天的销售需求情况将货物从配送中心送达客户手中。这种以港口物流为主导的"轴—辐"物流空间网络,通过强化海、空两港与陆上通道构成的集疏运体系,大大提升了整个城市物流运行效率;并以港口及港口物流业为纽带,来规范相关产业的结构布局,驱动和保证其他相关产业的发展和运行,从而实现整个城市及腹地资源的最佳配置。

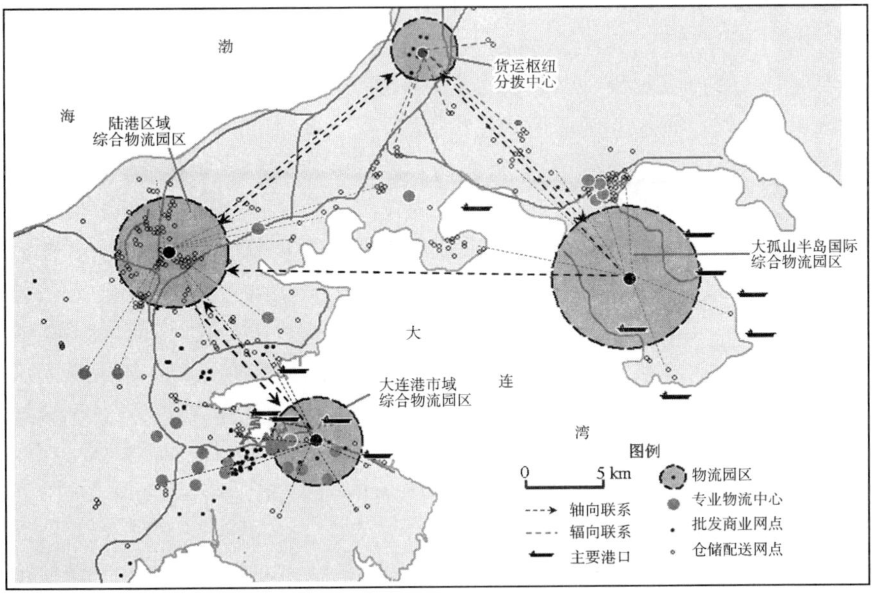

图 5-6　大连"轴—辐"物流网络及三级空间节点分布

5.2　实证二:青岛港对城市的地域空间效应

5.2.1　青岛港城发展的历史过程

青岛位于山东半岛南端、黄海之滨,地处山东半岛东南部,东、南濒临黄海,坐拥胶州湾,港口发展条件优越。青岛港位于胶州湾畔,毗邻黄海,胶州湾水域面积为 420 km^2,终年不冻不淤、浪小涌缓,拥有天然的深水航道,是中国少有的天然良港。1897 年 11 月,德国借口"曹州教案”,派远东舰队占领胶州湾。殖民占领者指出胶州湾具有“未来的重要性”,认为此地的港口符合一个伸展到华北的铁路网的海岸据点的条件(郭双林,1999)。因此,在城市建设初期,就以港口选址为首要考虑因素,在靠近港口的平坦地区作为市区的主要选址。铁路线沿胶州湾东海岸布置在港口和市区之间,火车站则设在城市的尽端,既方便港口与铁路之间的货物转运,又可以使铁路沿城市边缘通过所有市区。可以说,胶济铁路和青岛港相继建成,使青岛具备了从事大规模对外贸易的交通条件,为城市发展和扩展奠定了空间框架。1898 年,德国宣布青岛作为自由港对外开放,成为山东省第二个对外开放口岸,从此青岛港成为中国发展最快的港口之一。全港 1900 年进出口货物仅为 27.13 万 t,到 1911 年时增长到 106.91 万 t;贸易总值从 1901 年的 3 985 845 海关两,发展至 1913 年的 60 448 850 海关两(宋连威,1998),13 年中增长了 15 倍,增长速度远高于全国其他所有通商口岸。烟台作为山东第一个开放商埠,虽比青岛早 40 年,但其进出口额到 1909 年就被青岛超越。青岛取代烟台成为山东的经济贸易中心,并在 1911 年成为中国排名第六位的重要海港。建城之初,青岛城市面积为 5 km^2,港口毗邻地段开辟德国租界区,人口为 8 万,到 1913 年人口增加到 18.7 万,青岛一跃成为中国北部德国的商业、矿业、金融业、铁路和工厂企业的中心。

1914—1937 年,青岛经历了日本第一次占领和国民政府管理两个阶段。港口方面,小港建成并作为大港的内贸补充港吸引人口集聚,居民区和商业区逐渐形成,并集中一部分工业区,功能逐渐多元化。这一时期,涌现了大量工业投资,重点在棉纺业等轻工业产业,使青岛具备了工业城市的基础,但 1929 年前外资比重大,民族工业受到抑制。1922 年,国民政府接管后实行鼓励民族资本发展的措施,民族工业发展迅速,工业领域的投资带动相关产业的发展,青岛的金融、贸易、商业、航运业等行业都得到迅速成长。总体上,市区沿着胶济铁路和胶州湾东海岸向北展开,建成区发展到 35 km^2,人口达到 30.1 万,城市功能不断增加,城市发展速度加快,从功能单一的外贸港口城市到区域综合性中心城市,成为中国北方重要的工业、外贸和港口城市,成为华北门户。青岛港便利的运输条件为青岛工业的发展提供了保障,加上山东、河北腹地农副产品和资源矿藏丰富,使青岛兼备多种工业区位优势。这一时期,青岛城市完成了发展史上从功能单一的外贸港口城市到区域综合性中心城市的飞跃。

1937—1949 年,青岛经历了日本第二次占领和解放战争两个阶段。青岛成为海陆空交通要道和日本军事侵略华北的军事基地、工业基地和观光地。虽然 1947 年城市人口达到 75.9 万人,但总体上受战争影响,城市发展缓慢。

新中国成立后,青岛港口与城市发展面貌焕然一新。1950 年的城市规划确定青岛城市性质为轻工业、吞吐口、海军基地、风景和疗养区。小港扩建成为青岛地方运输的客货运混合港,北侧逐渐形成金融和商业集中区。1952 年,城市建成区面积为 30.2 km^2,城市人口为 66.8 万人。1960 年,市区人口增加到 88 万。由于青岛的主要联系方向是胶济铁路,而带形城市布局符合城市发展的自然规律,从而可以在较长时间内满足城市发展的要求。所以,从 1949 年到改革开放前,青岛城市空间形态都是依托胶济铁路、沿胶州湾东海岸的南北带状空间格局。

20 世纪 80 年代,青岛相继被确定为全国经济中心城市之一、沿海开放城市和计划单列市,城市空间拓展大大提速。这时,沿胶济铁路的带状城市已不适应城市规模增加后的发展要求,规模不经济矛盾突出(李东泉等,2003)。1984 年,以胶州湾西岸的黄岛港区开发建设为先导,黄岛国家级经济技术开发区成立并拉动城市空间脱离带状布局的束缚;特别是 2.6 n mile 的跨海大桥修通后,老市区和黄岛城区建立了真正的有机联系;后来又开发建设了胶州湾东部崂山高技术产业区和旅游度假区。2001 年后,城市发展挺进西海岸,重心西移,从而形成了"两点一环"的城市形态,实现了从"依湾发展"向"跨湾发展"的空间拓展。黄岛区突出港口贸易、大型临港产业、综合开发实验和旅游度假功能(图 5-7)。

自 2007 年以来,青岛提出了"拥湾"发展思路,围绕东海岸、北海岸和西海岸发展集高新技术、临港工业、科技研发、商贸旅游、休闲娱乐和优质滨海人居环境等功能于一体的国际化滨海组团城市。其中,西海岸以黄岛经济技术开发区为核心,发展以二产为主的港口、制造业新城,主要依托港口进行相关产业功能拓展,强化青岛港在环渤海以及东亚经济圈的枢纽港地位,进而促进产业集群的集聚与辐射。北海岸二、三产业并重,建设国际一流的生态型科技新城,以面向未来的新型高科技产业为主,是青岛以及半岛都市圈的高端产业聚集区。东海岸以三产为主,强化以金融、信息、商务商贸、旅游等为主的现代服务业集聚地(图 5-8)。

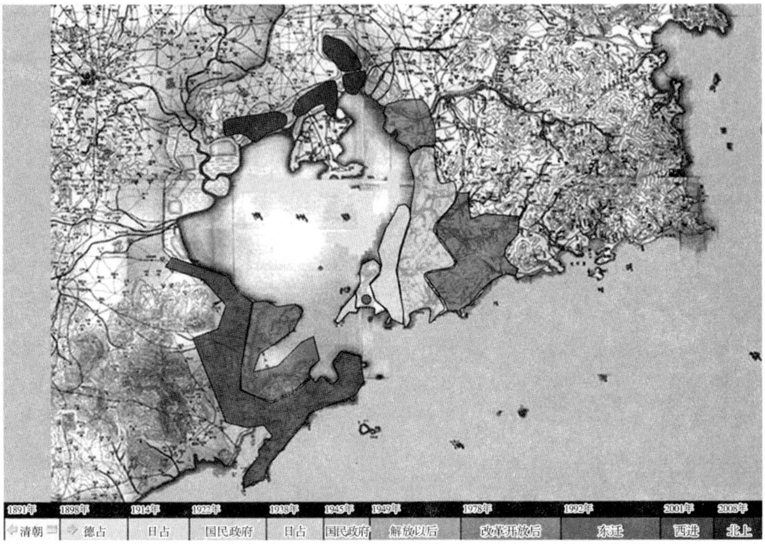

图 5-7 青岛城市空间拓展图(彩图见书末)

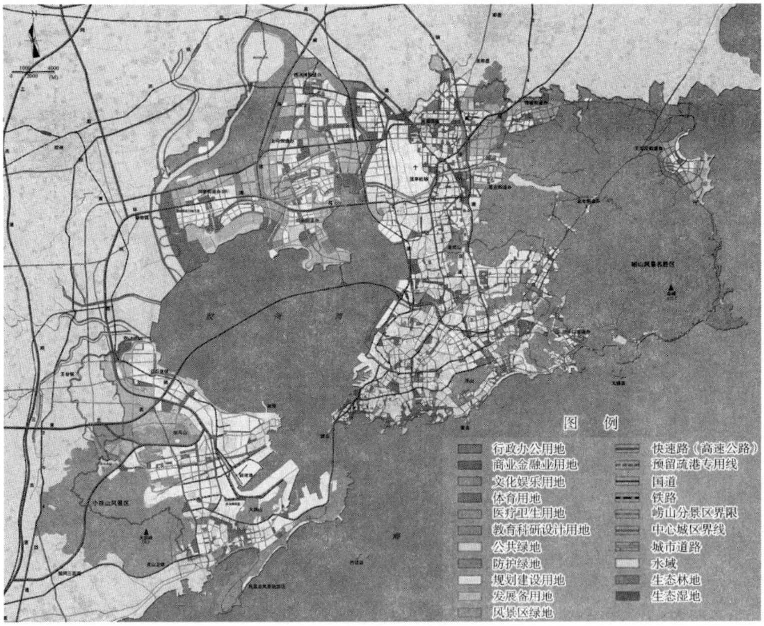

图 5-8 青岛市主城区港口与综合交通网络图示(彩图见书末)

5.2.2　港口群分工布局与交通网络格局

青岛目前形成了以青岛港(老港区、前湾港区、黄岛油港区)为中心，包括崂山沙子口港、即墨鳌山卫港、胶南大湾港、胶州营房港及其他中小型地方港和专业港组成的市域港口群。其中，老港、黄岛油港、前湾新港三大核心港区拥有码头 15 座，泊位 72 个；可停靠 5 万 t 级船舶的泊位有 6 个，可停靠 10 万 t 级船舶的泊位有 6 个，可停靠 30 万 t 级船舶的泊位有 2 个；拥有全国排名前列的集装箱码头、原油码头、铁矿码头和国际一流的煤炭码头、散粮接卸码头。青岛港与世界上 130 多个国家和地区的 450 多个港口有贸易往来，2007 年完成吞吐量 2.65 亿 t，集装箱吞吐量超过 900 万 TEU，成为上海以北的东北亚第二大集装箱港。整个青岛的城市交通网络以青岛老港区、黄岛港区为核心，以胶济铁路和胶黄铁路为发散轴，以滨海公路为补充，并通过跨海大桥形成环状网络。

前湾港区是青岛港综合运输核心枢纽的骨干，以国际集装箱干线运输为主，同时承担青岛港铁矿石、煤炭下水等大宗干散货运输服务，兼顾钢铁等杂货运输，全面开展港口综合物流、专项物流、商贸、信息综合服务等现代化服务功能，形成现代化的大型国际化综合深水港区；黄岛油港区是青岛港石油及液体化工品主要转运基地，逐步发展为我国主要的油品转运、战略储备和临港石化工业基地之一；老港区及四方港区以内贸集装箱、杂货和低污染的散货运输为主，老港区到团岛结合港区功能提升更新，引入邮轮母港和旅游休闲产业等，形成“南货北客”格局，强化港航经济服务区，同时发展旅游、商务、休闲产业，塑造优美的湾口天际线，构成“拥湾”城市形象的主要节点；鳌山卫港区是青岛港继续扩大港口规模及提高综合运输能力的主要持续性港区，并将逐步发展成为青岛港新的大型综合性深水港区；董家口港区重点发展临港工业功能，兼顾一般散杂货中转运输，逐步发展成为青岛港南翼的大型综合性深水港区；积米崖、大湾、鳌山等小型港站，将作为大中型港区的喂给港。

5.2.3　临港产业区发展格局

青岛全市目前已形成港口产业、临港重化工业、家电电子产业、水产品出口加工产业和新材料产业四大集群发展格局(王松涛等，2008)，除新材料产业外，均与港口运输密切相关。

1）以港口物流为主的港口产业及现代物流产业集群

青岛以两大物流园区为主，吸引了马士基、伊藤忠商事等世界500强企业落户。其中，前湾国际物流园区面积为5 km^2，主要发展临港物流和为出口加工企业搞好物流服务。临港物流主要有集装箱仓储、运输、配送、拆拼箱、修箱、货物代理与报关、报验等进出口服务业务，另外还有保税仓储、增值加工和供应链管理等业务。而青岛经济技术开发区物流园区主要面对开发区内的支柱产业提供高效的物流服务和保障。整个城市重点发展中远大亚物流中心、中储股份青岛物流中心、青岛国际机场物流中心；城市配送体系围绕企业物流，重点建设青岛利群集团物流配送中心、青岛维客集团物流配送中心、城阳国际农产品交易中心三个大型商贸物流配送中心。

2）家电电子产业群

家电电子产业群是青岛市发展最早、规模最大也是在全国影响力最大的产业集群。全市规模以上家电企业就有80多家，工业总产值540亿元，有海尔、海信、澳柯玛等国内一流、世界知名的家电电子品牌，吸引了众多国内外电子巨头来此设厂。目前，在青岛西海岸临港工业区内，形成了以海尔、海信、澳柯玛等大型企业为核心、以相关配套企业为基础的庞大临港家电电子产业群，仅三大龙头企业就带动了800多家配套企业的发展。

3）临港重工业产业群

临港重工业产业群由石油化工产业群、修造船产业群、钢铁产业群、海洋精细化工产业群和汽车产业群组成。青岛一向以家电等轻工业著称，但近年临港重工业发展迅猛，成为拉动青岛经济增长的火车头。石化方面，以中石化大炼油项目为龙头，配备国家石油储备基地、中海油海洋石油工程、韩国高合化纤和爱思开（SK）化工、山东液化天然气（LNG）、丽东化工等一批国内外大型石化及深加工项目；修造船产业群以世界级海西湾造修船基地项目为龙头，配备即墨女岛船舶工业基地、胶南船舶工业基地、灵山卫船舶工业基地、海洋工程基地以及相关配套产业链企业；钢铁产业集群由浦项不锈钢项目与宝钢钢材配送、邯钢、莱钢、海威斯帝尔重钢等项目组成；海洋化工产业围绕盐卤资源、溴资源和海洋生物资源的开发和深加工进行。

4）水产品出口加工产业群

2007年，青岛市水产品出口创汇额达13.7亿美元，分别占全市农产品、全国水产品出口创汇总额的53.4%和14.1%,成为中国最大的水产品加工出口基地。全市约有400家水产加工企业,相继涌现出了正进、亿路发、佳元、红福等一批规模大、素质高的国内名牌企业。

5.2.4 青岛港城市空间效应的基本特征

1)港口的修筑和海铁联运网络是青岛城市形成的前提

1906年,青岛筑港工程完工,共计投资达5 000多万马克;拥有六条铁路与山东铁路相连,货轮可直接将货物装上火车;建有大型造船所和船坞,青岛港一起步就以其先进的设备使东亚大多数港口如香港、天津、长崎、神户等在某些方面相形见绌。胶济铁路把青岛和济南之间的重要城镇连接起来,并在车站附近形成了新的市镇。在港口以及与之相接的铁路推动下,青岛有了吐纳货物的基地。铁路又使原来经由天津、烟台等港口输出输入于津浦路、胶济路两侧地区的货物大部分吸引到青岛港,为港口的发达提供了必要的方便,同时也给对外贸易带来了繁荣,使青岛港开埠短短十余年,就取代了1861年开埠的老港口芝罘,一跃成为山东对外贸易的中心(宋连威,1998),如表5-3所示。

表5-3 1903—1909年经由青岛和烟台芝罘洋袋进口总值对照表

(百万两)

年份	1903	1904	1905	1906	1907	1908	1909
青岛	2.9	2.5	3.7	6.6	6.7	7.6	8.7
芝罘	9.6	8.2	9.6	7.9	6.6	6.1	6.2

2)港口与铁路的尽端式布局成为城市发展的主要驱动模式

在城市形成过程中,铁路和港口连通的尽端式城市布局,决定了城市空间发展方向,引导城市发展,使城市功能的多元化合理地沿轴向带形展开。整个城市空间形态演化,以港口和铁路组成的点轴系统为骨架,通过在发展方向上选择合适的增长节点,表现为更为有序的"形成、填补、整合和扩展"的演变模式(李东泉,2007),如图5-9所示。

港口、铁路与城市三者的合理关系,为青岛发挥现代城市的优位经济效益、集聚经济效益、规模经济效益提供了条件,直接促进了城市经济活动的开展。由于行业联系,青岛的商贸业从一开始就在港口附近集聚。近代,青岛大港以对外贸易为主,使洋行区集中在大港附近,而中国

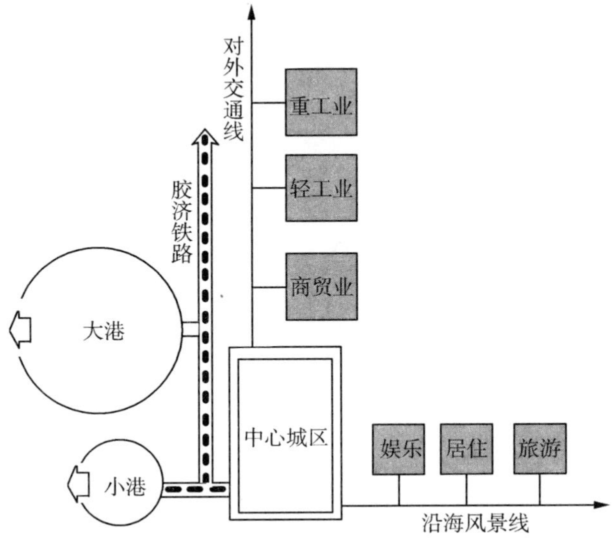

图 5-9 青岛港口、铁路与城市空间关系模式

的土产行栈区则集中在小港码头与火车站之间的区域。在火车站至码头一线的商贸区中，形成这样的分布顺序：火车站—土产行栈区—洋行区—大港。这一空间布局结构既反映了“腹地—青岛—外洋”这样一种显示青岛集散功能和商业发展的依存关系，也反映了大小港由于分工不同而对城市经济活动产生的不同作用。在城市用地方面，港口周边滨海地段以工业、仓储和港口用地为主；在道路网络方面，港口及其周边区域有密集的城市支路及疏港公路、铁路与腹地相连，港口客货运站、火车站等重大设施集中布局。港口及其周边区域成为城市交通网络的节点，客货运输中转、城市公交线路和疏港路网的设置均受其影响，牵一发而动全身。

5.3 实证三：天津港对城市的地域空间效应

5.3.1 天津港城发展基本过程

天津港位于华北平原海河入海口，是我国北方最重要的枢纽港和对外贸易口岸。天津港的历史最早可以上溯到汉代，自唐代以来形成海港。1860 年正式对外开埠，是我国最早对外通商的港口之一。塘沽新港始建于 1939 年,新中国成立后经过三年恢复性建设,于 1952 年重新开港通航。天津港现有水陆域面积为 336 km^2,陆域面积为 131 km^2。目前,天津港航道可进出 20 万 t 级船舶,主航道水深为－21.0 m,主要分为北疆、南疆、东疆、海河四大港区。天津港区中心经历了三次历史变迁,而每一次变迁都在天津历史上引发了因港兴城的历史过程。天津港不仅催生了天津城,而且港区变迁拉动了天津城市发展重心的转移。

唐代时,在军粮城一带三会(永济渠、滹沱河和潞河)海口地方,因守卫边境地区的军事需要,三会海口成为唐代向北部边境各地转运军粮的必经之路,这里也成为具有泊船、装卸、中转和仓储功能的天津最早的海港。由于三会海口港的兴盛,促使当时的军粮城成为一个繁华的港口名镇。这是天津历史上最早的一次因港兴城的历史过程。

从金朝到清朝的 700 多年间,北京作为中国的首都确定下来,成为全国最大的消费中心,各项所需用品从全国各地运至京都。直沽(今三岔河口至大直沽一带)倚河临海,位于南北运河交汇入海河的三岔河口,河船、海船在此处向京城转运货物较为方便,又因此处地势较高,适于兴建各种陆上建筑,遂成为漕运枢纽。从元朝起,直沽港开始兴盛,特设"海津镇",天津步入了临港筑城、以港兴城的起步阶段。1404 年,明成祖因直沽是海运、河运及商船往来之要冲,令筑城设卫,赐名"天津"。至清初,随着漕运进一步发展,天津城西北角经北大关至天后宫一带,商贾云集,店铺林立,形成了以港口为中心的繁华商业区和城市经济活动中心,天津成为了京都附近一个大型的门户城市。

1860 年,天津被辟为通商口岸。英、法、美均在紫竹林租界一带沿河筑港,紫竹林港区开始繁荣。由于外国航运业的进入,使天津港口的规模和职能发生了很大的变化,传统的漕船运输逐渐被大型轮船取代,河运为主逐渐被海运取代;单一的漕粮为主货类逐渐被多样的外贸件杂货(洋货)取代。紫竹林港区和外贸航运的发展,带动了天津各业的兴旺,拉动城市重心向租界地区转移,最终促成了近代天津城市的基本格局。天津在开埠后的 80 多年间,一跃成为国内第二大城市,其发展的核心动力就是港口水运通达五洲、广联四海。后来,随着航运业船舶大型化的发展,加上海河航道淤积严重,港区向海河下游东移至入海口处成为必然趋势。

从 1860 年到 1949 年初天津解放,在不到一个世纪的时间里,天津经历了其城市发展史上的重要转折。城市人口由 30 万左右发展到 191

万余人，市区面积由开埠前仅限于城厢及城北、城东沿南运河与海河一隅(罗澍伟，1993)，到1948年底发展到沿海河两岸及南运河、子牙河一带(鲍觉民等，1958)，如图5-11所示，建成区面积为503 km²(张秀芹等，2009)，这一时期形成了“一城一港”的现代天津城市空间形态雏形(张秀芹，2009)，如图5-12所示。1939年日本占领时期，建设了塘沽新港，逐步形成了天津港历史上的第三个重要港区，使天津城市空间形态的演变跨越城区的局限，把塘沽片区纳入城市发展的轨迹，天津开始形成完全开放的城市结构。

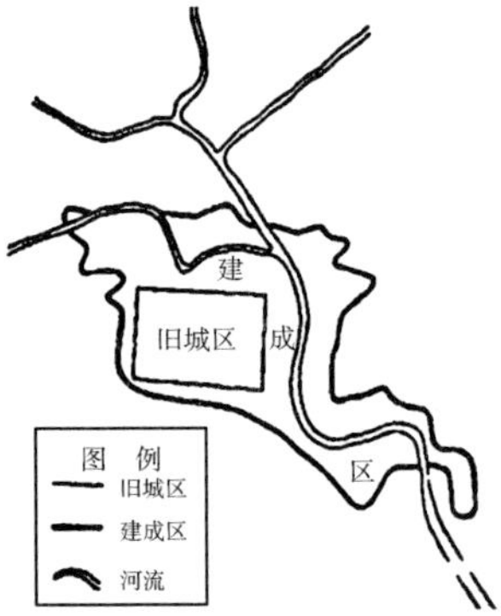

图5-10　天津传统城市空间结构(1840年前后)

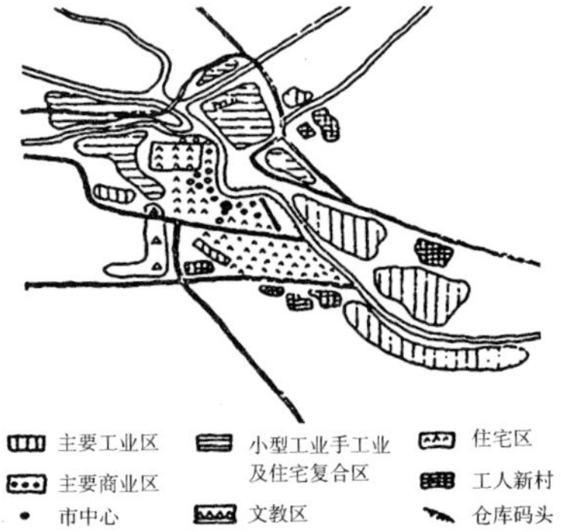

图5-11　20世纪50年代天津市结构图

解放后，天津新港得以恢复使用，扩建了码头泊位、库场，完善了其他配套设施。天津港区中心开始定位于塘沽的海河口，紫竹林港区日渐衰落。改革开放后，港口作为拉动天津城市发展的引擎作用开始发挥功效。1984年，在塘沽港毗邻区建立了经济技术开发区。1986年，开始天津工业布局向沿海地区转移，逐步形成了“一条扁担挑两头”的城市布局结构(鲍觉民等，1958)，如图5-13所示，即以京津塘为轴线，扩展中心城区和建设工贸型的塘沽港区，工业逐步东移。1991年，港区内建立天津港保税区。1994年，确立了把滨海新区建设成以港口为中心的国际贸易区。2005年，国家将滨海新区开发纳入国家总体战略布局，作为核心战略资源的天津港成为促进新区发展的强大引擎，继续发挥其对城市发展的拉动作用。2006年，在明确了“国际港口城市、北方经济中心和生态城市”的城市定位后，天津城市发展开始围绕中心城区和滨海新区核心区形成“一主一副”的结构关系；强化“扁担”在市域空间结构中的核心作用，并制定了“一轴两带”的市域空间布局。滨海新区核心区的城市规模得到了扩充，城市服务职能得到提升，并逐步发展成为辐射“三北”、面向东北亚的国际门户和对外开放的基地。

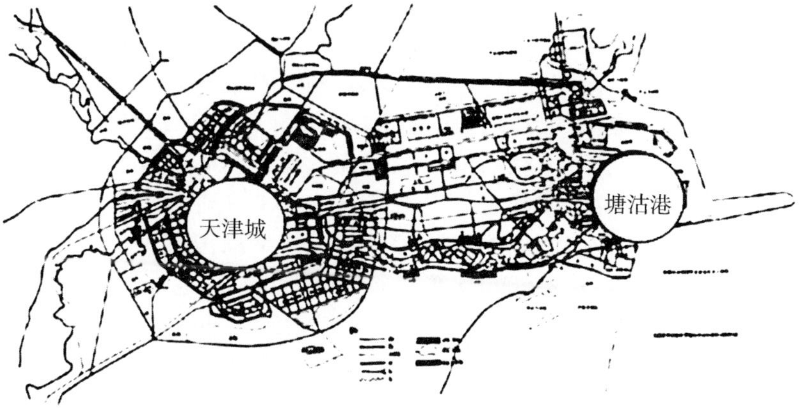

图 5-12　天津“一城一港”城市空间形态

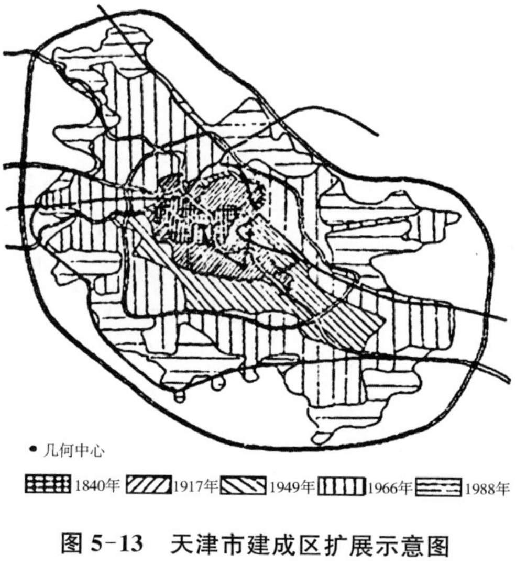

图 5-13　天津市建成区扩展示意图

5.3.2 天津港空间效应下的城市发展特征

(1) 无论是从过去的成就还是未来实现国际港口城市和经济中心的目标来看,港口都是天津最为重要的核心资源。由于港口发展和交通运输、基础设施、工业体系的关联性,港口不仅仅是经济发展的要素,同样也是产业布局和空间结构塑造的关键性要素。港口发展和港城互动的空间模式在相当程度上造就了天津的现状空间格局(朱力等,2009)。在港口发展初始阶段,塘沽结合天津港,建设了天津经济技术开发区和保税区,成功开创了港区联动的发展局面。在港口带动下,开发区和保税区快速发展,形成了市域东部沿海港城联动的工业增长极,由此引发了天津工业东移的空间结构调整,奠定了"一条扁担挑两头"的空间基础。随着港口膨胀,开发区和保税区持续高速发展,也带动了塘沽城区的快速发展,港口周边的空间已经不能满足工业发展的要求,因此在京津塘高速公路等交通通道的带动下,工业布局开始跨过塘沽城区,向海河中游地区扩展,形成了各主要功能区沿津滨走廊发展的格局。可以说,港口和与之配套的集疏运体系是天津空间结构变动的关键性的推动者。

(2) 在港口推动城市空间结构演进的过程中,当港口和城市发展到一定规模时,港城冲突和矛盾是引导港口与城市空间关系调整、改善和整合的主要动力。港口空间混乱无序,则城市拓展就不可持续;港口体系完善、功能互动合理,才能引导城市空间有序发展。

第一,由于天津的城市空间结构依然继承了 20 世纪 80 年代以来的沿河向海布局态势,中心城区一直是城市功能发展的重点地区,集聚了超过全市 40%的人口、88%的银行和保险公司以及接近 60%的星级酒店和医疗服务设施,形成了拥有 440 万人口的特大城区。"工业东移"使中心城区用地结构不断优化,服务职能和吸引力不断增强;而以中心城区为核心的"环状+放射"路网格局,更使其要素吸纳能力不断强化。滨海新区发展长期定位于港口工业地区,尽管其经济总量占全市的比重逐渐上升(到 2007 年比重已超过 50%),但服务职能仍很弱,对中心城区高度依赖,难以真正成为具有辐射和带动作用的空间组织主体;中心城区摊大饼式的外溢式发展和城市特色的消失,也造成了滨海新区吸引力和辐射带动能力严重不足,难以承担国家赋予滨海新区的"依托京津冀、服务环渤海、辐射三北"的重任。自 2006 年以来,随着天津滨海新区在国家新一轮深化改革开放中地位的确定,天津港和滨海新区朝着环渤海枢纽港和产业辐射中心的方向迈进,从而引导滨海新区的城市高端服务功能不断提升,有力地配合了天津港的跨越式发展,促使天津城市空间从“一主一副”到“双核心”格局演变(朱力等,2009)。

第二,天津港口发展原位扩展曾导致港城系统紊乱、中心城区无序蔓延与港口运输瓶颈化。首先,天津港散货物流中心、南疆港区的煤炭运输以及逐渐增加的集疏运交通的布局严重干扰塘沽城区,而这一矛盾尤其在当前于家堡中央商务区(Central Business District,简称 CBD)和中新生态城的选址建设以及开发区的升级和功能调整中凸现出来。其次,城市的发展造成了港口集疏运瓶颈的产生、港口运行效率的下降以及制约港口的进一步发展,而产生上述问题的重要原因在于港口发展原位扩展的空间轨迹。在改革开放 30 年的发展过程中,天津港口并没有像其他城市一样实现码头的专业化分工和港口布局的调整,而是一直固化在海河河口进行相对紧凑地原位扩张。尽管天津新港从原来的单一港区扩展到现在包括北疆、南疆、东疆、海河港区的“一港多区”的布局模式,但港区建设始终在一个相对较小的尺度上进行。而正是这种紧凑地发展,导致了大量矛盾集中于一点而难以破解。从港口自身来看,这种发展的空间轨迹是极为成功的:凭借较小的自然岸线支撑了一个世界级大港;内部功能配置合理,各港区彼此分工明确。但是从港城关系看,城市的蔓延与港口扩展过分集中在同一方向,导致港城空间系统紊乱,互相干扰,滨海新区发展空间受限。因此,目前跳开津滨轴线端点的位置建设南港区将有力疏解现有港区的发展压力,减轻港城矛盾;同时,通过新港区带动临港工业的发展,整合天津的石化和钢铁产业,优化市域产业空间布局;还能以南港区为端点形成新的产业发展轴,带动整个天津南部的发展,进而推动冀中南区域的发展,并辐射更广大的中西部地区,滨海新区的崛起,较好整合了东部临港区域的一体化发展,从而加快城市空间向“双核心”格局演化(刘露,2008),如图 5-14 所示。

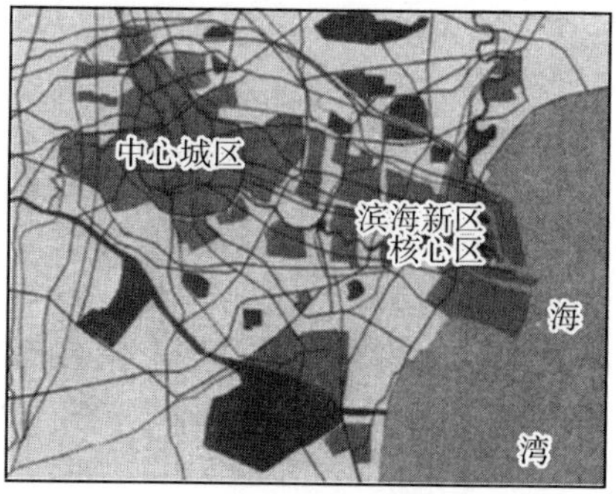

图 5-14 天津城市“双核心”格局

5.4 实证四:宁波港城空间系统演化过程

5.4.1 宁波港城空间发展的阶段

1) 内河港时期:由点状散布到单一中心蔓延

宁波古称明州,隋唐时期,在浙东奉化江、余姚江、甬江三江交汇处形成港口;至清初,宁波港址主要集中在奉化江下游河口的左岸(今东门口一带)。期间,城市以州治城池为中心围绕三江口发展,并逐渐发展成为对外进行文化和经济往来的重要港口城市。作为内河港城市,宁波当时的城市形态比较简单,基本上为点状形态,这由当时的生产力水平决定,并且与当时以木帆船运输为特征的港口条件相适应。鸦片战争后,宁波成为五口通商口岸之一,外商船只相继到达宁波,对外交通日益频繁,港口吞吐量不断增加,城市经济也逐渐向近代工业演变,宁波港口的功能也发生了变化,蚕丝、茶叶和洋米逐渐成为宁波港的重要进出口物资。为了适应这种变化需求,宁波港便向江北港址演变,于是在甬江北岸逐渐设置码头,建造仓库。伴随着江北港址的兴起和建成,城市空间得到一定的发展。但起初受城墙和护城河的限制,城市向外蔓延范围不大,只在江东、江北形成少量的居民点,城市点状形态得到壮大,形成块状城市。民国时期,伴随江北港址的兴起和建成,浮桥成为沿江六岸的主要通道,城市逐渐跨过奉化江和余姚江,因此江东、江北进一步得到发展,现代中心城区的空间形态也基本形成。这一阶段宁波老城的城市外部轮廓基本形成,城市形态为单一集中型。

20 世纪 30 年代—70 年代,随着船舶大型化及国际远洋航运事业的飞速发展,港口对水深陆域的要求逐渐提高,以帆船为主的运输逐渐被大型船舶所代替。上海港迅速崛起,宁波港的增长受到抑制,空间范围也比较稳定。城市发展和空间拓展不再因为港口开发而出现突变和调整,而是随着城市经济发展、人口增加和工业集聚,在原有单中心块状基础上沿三江轴向蔓延的星状演变,这一时期港与城的相互作用呈现稳定状态,城市形态处在单中心蔓延阶段。

2) 河口港时期:一城一镇逐渐发育

20 世纪 70 年代以来,船舶大型化进一步发展。然而由于上海长江口的拦门沙及黄浦江的航道较浅,大型船舶很难进入上海港,所以,1974

年,国家为分流上海港的运输,开始开发镇海港。当然,镇海港的开发同宁波港自身的发展需要相关联。宁波老港由于甬江航道狭窄、淤积,通航能力低,必须沿甬江向出海口方向发展。镇海港的开发,标志着宁波河口港的完全形成,港口发展重心从三江汇合处转向甬江口,围绕镇海港区形成新的城市飞地。特别是改革开放后,宁波城市形态沿甬江发展成为"一城一镇"(老市区、镇海)的中心—卫星城的形态。

3) 海湾型深水港开发:一城两镇的水连续组团形成

改革开放以来,宁波全市货物运输量增加较快,内河运输满足不了货运要求,城市对航道水深和港口陆域腹地的要求也不断提高。原有的内河港港区陆域狭窄,土地利用日益紧张,仓储用地受到限制;加上港口深水化趋势明显和汽车运输兴起,城市摆脱了对内河港的依赖,逐步脱离内河港向河口处寻求新的发展空间。在这种情况下,一方面,镇海港的集聚规模进一步增强,卫星城逐渐变为城市副中心,获得了新的发展。另一方面,临港工业对港口专业化的需求促使对深水专业新港开发需求的日益增加。随着 1984 年宁波国家级经济技术开发区的建立,北仑港最初开发的 10 万 t 级矿石码头是为宝钢中转铁矿砂配套的;后来北仑这个东方深水大港的开发逐渐加快,同时使得镇海、北仑两个城镇获得了发展的机会,使宁波港成为上海国际航运中心的重要组合港发展迅速。以北仑港的开发为标志,港口已演变到海岸港阶段,经济的发展使得镇海、北仑两个城市也不断发展,宁波老港区、镇海港区和北仑港区成为生活、生产设施相互独立,又有机联系的统一体(林艳君,2004),如图 5-15所示。老市区向海扩展,镇海和北仑的临港工业集聚,整个宁波港口城市形态迅速变化,突破了原有的城市功能布局结构,逐渐沿甬江向下游形成"一城二镇"(老市区、镇海、北仑)的不连续组团状空间形态(李加林等,2008),如图 5-16 所示。老市区成为政治、金融、贸易、商业、科技文化和信息中心和旅游中心,老港区主要承担客运和游艇功能;镇海为重化工基地,主要承担物资中转和近海物资集疏运;而北仑港为大型远洋中转港和港口工业基地。

4) 港城引力作用:连续轴带多组团模式

2000 年以来,在激烈的国际、国内竞争态势下,宁波与舟山港一体化发展需求日渐明显。两港一体化规划在 2003 年开始进行,2005 年宁波—舟山港管委会正式成立,到 2009 年《宁波—舟山港总体规划》获得国家交通运输部批复,对两港进行统一开发,并与上海港错位发展。同

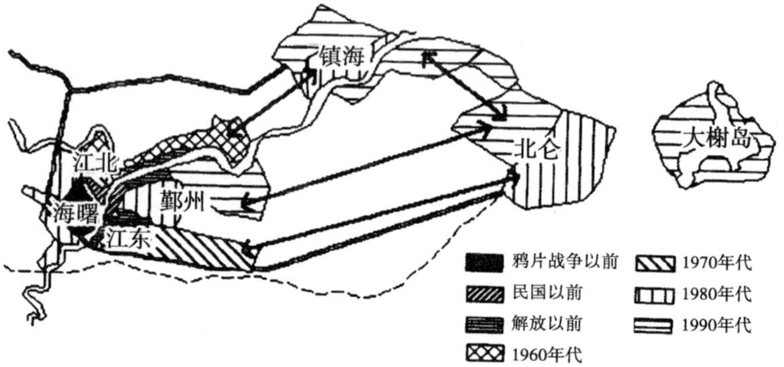

图 5-15　宁波城市空间形态演变示意图

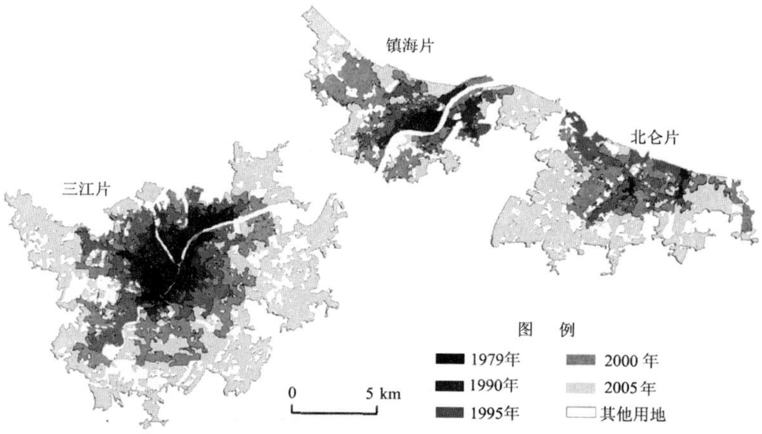

图 5-16　宁波五个时期城市用地解译矢量叠加图

时，2008 年和 2009 年浙江杭州湾跨海大桥和舟山连岛的金塘大桥相继通车，使宁波—舟山港的集疏运水平得到大大提升，这标志着宁波港口发展进入一个新的阶段。国际、国内产业转移，特别是上海的部分产业调整，加快产业向宁波的转移，对宁波的投资结构、港口物流及产业布局产生巨大影响。在此基础上，宁波市提出了“沿海经济带”战略，这意味着宁波以往沿江发展的城市主轴发生剧烈变动，沿海地带和临港区域成为今后宁波产业布局和城市空间新的生长点。

5）沿海与沿江互动：“T”形空间格局

2005 年以后，城市总体格局围绕“T”形带状群组——现代化国际港口城市——展开。由于宁波老市区、镇海、北仑相距较近，再加上招宝山大桥、宁镇公路、江南公路、甬江隧道的建成，2005 年以后两个组团之间的联系更加便捷。城市的内部空间结构发展充分利用老市区原有优势，沿甬江两岸逐渐向东部入海口方向推进。城市商业、金融中心也逐步东移，并在甬江入海口一带形成新的市中心，重点发展金融、商贸、服务、科技等第三产业，三江口老市区的中心性逐渐下降。城市建设逐渐转向沿江南公路、宁镇公路两侧，使这两条路逐渐成为今后的重要商业街。老城区城市用地的蔓延式发展模式逐渐被沿甬江向东发展的模式所代替。与此同时，受港口后方陆域腹地限制，镇海和北仑城市用地也不断沿这两条路向老市区方向内向填充，逐渐与老城区连成一片。沿海方向，镇海和北仑逐渐把各个沿海港口工业建设用地串联起来，以共同利用各类公共建筑和市政设施，使得城市向港口所在地定向发展，逐渐形成沿海城镇带。宁波城市形态最终将形成沿海岸发展和沿甬江发展的“T”形带状群组式的现代化国际港口城市(李加林等，2008)，如表 5-4 所示。

表 5-4　1979—2005 年宁波城市用地面积 (km^2)

年份	1979	1990	1995	2000	2005
宁波市	17.26	28.08	62.6	113.99	248.26
三江组团	15.12	20.88	38.81	62.93	139.10
镇海组团	1.90	6.05	13.06	27.83	49.36
北仑组团	0.24	1.15	10.73	23.23	59.80

5.4.2　宁波优势产业与临港产业集群的形成

从宁波市城市形态的历史演变可以看出，由于港址从河口上段(东门港址、江北港址)向入海口(镇海港址)、海岸(北仑港址)的演变，宁波城市形态也从点状向单一集中型、不连续、连续带状群组形态演变(林艳君，2004；李加林等，2008)。这种空间格局的外在表现，与宁波产业结构和主导产业的演替是分不开的。宁波在 20 世纪 90 年代基本完成经济起飞早期和中期的主要任务。宁波中心城区的三江汇合处距离长三角和苏浙纺织业原料、劳动力供给地较近，因此，在外贸出口和加工贸易带动下，其传统优势产业为纺织、服务、日用家电、塑料机械、汽车配件、文具和模具产业，培育了一大批轻工业品牌和出口导向型的大型企业集团,如雅戈尔、奥克斯、波导、帅康等。之后,随着镇海河口港和北仑深水港的相继开发,宁波的港口优势和港口工业集聚条件愈加明显。当时,由于上海港淤积现象严重,长三角和上海的一大批临港产业向此转移,所以宁波的产业结构开始从轻型向轻重结合的特点发展。企业集聚和品牌培育还带动了技术创新和人才集聚,高新技术产业不断强化。

从 20 世纪 70 年代镇海炼化的前身——浙江炼油厂——打下第一根桩开始,宁波临港产业集群从无到有、从小到大,规模不断扩大,实力不断增强。目前,宁波临港产业集群主要由港口物流产业集群、临港重化产业集群和加工工业产业集群构成。

1)港口物流产业集群

宁波港地处我国大陆海岸线中部、南北和长江"T"形结构的交汇点上,地理位置适中,是中国大陆著名的深水良港;现有生产性泊位 191 座,其中万吨级以上深水泊位 39 座,已与世界上 100 多个国家和地区的 600 多个港口通航。宁波港主要经营进口铁矿砂、内外贸集装箱、原油成品油、液体化工产品、煤炭以及其他散杂货装卸、储存、中转业务。2007 年,宁波—舟山港货物吞吐量超 4.7 亿 t,仅次于上海港,居中国大陆港口第二位;集装箱吞吐量达到 943 万 TEU,居中国大陆港口第四位。目前,宁波港已形成高速公路、铁路、航空和江海联运、水水中转等全方位、立体化的集疏运网络。

2)临港重化工业集群

目前,宁波全市临港工业区域内已有规模以上工业企业上千家。经过多年的发展,镇海、北仑两个区域内以能源和原材料为主的临港工业发展迅速,石油化工、能源电力和钢铁三大行业的工业总产值已经分别占全市同行业的 89%、81%和 58%,机电工业的专用设备、汽车和船舶修造分别占全市同行业的 47%和 28%,镇海炼化、乐金(LG)甬兴、北仑电厂等一大批已建和在建的国家级重点项目令人目不暇接。宁波百里临港重化工业带初具雏形。

3)加工工业集群

宁波临港区域的加工业集群主要分布在北仑经济技术开发区、保税区和出口加工区,其中保税区和出口加工区是目前唯一符合国际惯例的关税政策特殊区域(即"境内关外"),在两区开展加工贸易有相应的资源、区位和政策优势。目前,临港区域内已初步形成计算机产业群、微电子和光电子产业群、软件产业群、精密机械产业群和国际贸易、仓储物流企业群,成为长三角地区高科技产业发展的高地和重要的进出口物流集散地。

5.5 实证五:厦门港城空间系统演化过程

5.5.1 近代厦门港城市形成发展过程

厦门港位于九龙江出海口处,为海峡性港口;岸线蜿蜒曲折,形成湾中有湾、湾中有岛的海湾。港区分为内、外港,少淤小雾,终年不冻。外港水域宽广,内港水深浪小,航道宽度为 200—400 m。厦门岛的经济开发始于唐代,宋元时期随着泉州港的兴起和繁荣,厦门本岛逐渐成为来往船舶中途停泊的处所以至设防驻兵,以渡口码头和军港为特征的古港初步形成。迄今 600 多年前的明洪武二十年,厦门建城,其间厦漳海域的航运活动已初具规模,相继开辟了十余条至国外的航线(图 5-17)。随后,葡萄牙、西班牙商船先后到厦门港贸易,设立商行;海上民间贸易的兴起和华侨大批出洋,使厦门港初具规模。经明末清初郑成功"通洋裕国"、反复"海禁"、"迁界",清朝施琅的主动"设关通洋",及至近代被动的"通商口岸",400 多年以来影响厦门城市社会经济的最重要因素一直都是海港发展及航海贸易,城市空间也以港口、码头为核心向外延伸(图 5-18)。

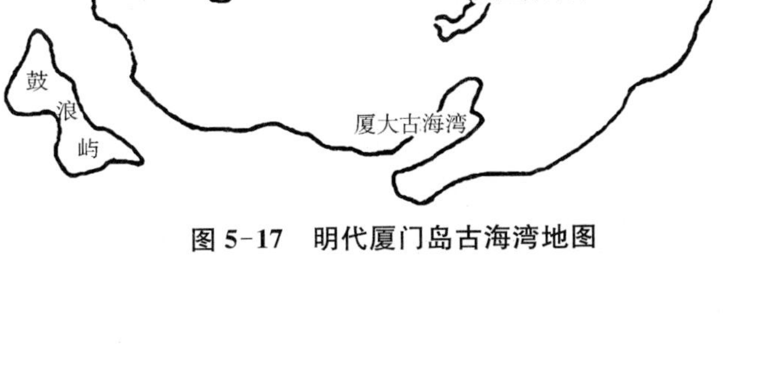

图 5-17 明代厦门岛古海湾地图

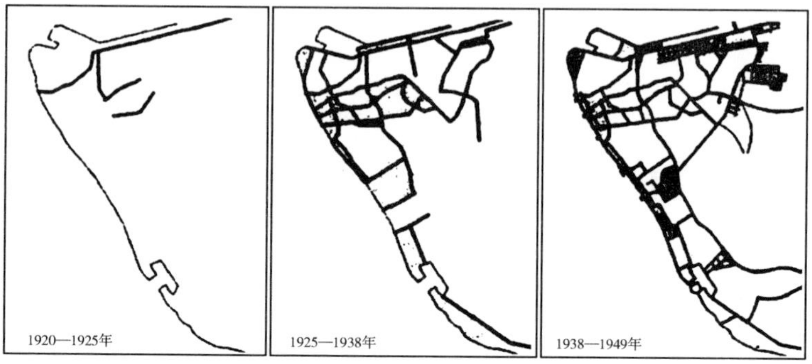

图 5-18 近代厦门道路演变

康熙二十二年(1683 年),清政府在厦门设立了“闽海关厦门口衙署”,确立了厦门通商门户的地位,城市得到发展,人口规模突破 14 万。在施琅“设关通洋”后,厦门港由于自身地理条件的优越,成为闽南区域贸易的集散地,此时城市空间发展势头显现(厦门市地方志编纂委员会办公室,1996;厦门市土地志编纂委员会,1996)。码头港澳增多;洋行、商馆兴盛;造船场兴起;城市中心初步形成,街市兴旺;城市建筑密度增大,出现专业性的墟集。直至鸦片战争前,这段时期厦门港的内外贸航运迅速发展,成为全国贸易大港和对台运输的专门口岸。与此同时,港口航运业促进了厦门及周边经济的兴旺,区域经济和航运业的发展又刺激了港口码头的建设和造船、制盐、水产等临港工业的发达,城市与港口同步发展,厦门成为闽南政治经济的中心都市和中国沿海重要的航运中心乃至亚洲最大的商业中心之一。这时的城市空间主要局限在厦门岛西南一隅,靠近现今和平客运码头的港口周边区域(图 5-19)。

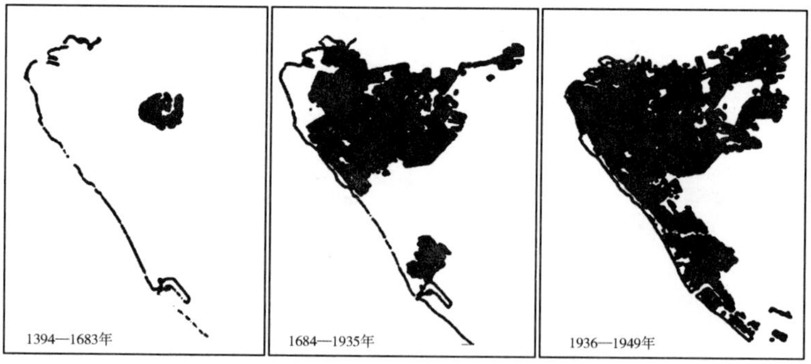

图 5-19 1683—1992 年厦门老城区城市空间形态演变

开埠通商给厦门带来了大规模的经济活动,同时驱动了厦门城市空间的重构(曹昕婷等,2009)。此次重构以商人对交易处所和居住处所的需求为主,因此,大规模的填筑海滩使市区地理空间向海的方向扩展,围绕临港地带和滨海区域形成新的城市空间。民国时期,由于初期民国政府的建国方针以及大量华侨投资兴办产业、建设家乡,使厦门城市空间获得第一次大规模地发展。厦门作为福建省唯一联系南洋的口岸,和广东的汕头及香港同为中国近代移民出入南洋的三大港口,华侨在航运、金融、企业、文教、房地产以及市政设施的投资建设等方面发挥着重要作用。后来历经战乱,直到解放后,甚至改革开放前相当长一段时间厦门都是作为前线城市,城市建设规模有限,没有太大地超出以老城区为中心的三角区域。近代厦门港口建设方面致力于沿海堤岸的兴筑,将原来分散的小港联系起来,扩大接驳岸线,增加港口吞吐量。厦门旧城改造主要以港口及商业区为发展中心,"四纵一横"的城市道路布局连接了港口与市区,为商贸港口城市的发展提供了有利条件。通过挖山填海、造地开发新区,扩大了港口的面积,打通了市区与港口的直接交通,城市中港区、商业区、文教区以及公园合理搭配。在城市道路建设方面,旧城改造形成了近代厦门城市的基本格局,道路系统围绕港口发展,逐步向市区内部扩展,商业街区形成网状布局,充分体现出港口商贸城市的特点(表 5-5)。

表 5-5　厦门各时期港口发展与产业、城市关系

时期	港口	城市
1394—1841 年 明清初始发展期	军事、贸易港口,本岛西南隅有和平码头和沙坡尾码头	城市诞生,海港功能突出,历经郑成功经营厦门、施琅"设关通洋",主动通商
1841—1902 年 殖民畸形发展期	被迫开放,五大通商口岸之一	1841 年开埠,1851 年建立英国租界,1902 年开辟鼓浪屿公共租界
1902—1949 年 强化发展期	增加了两个环岛码头,作为商业港口逐渐繁荣,福建省唯一联系南洋的口岸和中国近代移民出入南洋三大港口之一	1933 年设厦门市,大量华侨投资兴办产业。开始本岛旧城改造,大规模填筑海滩使市区地理空间朝海的方向扩展,围绕环岛港口和码头的滨海区域形成新的城市空间,基本形成近代城市空间格局和城市风貌

续表 5-5

时期	港口	城市
1949—1980 年 转型发展期	鹰厦铁路建设，并与厦门港连接，岛内大规模基础设施建设	台海前线；工业城市，经跨海大桥变为陆连岛
1980—1990 年 海岛空间扩展期	1984 年东渡港区建成，并逐渐形成大型港口，建设国际机场，形成海陆空一体化交通体系	1980 年设立经济特区，外向型临港工业加速集聚。20 世纪 80 年代城市建成区在整个本岛内快速填充、蔓延
1990—2000 年 海湾城市转型期	20 世纪 90 年代东渡港区逐步取代和平码头成为主港区，同时海峡对岸的海沧、大嶝、杏林港区初步开发为石化等工业配套的中小港区	在海沧国家级台商投资区和临港保税区带动下，外向型经济飞速发展；中后期，受本岛空间局限和环境压力，进行大规模产业转移，工业企业整体陆续向岛外搬迁
2001 年至今 海湾型组团城市	东渡港区稳定发展，集装箱、保税物流等功能得到提升，岛外的海沧港区和嵩屿港区开发建设全面展开，逐渐形成深水大港，承担的货运逐渐增加	海湾型组团城市发展重要时期，也是海峡西岸中心城市发展初期。本岛内工业企业大规模整体搬迁基本完成，新兴工业区主要在本岛海峡对岸展开，并逐步向西、北、南三个组团扩展。本岛主要体现高端产业、科教、居住、金融等功能，房地产发展迅速，内部土地利用集约化倾向明显，滨水地带原有工业岸线逐步被居住、旅游、休闲娱乐等功能替代

5.5.2 现代港口产业发展与城市空间演变

1949 年前的厦门城市空间发展造就了厦门近代城市空间格局和城市形态雏形；而新中国成立后，大量连接本岛与大陆的海堤等战略基础设施的建设，使作为前线工业城市的厦门获得空间概念与实际建设上的拓展，这一时期鹰厦铁路和本岛东渡港的建设为厦门港口工业城市发展奠定了坚实基础。厦门城市空间第二阶段大规模发展是在改革开放以后。1980 年经济特区的地位确认后,厦门城市空间演变进入了一个快速扩张时期,基本上经历了“海岛型城市”发展期(1980—1990 年)、“海岛型—海湾型城市”转型期(1991—2000 年)和“海湾型城市”发展期(2001 年至今)三个阶段(杨哲,2006)。

20 世纪八九十年代,厦门城市空间的扩张表现为本岛以老城区和湖里经济特区为双核心,组成本岛鹰厦铁路以西的紧密团形,并向铁路以东轴向扩张;岛外则由杏林、集美小规模分散空间,逐渐演变为多片集中空间的分布状况。1990 年以来,以厦门岛西北部的东渡港区扩建和岛外海沧等港区开发为导向,城市空间从本岛基本饱和转向岛外蔓延,逐步形成环海湾组团的城市空间形态。本岛作为城市的起源地,由原来的小渔港发展为城市的主城区,特别是经历过去 20 年的快速发展,本岛空间发展日趋成熟和饱和,通过跨海通道向海湾湾区和内陆腹地拓展成为必然。本岛通向大陆的北通道(厦门大桥和海堤)和西通道(海沧大桥)形成后,介于两个门槛之间沿西海域的海湾地区成为首选拓展地区,包括马銮湾区、杏林湾区、东屿湾区(即海沧中心区)和集美北部等区域。因此,集美、杏林和海沧等片区除包含自身的发展外,主要就是接纳本岛城市拓展的外延空间所在(图 5-20)。

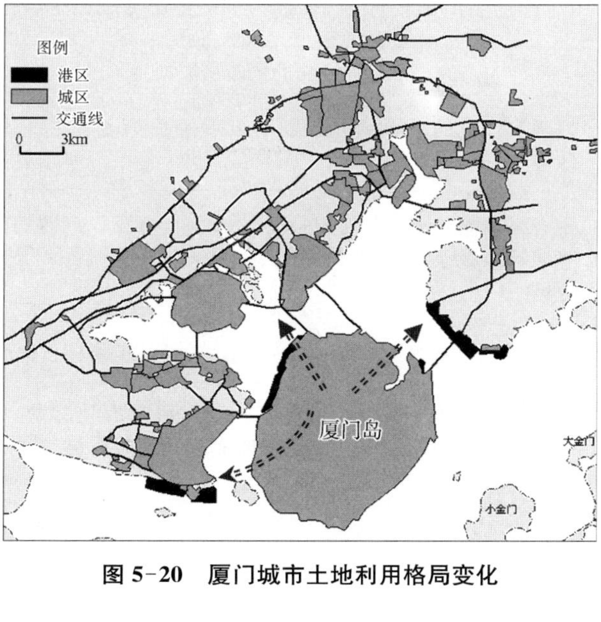

图 5-20 厦门城市土地利用格局变化

2000年以来，随着厦门本岛与海沧、集美、同安和翔安岛外市区通过跨海大桥形成组合布局态势，本岛以外的城区发展面貌焕然一新。尤其是在龙厦、福厦和厦深铁路以及厦成、厦泉、厦安三条高速公路开通之后，厦门港对外集疏运能力大大增强，货运吞吐量和集装箱量增速在全国名列前茅，厦门城市中心的辐射作用大大增强，市域范围构筑起了半小时经济圈。特别是2007年厦门湾内的厦门港与漳州港合并组建新的厦门港，使之由五个港区扩大为八个港区（增加了原漳州港的后石、石马、招银港区），厦门港成为一个功能多样、分工明确、组团互动的网络群体。围绕各港区的不同功能，提升了厦门港作为区域龙头港口对整个海峡西岸经济区建设乃至全国内陆纵深腹地的辐射效应。在整体的港口功能上，厦门港以集装箱干线为发展方向，以临港工业和现代物流为主要功能，进一步发展集装箱干线运输、临港工业和现代物流。其中，岛内的东渡港区依托保税港区集聚现代物流产业，依托客运和游艇码头推动滨海旅游产业发展。在整体产业分工上，岛内主要发展光电、软件等高新技术产业，同时强化商业、金融等高端服务功能；岛外则主要发展大体量的石化、机械、电子信息等资金、技术和劳动密集型产业；那些用地规模大、需要配套港区的产业大部分迁至海沧、杏林、同安和翔安等城区的临港地带（表5-6）。

表5-6　整合后的厦门港及其临港区域主要功能和主导产业

港区	功能和主导产业
东渡港区	以现有设施的布局和功能为主，发展集装箱运输，强化保税港区的区港联动效应，发展现代物流产业集聚区
海沧港区	重点发展集装箱中的中、远洋干线运输，与嵩屿港区功能构成全港集装箱干线运输的主体，做大做强海沧国家级台商投资临港工业区
嵩屿港区	充分发挥现有煤炭、成品油码头作用，集聚能源和石化产业
招银港区	以发展集装箱和杂货运输为主，兼顾海湾、海峡客滚运输，与漳州开发区和厦门湾南岸地区经济形成互动发展态势
后石港区	发展大宗散货码头，依托毗邻重化工园区集聚相关大型临港工业

续表 5-6

港区	功能和主导产业
刘五店港区	以集装箱运输、临港工业开发为主,并为对台贸易和"三通"服务,为厦门港远景重点发展区
石码港区	主要为漳州市和龙海市提供地方物流运输机来往的客运服务
客运港区	发展本地区短途客运、国际客运和海峡、海湾滚装运输,发展滨海旅游产业

5.6 海港空间效应下的中国港—城空间系统演化理论

5.6.1 理论背景

地理学对港城关系的研究发轫于港口演化理论,重在其空间属性。西方学者通过对港口通用模型的构建,从不同视角揭示发达国家港城空间关系演化特点(Bird,1963;Barke,1986;Hoyle,1989;Notteboom et al,2005),并逐渐形成港口体系、港口城市空间结构(McGee,1967)和港城界面(Hoyle,2000)三个不同空间尺度。在国内,吴传钧等(1989)最早提出了海港城市成长模型,许继琴(1997)继而提出四阶段的变形模式,他们通过分析海港城市发展的动力结构,揭示港与城的产业、功能变化关系。近年来,地理学对于港城空间关系逐渐形成"港—城空间系统"的认识,认为港—城空间系统是一个根植于不同空间尺度的、开放的、多元复杂的地域系统,其形成、发展、演化规律是核心主题。学者们分别结合上海、南京、宁波和连云港等案例研究,从港口后勤区、城市形态、港城界面及港城耦合的系统熵等不同侧面,探讨港—城空间关系演化的新特点(王铮等,2002;李加林等,2008;庄佩君等,2010;梁双波等,2011;杨山等,2011)。

目前,港口与城市空间关联研究存在的不足及今后发展趋向主要有四方面(郭建科等,2010)。

1) 港口发展的城市空间效应及城市响应与反馈

以港口发展的空间效应及城市的响应与反馈为核心,加强港—城空间系统基础理论研究。

目前，港—城空间系统的基本理论问题研究不足。作为一个边缘性的研究领域，其研究成果多与其他港口研究相伴而生，研究的整体性和系统性尚待整合，港—城空间系统的基本要素、空间尺度、结构体系等基本理论问题尚需进行深入研究和系统总结。港口与城市相互作用而形成具有自身特性的港—城空间系统；但由于港对城的作用在前，城是在港的作用下形成和发展，不管宏观微观，还是强弱有变，港对城的作用始终贯穿港城联系全过程。因此，从港口城市形成、发展、演化全过程看，港对城的作用具有内生性和先导性，城对港的作用具有适应性和反馈性。正因为如此，从港对城的作用而言，表现为港口的城市地域空间效应；从城对港的作用而言，则表现为城市的港口化适应与反馈过程。这与某一阶段城市对港口发展具有主导作用的现象并不排斥，目前对城市影响港口的机理、过程分析尚属空白，城市对港口空间效应的响应与反馈问题研究还不够。随着港口功能的多元化发展，港口对城市的影响不再仅限于运输和交通流，还会涉及产业组织、土地利用、功能分区，进而影响城市的经济空间系统、社会空间分异和生态环境过程。因此，必须站在综合性和系统性的高度加强港口演变的城市空间效应研究，尤其要关注城市系统对于港口影响的空间响应与反馈作用。

2）*港口发展模式及港—城空间系统可持续发展路径*

关注现实问题是港口与城市空间联系研究的优秀传统。一方面，作为对外开放的窗口，我国港口外向型发展特征明显，但随着国际经济危机的冲击，国际贸易不平衡问题将长期存在，扩大内需、减少外贸依赖已成为不可逆转的发展趋势，港口发展模式也面临调整。目前，国内对于港口与腹地互动的研究比较少，而城市是港口的直接腹地，必须重视将港口发展与区域腹地发展需求结合起来，探讨港口发展模式转变对城市的空间影响。另一方面，我国港口整体上还处在工业化和物流集聚阶段，许多地区港口经济规模不经济、空间无序扩展、海岸带环境污染、港城空间冲突等问题日益明显。以往对港—城界面的研究仅关注微观尺度的港区再开发问题，尚不能反映港口与城市空间系统在各自发展模式上的全面互动；而港口第三产业功能的逐步增强导致新的港口功能区出现，港口周边的生态环境退化促发港口旅游、休闲、文化功能的提升和海岸带资源环境综合利用。因此，今后应将区域港城体系与竞争环境、港城互动与融合、海岸开发与保护等多尺度的核心要素纳入港口城市发展的空间维度,从实现海陆双向空间开发背景下的港与城、海与陆、经济与社会、人与自然的有序循环和持续发展的角度,深入研究港口—城市系统可持续发展的空间表达与路径优化等关键性问题。

3)不同类型港—城空间系统的比较和定量刻画

国内研究重视单个案例分析,但缺少对不同类型港口城市的比较研究。港口分内河港、河口港、海湾港和海岛港等不同类型,不同的港口城市具有不同的空间组织模式和演化过程。学者们虽然对上海、天津、大连、青岛、宁波、厦门和广州等主要港口进行了不同程度的案例分析,但没有将这些港口进行比较研究,揭示彼此间的异同从而提炼和总结港—城空间系统的一般规律。此外,现有研究定量测度与空间分析结合不足,尚不能利用有效的定量分析方法和工具进行港—城空间系统演化的过程模拟,部分学者虽用定量方法对港—城关联进行了初步探讨,但还缺乏有效的空间化表达。今后应拓宽港—城空间系统研究的区域视角,对比不同地区、不同类型港口与城市的空间联系问题,注重将比较分析、定量刻画和空间模拟结合起来,揭示港—城空间系统发展、演变的一般规律。

4)影响港城空间联系的新因素、新作用和新机制

现有研究视角和切入点尚不能满足港—城空间系统作用要素日益多元化和复杂化的发展趋势,对港口发展新趋向、新要素、新产业对港口和城市的空间影响研究不足。对于港口产业集聚、不同港口功能区、企业结构及空间分布、港口就业人口、港口功能区空间组织、港口交通网络等港口要素对城市的空间影响研究尚属空白。现代化港口城市与一般城市相比,其特点突出表现为能量密集性、运作高效性、形态开放性和港航主导性。随着航运技术变革,船舶大型化、生产方式柔性化等新因素的作用所带来的港口区位变化及对城市的空间影响逐步显现。港口功能已从运输枢纽、装卸服务中心向贸易物流中心和全球资源配置枢纽转变,我国多个港口也出现了一些第四代港口的特征。因此,新的经济形态和产业组织方式、新的"流"空间和贸易形式、新的技术进步和运输方式、新的港口组合和城市空间组织模式、新的城市空间分异等都对港—城空间系统、空间界面、空间组织和融合提出新的挑战。加强对影响港城空间联系的新因素、新作用和新机制的研究,对于港—城空间系统保持动态稳定和自我完善具有重大意义。

5.6.2 研究目的

目前,新的因素导致港—城空间系统演化出现新特点:① 新科技革命推动经济发展呈现工业化和信息化相融合的特点。"流"时代的生产方式逐渐柔性化,产业链式集聚和产品内分工、分散同时进行,临港产业空间组织形态随之复杂化。② 航运技术变革与全球化使海港功能演化至第三代甚至第四代,作为国际物流供应链核心节点、全球资源配置枢纽、发展中国家的海港城市相应成为世界性产业转移的首选地。港口对城市、区域的地域空间效应增强,港口、产业和城市的空间冲突激化,诸如大规模填海造陆、规模不经济和工业污染、交通堵塞等迫切需要通过系统整合予以化解。③ 港口空间形态日益群组化和网络化,港口与产业园区发展高度一体化,微观上推动港城界面再造与复兴,宏观上牵引更广阔腹地内的产业向海集聚和空间重构。

本章提出海港空间效应下的中国港—城空间系统演化理论基于两个目的:① 已有的港城空间关系研究无法反映经济全球化深入发展背景下,发展中国家港口城市空间系统的复杂性;缺乏将港城产业关联、动力机制演化、空间系统变异结合起来,进行多维度的港—城地域空间系统研究,进而探究港—城空间相互作用的辩证关系和演化机制。② 一般认为城市在进入自增长阶段后,港口与城市进入自我发展阶段,港口对城市的影响逐渐减小。吴传钧先生关于港城关系"循环上升"的论断,并没有引起学者的重视,后续研究尚属空白。个别学者近来注意到港城关系演化的新特点,认为港—城界面由形成生长、成熟扩展、衰退废弃和再生复活的发展周期体现了港城关系由共生一体、共同扩张、分离、最后再度整合的演变过程(庄佩君等,2010);那么,港口城市在进入多元化发展阶段之后港城关系如何减弱?会消亡吗?城市港城关系变化如何影响港口城市空间形态演化?当前港—城空间系统演化出现了哪些新的特点?本章在第5章的案例分析基础上,试图从理论层面解答这些问题。

5.6.3 现代海港城市港—城空间系统演化过程

1)城市发展初期的港城共生阶段

港口建立之初主要为进行水—水运输和水—陆运输提供运输中转服务,这一基本功能诱发港务部门和集散部门,即港口直接产业。这一阶段,城市绝大部分经济活动都源于港口,城市人口在为港口服务的相关部门就业;但由于规模小,尚没有形成专门的港区和城区,港城共生发展属于典型的以港兴市阶段(表5-7)。后期,城市建立了直达腹地的交通线,依港而兴的市场逐渐繁荣,港口城市不再是单一的运输中转功能,而是成为区域贸易门户和通商口岸,为港口城市的下一步发展进行区位势的原始积累。由于城市专注于港口运输带来的贸易发展,港口空间仍以点状极核发育,除港口设施外,尚没有大量占用固定岸线的产业项目出现。这一阶段对港口城市发展的作用在于:通过原始积累将宜港岸线的自然条件通过港口开发和城市孵化转变为一种经济区位并固化成区域发展优势,为港口城市下一步发展提供原动力。因此,港城共生阶段也可称为港口城市的区位生成阶段。

本阶段港口空间特点决定了港口城市的空间结构及其外部轮廓形态。港与城共生发展,依托港口岸线的轴向引导,在距离港口最近的岸线或滨水地带最先形成市区,港口城市轴向增长获得最佳建设效益(李加林等,2008)。港口属于初级发展阶段,码头主要在自然条件好、后方有平坦且开阔的地段修筑,适宜在港口毗邻区建设货物堆场,附近有港口工人休息和生活的区域;城市紧邻港口发展,沿港口形态及其对外道路成不连续点状散布。在后一阶段港口贸易和市场逐渐繁荣后,在人口和店铺增加的情况下,逐渐形成连续的带状或片状布局,如图5-21(a)所示。海港与腹地的通达条件改善,直至有交通线相连,海港城市逐渐发展成为区域海上运输和贸易门户,完成海港区位优势的原始积累,奠定海港区位势的基础。

不同类型的港口具有差别。对于河口港而言,由于河口呈现三角洲或水道松散片状分布的自然形态,水道对陆地的多重分割比较明显。港口和城市形成初期,生产力不发达,规模很小,一般沿自然条件最优的天然岸线形成港口。实际上,大多数河口港在形成初期,均远离真正的河口位置,这样有利于港口和城市沿自然岸线集中分布。相比之下,海湾型或海岛型港城这时期主要呈现从点状向片状布局的阶段。形成于古代的海湾港一般初期主要是渔港,进而在码头附近形成开展鱼类及相关生产、生活用品贸易的市场,加上水产品资源远比内河丰富,逐渐形成以鱼虾等海产品捕捞和贸易为主的渔业及相关工具的手工业城市。

表 5-7　海港城市港—城空间系统演化特征

阶段	Ⅰ	Ⅱ	Ⅲ	Ⅳ
名称	初期港城共生阶段	港城空间集聚阶段	港口外迁与城市裂变阶段	港城双向网络阶段
发展背景	手工业或工业化前	工业化初期	工业化中期	工业化中后期
港口功能	区域门户：运输为主，集市兴起	国家工业、运输、贸易中心：功能大为拓展	跨国物流枢纽：增值服务兴起，产业层次提升，功能分化	全球资源配置枢纽：产业柔性生产方式整合、柔性生产方式
动力结构	直接联系（①②）	直接联系、间接联系（①②③）	直接联系、间接联系、自增长效应（①②③④）	多重联系、耦合效应（港口产业集群）
港口形态	孤立港口	港口区	港口圈	港口网络
港—城空间特征	共生：港市一体，没有形成专门港区	集聚与膨胀：产业集聚，空间膨胀，形成港区	空间分化：港区专业化，港口外迁，带动新港卫星城发展	分类融合：空间网络互联，新港卫星城不断壮大，多核心组团
对应时期	清末“通商口岸”	1949—1980 年	20 世纪 90 年代，开发区影响下	21 世纪以来

注：① 港口直接产业：以港口装卸运输业为主；② 港口共生产业：与港口装卸共生的海运业、集疏运业、仓储业、海上贸易等；③ 港口依存产业：依托港口综合条件而形成临港重工、加工等制造业；④ 港口关联产业：港口相关金融、保险、商贸、娱乐等服务业。

2）港城空间集聚阶段

港城空间集聚阶段最显著的特点是港口功能演化进入第二代，港口产业大量积聚与城市空间快速膨胀。海港城市在获得港口区位优势后，并随着工业化兴起，成为区域工业增长中心。资本、原材料、技术和劳动力等生产要素的丰裕，为港口和城市空间成长提供了内在要求，原有的港口设施、对外交通、城市基础设施已经不能满足新的发展需要；同时，也为大规模港口建设提供了经济基础,因为工业化时期的港口建设属于资金与技术密集型投资。至此,港口规模扩展和城市空间扩散成为必然趋势,这种变化以港口改造和交通网络等基础设施建设为先导。只有当进入工业化时期后,港城发展才具备了空间集聚的动力和发展特征。① 在出口导向型发展模式带动下,临港加工业率先崛起为城市的主导产业,并逐渐出现修造船等大量占用固定岸线的临港工业,工业与外贸紧密互动,推动城市空间膨胀。② 外贸繁荣导致海运规模急剧扩大,推动港口城市进入第一轮大规模的基础设施建设高潮。码头、堆场、仓储等设施的规模和数量明显增加,开始建设疏港铁路连通腹地,出现较大规模的连片状港区。③ 港与城的界限逐渐明晰。工厂、商业、银行、政府、居住等城市功能逐渐从港区剥离,并沿港口向外辐射的道路集中分布,形成相对独立的功能空间,临港工业填充其中,港口、临港工业和城市相互作用而进入“滚雪球”式的空间集聚发展阶段。④ 城市形态表现为块状、星状、再到连片发展和空间蔓延,如图 5-21(b)所示。

3) 港口外迁与城市裂变阶段

进入工业化中期,钢铁、石化、能源等重化工业逐渐占据主导地位,原材料需求量和国际性贸易井喷,沿海港口功能更多体现为国际物流中心,港口演化进入第三代。海港城市及其临港地带逐渐成为全球生产网络的连接点和最具竞争力的低成本制造中心。此时,区域性临港工业化过程与单体城市内部规模不经济两方面因素推动新港口不断涌现,港口区向港口群演化(庄佩君等,2010)。大港口部分业务外迁至临近新港,从而带动单体城市发生裂变,海港城市演化进入新阶段。① 当港城空间集聚到一定程度时,单体的港—城综合体出现严重规模不经济和港城互扰现象。然而,以大进大出为特点的临港工业需要占用大量的固定港口岸线,具有追逐优质港口岸线而布局的天性。城市原有的港区已经不能满足工业进一步集聚的需要,港口开发进入一轮大规模“圈地运动”,新港口和原有港口部分业务外迁,并牵动城市空间裂变。② 城市空间形态随新港外迁做不连续跳跃式发展。港口作为新生空间的开拓者,往往引导部分城市功能外迁,带动一部分使用专用码头、占地规模大的临港产业随新港开发而与城市在空间上形成裂变分体。飞地型新港区不断发展壮大,新港卫星城发育,海港城市逐渐从“一城一镇” 裂变为“双城”发展格局。③ 依据新港城的发育程度可分为港口外迁和城市裂变两个时期。在港口外迁时期,新港区作为整个海港城市的功能性地域,

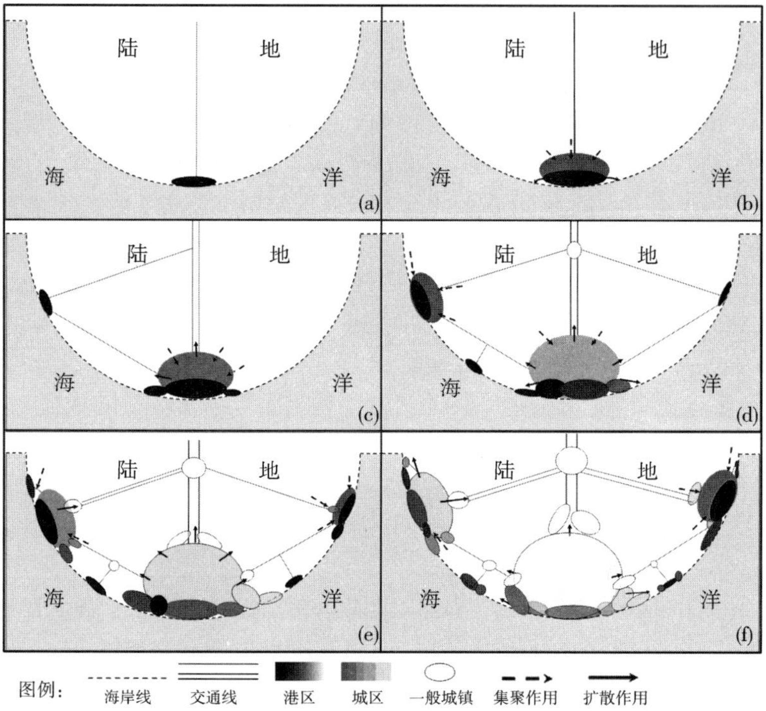

注：城区颜色越浅表示其临港化程度越低，港区颜色越浅表示其港口功能越倾向于高级化、服务化。

图 5-21　现代海港城市港—城空间系统演化模式(彩图见书末)

只具有运输和工业功能，大型专业化港区和小规模生活休息区填充，新城处于孵化发育阶段，就业人口通过快速通勤线呈钟摆式流动，居住功能尚不明显，如图 5-21(c)所示。在城市裂变时期，临港工业壮大推动居住、商业、银行等配套服务功能增加，人口集聚达到一定规模，港区发展为临港新城，原有城市裂变为双体格局，如图 5-21(d)所示。

4）港—城双向网络发展阶段

21 世纪以来，信息技术革命推动高新技术和新兴产业不断涌现，全球化推动了新的国际产业转移浪潮。一方面，跨国公司推动各种生产要素在全球范围内进行优化配置，所有国家和地区都将被纳入到一个投资、贸易、生产、服务相交织的全球性网络。另一方面，港口发展逐渐深水化、大型化和集装箱化，其功能演化出现第四代特征（董维忠，2005），海港成为全球资源配置枢纽，临港地带成为全球生产网络的连接点和生产要素交汇中心。① 港口空间演化进入高级化,进而形成复杂的港口枢纽—网络结构,大港口不断兼并和整合周边港口资源,并呈现港口专业化分工明显、港区一体化的特点。中心城区老港主要承担客运和旅游职能,其滨水岸线改造为生活、休闲和旅游功能,毗邻区更新为总部经济、研发、高端服务等临港服务业和新兴产业发育区。新港口依据集装箱运输、矿石、原油、粮食、造船等不同分工形成专业化港区,并集聚相应的物流、钢铁、石化、加工、造船等临港工业区,港区和园区高度一体化,港口岸线利用和土地利用高度集约化。② 港区专业化和网络化带动相关产业依托专业港区形成临港工业集聚,高新技术的大量应用使工业园区的污染和能耗进一步降低,信息化和快速交通的发展使居住空间分散化成为可能,围绕专业港区及其临港工业区均不同程度发育相关城市组团,通过发达的疏港路网和道路系统相连,形成港群和城市组团双向网络发展的空间格局,海港城市总体上呈多核心组团或网状形态。根据港口地域分化和老港区功能转型程度,本阶段可分为两个时期,前一时期为临港新城网络化,如图 5-21(e)所示,后一时期为主城非港化,如图 5-21(f)所示,分界点是老港区功能完全服务化和产业绿色化。

5.6.4 港—城空间系统演化的动力机制

1)港口演化对城市产生地域空间效应是原动力

港口演化对城市产生地域空间效应是港—城空间系统演化的原动力,主要通过四个方面的作用体现。

其一,城市空间结构的动态变化就是城市产业结构演化的空间投影。由于港口经济本质上是一种复杂的产业综合体,而港口功能演化可推动临港产业更替进而引发城市主导产业变迁。港口对城市地域空间影响的内生动力来源于港口功能演化,从第一代到第四代港口,其功能逐渐从运输与贸易中心、工业中心演化为物流中心和资源配置枢纽。港口功能的每一次提升都会牵动临港产业实现一次飞跃,促发主导产业从外贸加工业更替为临港重化工业,再到高新技术和以现代物流为主的增值服务业。最终,临港产业逐步发育为一个复杂产业体系,并通过产业乘数效应推动海港城市主导产业和产业结构发生相应改变。

其二,港口经济以港口为中心,以临港距离为约束,遵循一定的产业空间组织模式。在港口成长推动临港产业地域扩展和城市空间演变过程中,由于众多临港产业对港口物流和优越的集疏运条件的依赖,需要借助发达的港口物流设施和便捷的物流服务降低企业成本，新发展的临港工业便会选择新开发港口毗邻区域布局。港口产业、临港产业体系演进及其空间联系引导整个城市空间组织和地域组合围绕港口、临港产业及拓展功能形成具有自身特色的有序分布格局。港口始终处于港口、港口产业、港口城市三者关系的核心，随着港区一体化发展，新建港口码头区所带来的产业集聚特性和产业关联性将始终引导着港口城市新的功能空间成长，城市港口网络最终使港口城市逐渐形成多组团、网络化的现代城市空间结构模式。

总体上，临港工业按产业项目与港口航运、岸线、海洋资源的相关程度及对港口设施的依赖程度进行垂直于岸线方向的布局，依据对港口设施的依赖程度进行工业项目垂直于码头岸线方向的布局，密切需要将港口设施支撑的海运指向性工业项目尽量靠近码头布置，把与滨海资源利用相关性弱的工业从临港地带剥离。产业区的布局须充分考虑工业项目之间的产业关联性，同类型项目可集中布置在同一个专区内，以“专港专区”促进专业化发展，培育临港产业集群的规模化集聚发展，提高配套公共设施的利用效率。

其三，港口空间形态演化推动临港产业空间重组，进而主导海港城市产业空间重构。与港口功能、规模演化相适应，其空间形态演化经历了孤立港口、港口区、港口圈和港口网络四个发展阶段（王铮，2002）。港口空间由开始被限定在码头、装卸作业和堆场等狭小范围，逐渐扩大至毗邻区和周围附域，形成许多临港但不以码头为约束的工业、服务业地域，最终，围绕港口网络形成一种特殊的区域枢纽—网络结构。港口空间形态演化的实质是海港区位实现由点到线再到网状的再区位化和微区位化过程。各网络节点通过再区位，不仅保持了临港优势，更获得了微区位个性，适应了临港产业多元化和海港城市发展多元化的需要，从而牵引日益复杂的临港产业群体通过区位再选择实现产业空间重构。

其四，港口对城市的地域空间效应处于动态变化之中。港口对城市地域空间效应的作用方式与途径多种多样，在港口城市发展的不同阶段表现形式不同。

(1) 港口作为一种典型的流通要素，虽然因交通优势而立，但在工业化初期其对区域的影响往往表现为贸易平台和通商关口，属于产品交换和流通环节，而非价值生产环节。港口经济在这时表现为一种“流通型产业”，从而引发外向型加工工业依港而兴。以我国为例，在 20 世纪

80 年代海港空间效应显现初期,大多数海港城市的产业结构以轻型为主,从北方的大连、青岛,到南方的宁波、厦门,服装、家电、电器等以出口为导向的外向型经济发展很快。因此,在港城空间集聚阶段的初期,港口对城市产业的影响主要通过其口岸贸易功能推动。我国改革开放初期的海港城市得以发展的首要因素即为这种港口贸易政策推动下的口岸功能。

(2) 工业化的发展以及航运技术变革将港口作为生产要素的潜力发掘出来。深水港和专业码头成为临港重化工业发展的首要区位条件。临港工业对大规模固定港口岸线的占用是导致港城空间集聚的首要原因,并使港口空间与产业空间、城市功能分区连为一体。正因为如此,当有限港口空间资源被占用殆尽时,即诱发港口的外迁和城市的裂变。

(3) 港口在对城市土地利用等中观、微观空间组织中也起着核心作用。当一个海港城市建立起庞大的港口产业群体时,围绕与港口的空间距离和空间关系,运输、物流、贸易、出口加工、临港制造、金融、休闲、娱乐、居住和对外交通等功能分区逐渐形成,并围绕港口形成港城式土地利用圈层结构。韦伯"工业区位论"中运输成本对于企业区位选择的影响以及级差地租引导下的土地利用趋向在此都得到了集中体现。

(4) 交通流是塑造城市空间的轴线(杨家文,1999),以港口为中枢的交通网络塑造海港城市空间基底。因此,港口开发和以港口为核心的交通轴线始终是海港空间效应下城市突变期寻求跨越发展和空间扩散的先导力量。以港口网络为核心的综合交通流是港口城市空间组织和形态的发展轴线。港口主导下的海港型城市空间结构的特殊之处便是港区在城市空间组织中的中枢地位,以及由此形成的口岸交通和海、陆、空综合交通运输网络在城市形态上的烙印(郭建科等,2006)。

2) 港—城空间相互作用及其动态变化

(1) 港—城空间相互作用的辩证关系。港口是海港城市成长的动力源,港对城的作用始终贯穿港城联系全过程。因此,港口与城市相互作用而形成具有自身特性的港—城空间系统。从港口城市的形成、发展、演化全过程看,港对城的作用具有内生性和先导性,表现为港口的城市地域空间效应;城对港的作用具有适应性和反馈性,表现为城市的港口化适应与反馈过程,这与某一阶段城市对港口发展具有主导作用的现象并不排斥。

(2) 港—城空间相互作用具有循环上升特点(吴传钧等,1989),且每一阶段的变化周期逐渐变短，如图 5-22 所示。港—城空间系统在高级化阶段可能出现两种完全相反的趋势。一种是港口进一步演化带动港口产业与城市不断更新、再造，进入下一个循环过程。另一种是海港城市港口资源消耗殆尽或因破坏性开发导致港口发展不可持续，港口区位发生袭夺，临港产业萎缩，城市呈自增长效应。显然，后者是一种极端现象，不代表港—城空间系统整体演化方向。

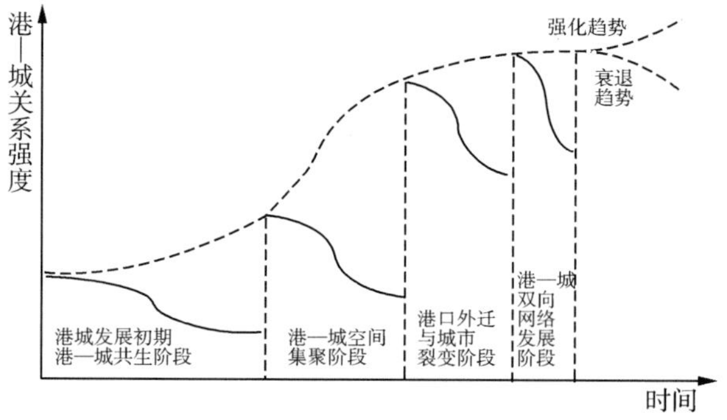

图 5-22 港—城关系强度变化曲线

(3) 港—城空间相互作用具有渐变期和突变期。港—城关系是海港城市发展的主线。港—城相互作用强时城市发展进入突变期，相互作用弱时则为渐变期。① 在各阶段内的渐变期，港城关系逐渐减弱，城市自增长效应逐渐增强，港与城相互形成比较稳定的发展机制，港口因素固化为一种城市基础和遍在力量。这一时期，城市增长点在于港口以外的新生因素。② 在突变期(不同阶段过渡时)，港口是城市突变期引导城市转型和实现跨越发展的决定因素。海港发展所提供的每一个契机如能得以很好利用，就可以成为海港城市发展的动力，这时港市关系最强(吴传钧等，1989)。事实上，我国主要海港城市的每一次重大调整引发的跨越式发展无不与港口变迁和转型相关。

3) 物流资源整合与流空间塑造推动港—城空间系统高级化

海港作为国际物流供应链的主要节点，在全球生产网络时代加速成为现代物流资源整合的中心和国际贸易配送基地(王成金等，2011)。物流汇聚可以固化为一种要素环境和产业环境，带动人流、资金流、技术流和信息流交汇。因此，信息时代的柔性生产模式是建立在现代物流供应链基础之上的。① 现代物流是产业结构优化的润滑剂，而港口物流将港口传统业务与综合服务功能融合，成为临港产业体系中跨度最大、产业关联度最高、可发挥巨大乘数效应的产业，是大批临港工业集聚必须配套建设的产业，成为推动临港产业链成长的核心纽带（郭建科等，2006）。港口物流与临港工业对接造就了贯通全球的自动化流水线。② 信息技术推动生产要素流动的强度和速度发生质的飞跃。作为流空间节点，海港城市成长发育所引致的极化和扩散效应不断增强的同时，节点影响半径也在不断扩散，推进城市向更大的地域空间扩展。此时，随着临港区位的区域化和内部化，原有临港产业的临港距离增加，推动临港微区位沿快速交通得以重塑，带动产业和城市空间裂变并形成网络化。

6 中国海港空间效应演化过程及其作用机理分析

6.1 腹地对海港成长的脉冲响应分析

为了测定沿海港口对不同空间层次腹地的影响程度，将沿海城市、沿海省区和中国大陆地区分别作为沿海港口的作用腹地，选取沿海港口吞吐量作为衡量港口发展水平的指标，记作 PT；选取国内生产总值作为衡量腹地经济发展总量的指标，记作 GDP，数据来自《中国统计年鉴》(1994—2011 年)。检验之前，为消除数据的剧烈波动和异方差等情况，对两个变量做自然对数处理，以 L 表示经过对数变换的新数据，即 LGDP=LOGe(GDP)，同时记一阶差分为 DLGDP。同理，对 PT 做同样处理。

6.1.1 平稳性检验

在建立计量模型之前，应当对所采用的时间序列数据进行平稳性检验，不平稳会导致一个“伪回归”的出现以及各项统计检验结果失去意义，进而出现错误的结论。这里采用单位根(ADF)检验方法对时间序列数据的平稳性或者说有无单位根进行检验，若在无差分情况下不能拒绝原假设；但在一阶差分情况下拒绝原假设，则一阶差分序列是平稳序列，原序列为一阶单整序列，记为 $I(1)$，依次类推。由表 6-1 可见，LGDP 与 LPT 均是平稳的，即沿海港口吞吐量与沿海城市、沿海省区及全国 GDP 之间有相同的单整阶数，据此可以进一步检验变量之间是否存在协整关系。

表 6-1 沿海港口吞吐量与沿海城市 GDP 的 ADF 单位根检验结果(1994—2010 年)

腹地	变量	检验形式	ADF统计值	1%临界值	5%临界值	10%临界值	P值	结论
沿海城市	LGDP	(C,T,3)	−4.005 477	−4.886 426	−3.828 975	−3.362 984	0.038 3	平稳
	LPT	(C,T,6)	−24.572 86	−5.295 384	−4.008 157	−3.460 791	0.000 1	平稳

续表 6-1

腹地	变量	检验形式	ADF 统计值	1% 临界值	5% 临界值	10% 临界值	P 值	结论
沿海地区	LGDP	(C,T,6)	−4.479 628	−5.295 384	−4.008 157	−3.460 791	0.027 6	平稳
	LPT	(C,T,6)	−24.572 86	−5.295 384	−4.008 157	−3.460 791	0.000 1	平稳
全国	LGDP	(C,T,3)	−3.777 632	−4.992 279	−3.875 302	−3.388 330	0.057 7	平稳
	LPT	(C,T,5)	−11.377 46	−5.295 384	−4.008 157	−3.460 791	0.000 1	平稳

注：检验形式中的 C,T,K 分别表示单位根检验方程中是否包括常数项、时间趋势和滞后阶数；最佳滞后阶数主要由概率为最小的时候对应的滞后阶数判定。

6.1.2　协整关系检验

协整(Co-Integration)理论是近年来分析经济时间序列之间长期均衡关系和短期波动的有力工具。需要注意的是两序列具有相同的单整阶数，是序列之间存在协整关系的必要条件。本书中三个层次内LGDP与 LPT 都具有相同的单整阶数，可以进行协整检验，若两变量是协整的，则说明它们之间存在长期均衡关系。

这里采用 Johansen 协整检验法(JJ 检验法)得到如下结果，如表 6-2 所示。结果显示，迹统计量和最大特征值统计量均大于 5%临界值，因此拒绝原假设，检验表明 LGDP 与 LPT 在 5%显著水平下存在协整关系。

表 6-2　沿海港口吞吐量与沿海城市 GDP 协整检验结果

腹地	变量	检验内容	协整关系数	特征值	统计量	5% 临临界值	P 值
沿海城市	LPT 与 LGDP	迹检验	0 *	0.784 852	23.231 62	12.320 90	0.000 5
		最大特征值检验	0 *	0.784 852	23.046 43	11.224 80	0.000 3
沿海地区	LPT 与 LGDP	迹检验	0 *	0.770 988	25.983 49	20.261 84	0.007 3
		最大特征值检验	0 *	0.770 988	22.109 70	15.892 10	0.004 6
全国	LPT 与 LGDP	迹检验	0 *	0.688 203	21.180 40	20.261 84	0.037 3
		最大特征值检验	0 *	0.688 203	16.315 65	15.892 10	0.042 9

注：* 表示 5%的显著性水平下拒绝原假设。

6.1.3 脉冲响应分析

向量自回归（VAR）是一种对相互联系的时间序列数据有效预测的模型，可以被用来分析不同类型的随机扰动项对系统变量的动态影响。由于对 VAR 各个参数估计值的解释比较困难，所以主要是通过观察系统的脉冲响应函数来对整个模型做出评价，同时分析沿海港口吞吐量与经济发展之间的影响趋势。只有稳定的 VAR 模型的脉冲响应分析和方差分解才有效，因此本书对于沿海港口吞吐量与沿海城市 GDP、省区 GDP 之间利用 DLGDP 和 DLPT 建立 VAR 模型，对于沿海港口吞吐量与全国 GDP 之间利用 LGDP 和 LPT 建立 VAR 模型。脉冲响应函数和方差分解从时间点上说明港口与不同范围腹地经济由近及远的影响。根据脉冲响应函数分析，得出了下面三个脉冲响应曲线图，如图6-1所示，其中，横轴表示冲击作用的滞后期数，纵轴表示脉冲响应函数值。

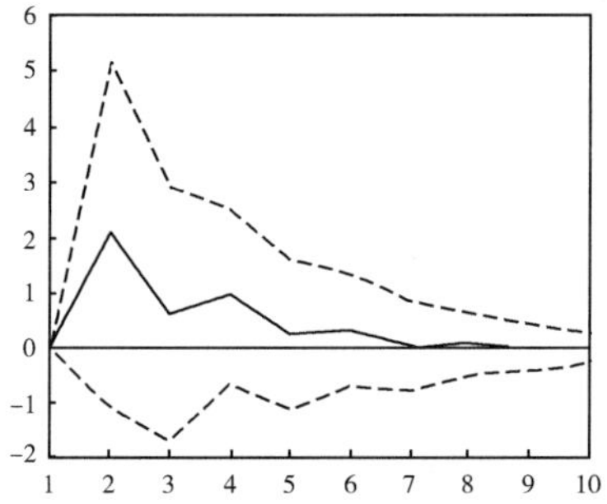

(a) 沿海城市受海港冲击的响应图

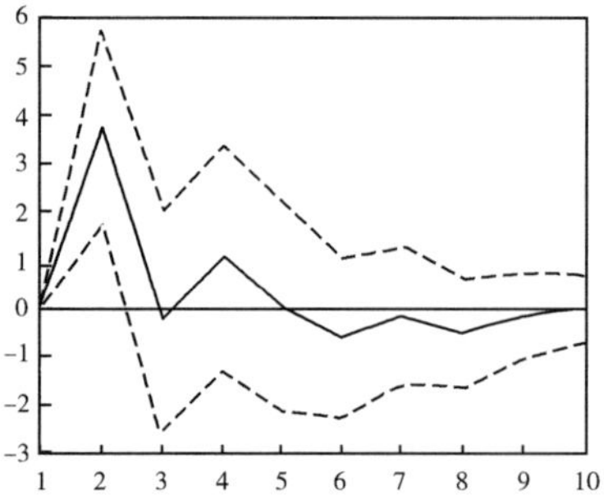

(b) 沿海地区受海港冲击的响应图

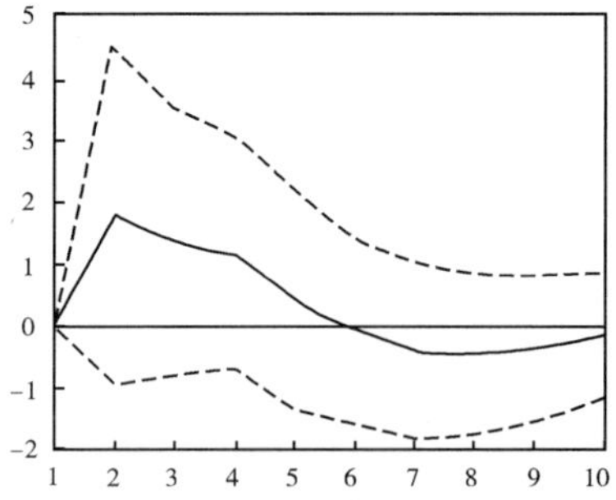

(c) 全国大陆地区受海港冲击的响应图

图 6-1 不同腹地 GDP 对港口吞吐量变化的脉冲响应图

注：图中实线为脉冲响应函数随时间的变化路径，上下虚线为响应函数值加、减一倍标准差的置信带。

从图6-1可看出,沿海港口吞吐量增长对不同腹地经济发展均具有明显的拉动作用和溢出效应,这种拉动作用均在第二期达到最高值,之后呈波动状逐渐下降。从不同腹地对海港吞吐量变化的响应幅度来看,港口吞吐量增长引起沿海地区经济总量波动的幅度最大,而对沿海城市冲击的溢出效应持续时间最长。可见,针对我国大陆地区而言,沿海港口对腹地的空间效应主要体现在沿海地区,对于远离沿海的中西部内陆地区的作用已经很小。相比之下,港口增长能够引起城市内部在产业、人口、功能分区、就业等多方面发生持续而深刻地变化。

6.2　近代以来我国海港空间效应的总体变化

1840年鸦片战争以前,尽管中国经历过一次又一次的改朝换代,也有着经济、文化、科学的不断进步,但中国经济格局和社会结构的本质并未发生根本性变化。1842年,广州、厦门、福州、宁波、上海五个沿海港口被辟为通商口岸以后,外国资本主义进入中国,中国社会开始发生根本性的变化,而这一变化一直影响到今天。这种影响实际上是首先发端于中国的沿海港口地区,尔后再通过主要的交通道路往广大的内地扩展。在这一过程中,进出口贸易及其所引起的人员、商品、资金、技术、信息流动,是国外市场和先进生产力通过港口城市影响中国广大内地的主要方式之一(吴松弟,2006)。

商埠是"一个国家指定的准许外国人前来通商的地方"(政治经济学辞典),口岸指"对外通商的港埠"(辞海)。由此可见,口岸即指由国家指定对外通商的沿海港口。海港城市是位于沿海、依托沿海港口发展起来的一种特殊类型的城市,它是港口和城市的有机结合,是陆地经济和海洋经济的有机结合,是国际分工贸易发展及海上交通的改善和技术的进步,是推动港口功能逐步融合而最终形成的一种城市类型。它以优良港口为窗口,以一定腹地为依托,以比较发达的港口经济为主导,连接陆地和海洋两个扇面的经济区域。中国海港空间效应的发展演化与沿海港口及其城市的发展息息相关。从总体发展特点来看,中国近代以来的海港发展可以分为三个大的阶段。

1) 第一阶段,从"五口通商"到"百口通商"的中国近代化空间进程

鸦片战争后到1949新中国成立之前,海港发展特点是从"五口通商"到"百口通商",近代化从输入到扩散,奠定了中国近代化经济空间基

本格局和现代港—腹地域系统的地理基础。

首先，帝国主义列强通过一系列不平等条约使中国的通商口岸从1843年的五个增加到104个开放商埠，同时有胶州湾、旅顺口和大连湾、威海卫、广州湾四个租借地，加上中国香港和澳门两个外国殖民地，因此可供外国人贸易的口岸达到110个。除山西、贵州、陕西、青海和宁夏少数几个内陆省份，中国绝大部分省份都有了多个通商口岸(吴松弟，2006)。沿海港口(不包括香港、澳门)的贸易总额扩大了4.2倍，上海、天津、青岛、厦门、镇江、广州等沿海口岸城市都设有租界。这些城市作为近代化的窗口，新式商店林立，近代工厂云集，金融业和房地产业得到充分发展；与此同时，按照西方的生活要求和科学规划建设起来的新式马路、城市垃圾处理系统，煤气、电灯、电话、自来水、公共交通等最新景象，西医、西药和西式医院，新式报刊以及与中国传统学校全然不同的新式学堂等大多出现在沿海口岸城市和租界。沿海港口城市凭借其交通区位优势，成为西方近代化输入中国的第一站(钟昌标等，2008)(表6-3)。

其次，沿海港口通商口岸与其经济腹地的联系促进了近代化的扩散。一方面，出口物资通过这些港口输往世界各国，各国的进口物资通过这些港口输入中国；另一方面，各港口城市通过密切的海上联系形成繁荣的埠际贸易，使南北物资交流以及沿海与内地的物资交流更加频繁。历史地理学的相关研究表明，我国绝大部分区域，即使是离港口相当偏远的地区，通过开放口岸与国外发生贸易往来，也或快或慢地迈上了近代化和现代化的进程。随着沿海口岸的开放和城市的发展，我国各地区开始形成以港口城市为龙头，以腹地为依托，以国内农畜产品、手工业产品和国外工业制成品为主要贸易内容的外向型经济体系，直接推动了各地经济近现代化进程(吴松弟，2006)。

表6-3 近代中国各地带海关贸易总额及占全国百分比

变量	1882年		1912年		1931年	
	总额(元)	百分比(%)	总额(元)	百分比(%)	总额(元)	百分比(%)
沿海海关	185 461 660	73.5	789 093 596	64.7	3 212 687 879	81:6
沿边海关	—	—	61 618 815	5.1	39 422 959	1.0
内地海关	66 837 827	26.5	371 536 156	30.5	683 327 317	17.4

2）第二阶段，内向型经济体系影响的海港边缘化阶段

新中国成立后到20世纪70年代初，由于帝国主义的海上封锁和国内外政治经济格局的影响，国家经济发展以内地为主，交通运输主要依靠铁路，沿海港口作为"前线"被边缘化，海运事业发展缓慢。这一阶段的港口发展主要以技术改造、恢复利用为主；沿海港口平均每年只增加一个多深水泊位，其中大多数由小型泊位改造而成。

3）第三阶段，20世纪70年代特别是改革开放以来，海港区位优势得以发挥，海港空间效应推动港—腹经济地域系统现代化进程

20世纪70年代初，随着中国对外关系的发展，对外贸易迅速扩大，外贸海运量猛增。周恩来总理曾于1973年发出"三年改变中国港口面貌"的号召，开始了第一次港口建设高潮。特别是改革开放后建立的四个经济特区和14个沿海开放城市无一不是沿海港口城市。以此为标志，沿海港口城市原有的区位优势得以发挥，中国现代海港空间效应的发展、演化过程由此开始。可以说，改革开放是现代中国沿海港口崛起的起点，它使沿海港口从边缘地带一跃成为区域经济发展的核心和龙头，海港空间效应开始了一个全新的形成、发展、演化和集聚、释放的过程。本章就以改革开放30年为时间序列，探讨沿海港口空间效应的演化过程，分析其作用机理。

从国外情况来看，沿海经济地带主要有三种发展模式：① 腹地支撑型，适用于内陆发展水平较高的国家和地区，主要在一些后发的港口城市比较明显，如沧州、连云港等。② 工业基地型，适用于新兴沿海地区发展初期，如唐山港。③ 港口城市带动型，多存在于发展历史较长、国际或国家级大城市的沿海地区，属于沿海地区经济发展的高级阶段。我国大部分区域的枢纽港、沿海大港都是从近代以来的通商口岸发展而来，它们对于腹地经济发展具有巨大的带动作用，与腹地形成不同层次的港腹经济地域系统，在产业集聚、国家贸易、吸引投资等生产要素配置等方面均有明显的地域空间效应。需要指出的是，沿海地区三种发展模式并不是相互排斥的，而是有主次之分，可以同时共存，互相促进。但无论哪种发展模式，港口都是影响沿海区域发展的首要因素。

6.3 改革开放以来中国海港空间效应的演化过程

6.3.1 海港影响下的区域交通运输格局变化

1）以沿海港口城市为中心沿运输通道和交通经济带扩散的客货流分布格局

改革开放以来，客货流空间格局总体上以沿海港口城市及环渤海、长三角、珠三角三大沿海经济区为中心，向沿海省份其他地区及中西部地区大幅扩散，整个客货流分布随着区域经济发展呈现多元化、多核心的相对均衡发展态势(图 6-2)。

(1) 货运分布格局的变化

① 总体来看，货运分布呈现以环渤海经济圈为核心、重点沿海港口城市、区域交通枢纽城市为增长点逐步向周边扩散的态势。1988 年、1998 年和 2007 年三个年份中，37 个大中型沿海港口城市分别占全国 291 个城市货运总量的 30.75%、26.3%和 21.5%。1988 年，形成了京津唐、辽东半岛、长三角、成渝地区四个中心集聚区，除此之外，广东的珠三角地区、山东半岛和中原地区的货运规模也比较大，第三层次则为沿京九、京沪、京哈、同蒲、石太、大秦等交通干线的带状区域。在北方，环渤海地区除山东北部外，其沿海城市已经形成一个货运突起地带，并带动整个东北和山西等能源和老工业基地货运量的整体上升，形成连续的片状分布，成为当时全国的货运重心。环渤海地区的京津冀、辽宁和山东五省市中各城市货运总量达到 18.1 亿 t，占全国的 30.7%，而沿海港口城市占环渤海地区的 37%。到 2007 年，环渤海地区的这种货运中心地位仍比较稳固。

② 1988—1998 年，货运分布主要在原有区域中心的基础上，沿着港口与腹地联系的运输通道及其沿线扩散，哈大、大秦、同蒲—太焦再到武汉沿京九线形成几乎连续的带状货运密集区，若干连通沿海港口的南北运输通道沿线的中心城市均成为区域货运中心。这一时期，从大连到浙东沿海已经形成以海港城市为中心、连续分布的沿海货运密集带。福建

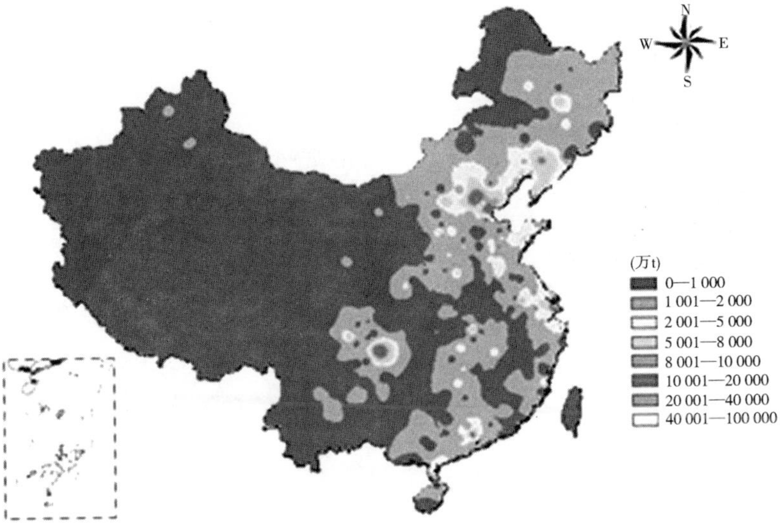

(a) 1988 年城市货运量空间格局

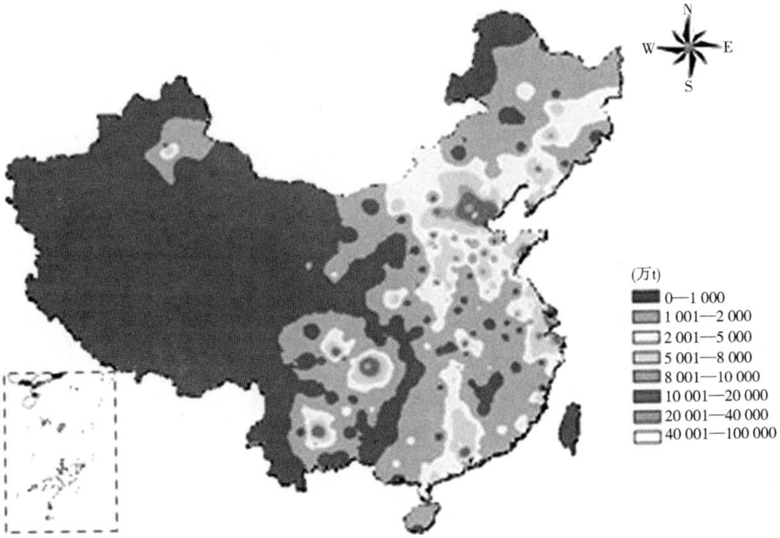

(b) 1998 年城市货运量空间格局

(c) 2007 年城市货运量空间格局

图 6-2 改革开放以来不同年份城市货运量空间格局(彩图见书末)

出现了福州和厦门两个中心;广东的货运分布受运输通道影响,主要以珠三角沿海港口城市为端点,沿京九、京广铁路向内陆延伸,连接粤北、湖南中部,形成了一条高密度的货流通道;此外,长三角地区的沪苏浙发展为东部沿海的货运中心,并在三省市形成广覆盖的高密度货运区域;西南地区以重庆为中心,货运沿成渝、成昆铁路流动形成西南货流集中区。

③ 2007 年的货运格局与 1999 年相比最显著的变化就是山东半岛上升为与京津冀、长三角和珠三角同等重要的高密度货流集中区,内蒙古中部以及晋陕蒙交界处由于大规模煤炭资源的开发成为一个新的以煤炭货流为主的高密度货运中心(表 6-4)。东部沿海地带和中部地区货流分布连续成片,货流密度以辽东半岛、京津冀、山东半岛、长三角和珠三角为区域中心,逐渐沿运输通道向内陆地区辐射。此外,西部的中心城市从西安到成都、重庆、贵州和昆明形成一个完整的货流联系区。陇海和兰新铁路推动货流向甘肃、新疆等内陆纵深腹地辐射。

表 6-4 中国不同年份海港城市和三大经济地带客货运输占比 （%）

	主要海港城市		东部地区		中部地区		西部地区	
	货运量	客运量	货运量	客运量	货运量	客运量	货运量	客运量
1988 年	30.7	22.3	61.55	50.2	27.0	31.6	11.5	18.2
1998 年	26.4	22.2	56.5	52.0	29.1	26.5	14.5	21.6
2007 年	21.5	20.0	49.2	49.4	32.6	27.3	18.2	23.3

(2) 客流分布格局变化

① 与货运分布以环渤海地区为中心、北重南轻的特点不同，客运分布格局明显具有南重北轻的特征。1988 年、1998 年和 2007 年三个年份形成了长三角、西南成渝地区、珠三角、武汉城市圈四个高密度客运中心，相比之下，北方地区仅形成辽东半岛、郑州地区和北京三个规模较小的客运中心。长三角和四川盆地的客运中心地位不断强化，山东半岛客运量提升明显，直至目前，长三角、四川盆地、珠三角和山东半岛成为最重要的四个客运中心区，其次是京津冀、辽东半岛地区。

② 主要沿海港口城市一直是区域客运中心。1988 年，辽东半岛、长三角沪苏浙沿海、福建沿海和珠三角四个地区海港城市客运相对比较集中；1988—1998 年，京津唐和山东半岛地区客流量提升明显，成为两个最重要的高密度客运中心区；到 2007 年，沿海省市已经形成一条贯通南北、连续不断的高密度客流隆起带。

③ 从客流流向来看，沿海省份和海港城市成为最主要的客运流入地区，而四川盆地、河南等区域则是客运流出中心。中部地区沿南北交通干线形成自北京，沿河北、河南、湖北、湖南，直到广东的不连续带状客流突起带。

2）海港在国家综合交通运输体系建设中的地位和作用

改革开放以来，中国交通运输体系获得巨大发展，空间格局发生了重要变化。各区域交通可达性普遍提高，交通运输对于区域经济发展的制约大大缓解，成为拉动区域经济增长的重要因素。20 世纪八九十年代交通干线运输能力曾严重不足，但目前沿海港口压船和堵塞局面已经扭转，以沿海大型港口、区域铁路枢纽、航空网络和重点管道线等多种现代运输方式组成的综合交通运输体系逐步建立。自 1980 年以来，东、中、西三个地带的交通线网分布趋向均衡化。铁路营业里程东部增加

9 528 km，中部增加 9 231 km，西部增加 8 112 km，增长率分别为 65%、39%、69%；公路里程东部增加 80 万 km，中部增加 101 万 km，西部增加 75.7 万 km，增长倍数分别为 2.82 倍、3.16 倍和 2.65 倍（张文尝等，2008）。

（1）港口体系变化

① 港口增加到 1 200 多个，规模以上港口约 120 个，尤其东南沿海港口增多，海港崛起；港口布局也从 20 世纪 80 年代环渤海和长江两大系统为主、东南海港较少，演化为海港称雄的格局，河港大为衰落。② 全国港口布局日趋成熟并稳定发展形成五大组合，北方围绕环渤海、华东围绕长三角、华南围绕珠三角分别形成大型海港群；此外，闽东南也形成小型海港群，长江形成西起重庆东至南通的港口带。③ 各区域枢纽港和支线港分化明显。枢纽港从新中国成立初的香港和上海双核格局趋于多元化。上海港是我国规模最大、影响范围最广的枢纽港，主要腹地集中于长江三角洲及长江流域，地位历经百年未变。环渤海地区的大连港、天津港和青岛港“三足鼎立”，分别为辽东半岛、京津冀和山东半岛枢纽港。广州港是华南地区和珠三角地区枢纽港，居全国第三；然而若考虑香港，则枢纽港为香港港。闽东南沿海区域港口发展相对均衡，枢纽港与支线港分离尚不明显，如厦门港的枢纽地位受到福州港和泉州港的挑战。香港港和上海港是全国性主枢纽港，形成“一南一北”格局。④ 长江港口呈不同特征，下游港口发展很快且规模较大，中游港口发展较快，上游港口发展缓慢。同时，其他水系港口开始发展，南宁、梧州、哈尔滨、佳木斯、徐州等港口规模较小。⑤ 规模较大的干线港开始形成，以宁波港和深圳港为突出，成为紧邻区域主枢纽港的副中心港，尤其集装箱运输深刻影响了全国港口体系；秦皇岛港为能源港，规模相对较大（管楚度，2000）。

（2）港—腹运输大通道建设带动综合运输网络变化

20 世纪 80 年代期间，我国交通运输能力严重不足，“六五”和“七五”交通建设围绕东部经济特区、沿海开放城市等外向型经济增势强劲、交通运输需求旺盛的地区展开。重点从“内地”转向“沿海”，通过国家财政以铁路和沿海港口为主，对山西等北方能源基地外运通道和东部繁忙干线进行改造。港口方面重点加强沿海枢纽港如上海、天津、大连、广州、青岛等新港区的开辟，增加外贸货物吞吐能力，大力建设秦皇岛、连云港等能源输出港和矿石输入港（如宁波北仑港等），并开发建设了深圳、营口鲅鱼圈新港等。

20 世纪 90 年代,全国大力建设由铁路干线、公路国道主干线及沿海水运组成的区际通道,高速公路建设突飞猛进。打通陇海线、兰新线和北疆铁路,以连云港为龙头组成新的欧亚大陆桥;开通京九铁路,虽然是南北走向,但却密切联系了北京、天津等大的经济中心和河南、安徽、江西等内陆省份与沿海经济特区、港澳的交通联系;建设连接北部湾出海通道和西南地区的南昆铁路,其货物发送量由 1998 年的 163 万 t 提高到 2007 年的 1 000 万 t(图 6-3)。自 1996 年开始,高速公路建设进度明显加快;水运方面继续加强沿海港口吞吐能力,重点发展了远洋运输、沿海南北大通道和长江干线水运通道。

21 世纪以来,全国综合交通运输体系逐步完善。建设、改造了"八纵八横"铁路干线网,大幅提升大秦、侯月等运煤通道的运输能力。近年来,又打通了青藏铁路,开通南京、武汉、九江等沿江铁路以及南京到西安等连接东、中、西三个地带的运输通道。我国受进出口大量原材料、初级产品等贸易影响,继续大力加强沿海主枢纽港口大型集装箱运输系统、专业化散货运输系统及主要港口出海通道的建设。上海国际航运中心建设取得重大进展,位于海上的大小洋山深水港区建成运营,提高了上海港在国际集装箱运输体系中的地位。相继完成了新疆塔里木到上海、浙江的油气管道网,并且建立了以直辖市、省会城市和重要地级市的航空网络。

目前,我国已经形成"五纵五横"十条综合运输通道(王庆云,2006):南北沿海运输通道有京沪、满洲里至港澳、包头至广州湛江、临河至防城港,东西出海运输通道有青岛至银川、陇海兰新大陆桥、沿江铁路、上海至瑞丽。"八纵八横"铁路主骨架:纵向通道包括京哈、京沪、东部沿海、京九、京广、大湛、包柳、兰昆,横向包括京兰、煤运北通道、煤运南通道、大陆桥、宁西、沿江、沪昆(成)及西南出海通道。"五纵七横"高速公路干线网:"五纵"为同江—三亚、北京—福州、北京—珠海、二连浩特—河口、重庆—湛江,"七横"为绥芬河—满洲里、丹东—拉萨、青岛—银川、连云港—霍尔果斯、上海—成都、上海—瑞丽、衡阳—昆明。值得注意的是,不论是南北走线还是东西走向的交通通道,沿海港口城市均成为重要起讫点,天津、上海、广州、深圳、福州、湛江、防城港等沿海港口城市成为联系东西、南北主要干线的枢纽城市。

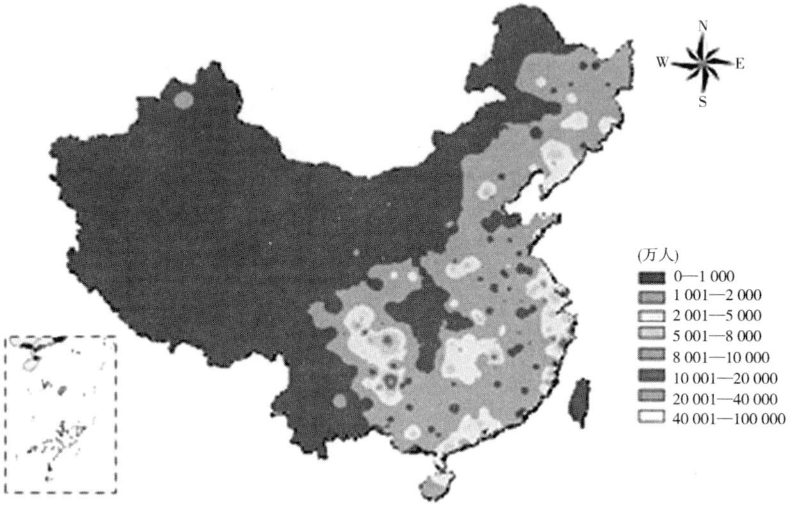

(a) 1988 年城市客运量空间格局

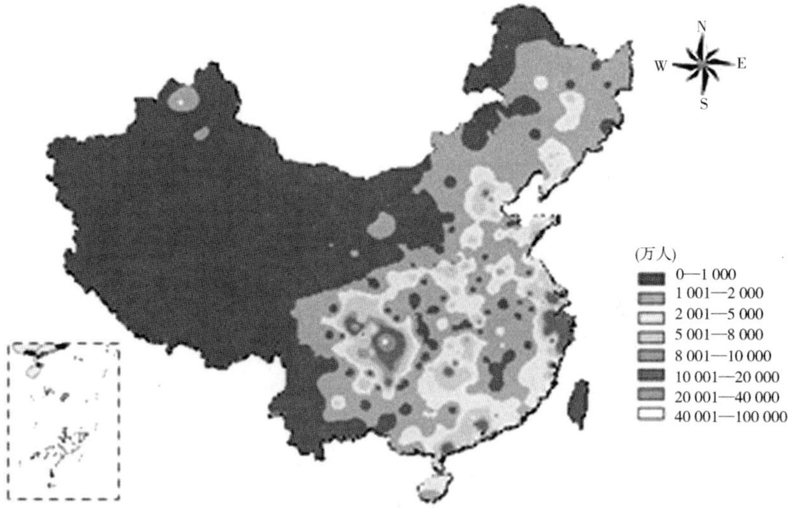

(b) 1998 年城市客运量空间格局

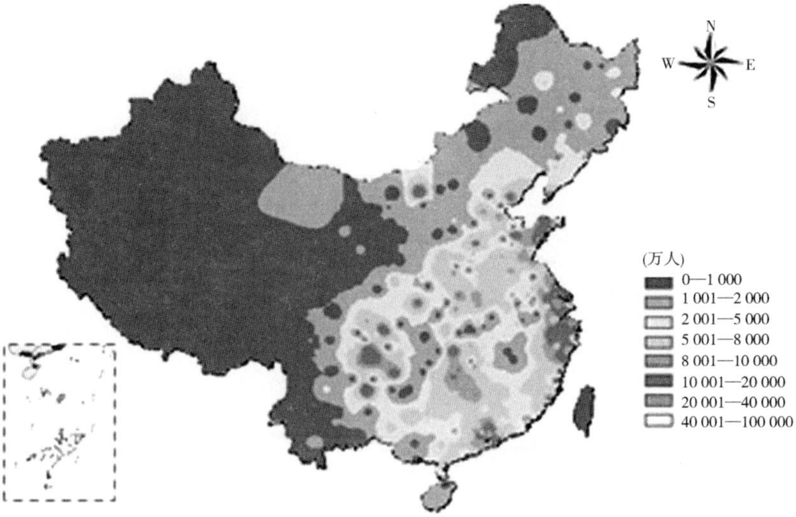

(c) 2007 年城市客运量空间格局

图 6-3 改革开放以来城市客运量空间格局变化(彩图见书末)

6.3.2 海港影响下的区域对外贸易格局变化

沿海港口形成之后,其贸易口岸的特性能对区域贸易特别是国际贸易格局产生"立竿见影"的空间影响。根据 1988 年、1994 年(1998 年数据缺)和 2007 年我国地级以上城市进出口总额分布变化,改革开放以来我国对外贸易分布格局变化表现为如下几个特征(图 6-4)。

(1) 20 世纪 80 年代,在经济特区和 14 个沿海开放的海港城市带动下,我国对外贸易主要集中在沿海地区,从丹东到海南岛的整个沿海地区形成连续分布的外贸经济带。相比之下,整个中西部地区仅有武汉、重庆、西安等个别区域中心城市对外贸易规模较大。此外,东北地区对外贸易规模也比较大。1988 年,东部沿海地区城市对外贸易总量为 853 亿美元,占全国的 96.9%,仅主要沿海港口城市就占全国总量的 92%,沿海港口城市是名副其实的"对外贸易城市"。中部和西部地区分别只占 1.8%和1.3%。在沿海地区内部,环渤海、长三角和珠三角地区分别占全国对外贸易总量的 22.6%、25.2%和 44.9%。

(2) 1994 年,全国地级以上城市进出口总额达到 2 453 亿美元,是 1988 年的 2.8 倍,同期沿海港口城市进出口总额占全国总量的80.2%。

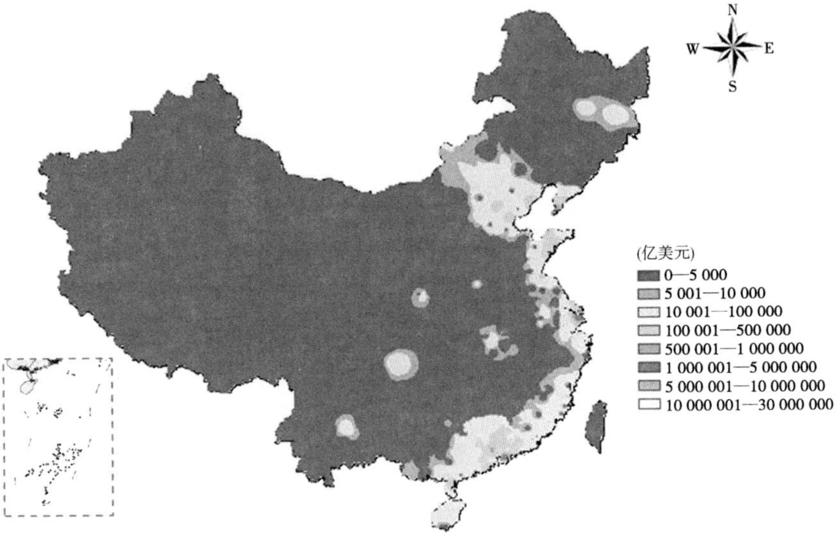

（a）1988 年城市对外贸易空间格局

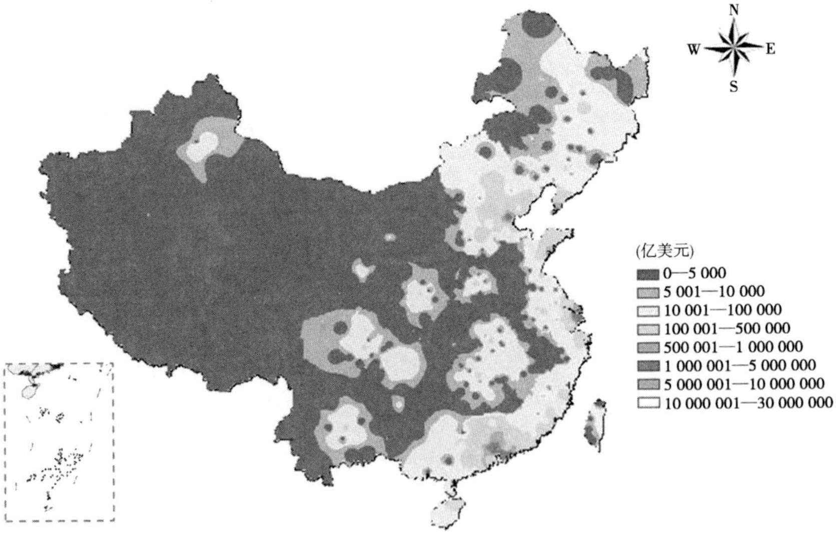

（b）1994 年城市对外贸易空间格局

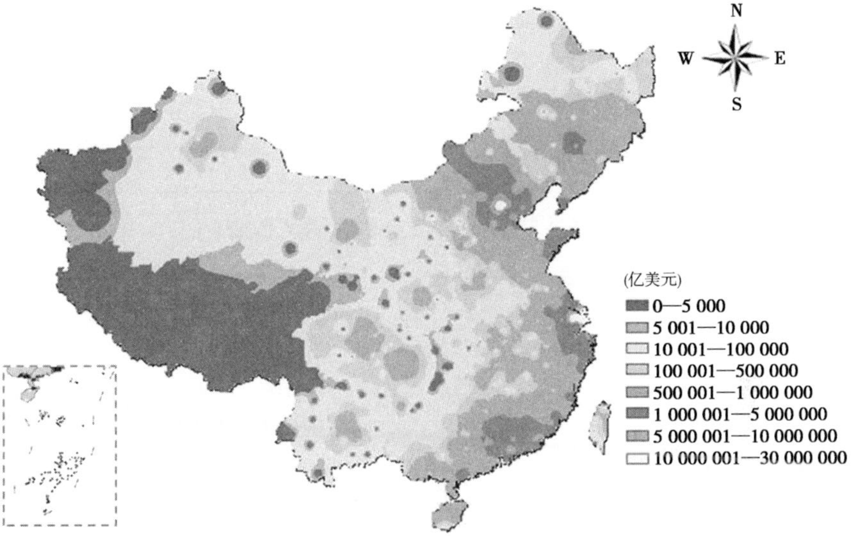

(c) 2007 年城市对外贸易空间格局

图 6-4 改革开放以来城市对外贸易空间格变化(彩图见书末)

东北地区的进出口总额大规模提升,武汉城市圈、郑州城市群、关中城市群和四川盆地形成各区对外贸易中心,昆明、兰州、乌鲁木齐等西部省会城市对外贸易增长较快。

(3) 2007 年,我国地级以上城市进出口贸易总额达到 22 131 亿美元,是 1988 年的 25 倍。主要沿海港口城市进出口贸易总额占全国的 53.4%,与 1988 年和 1994 年相比有大幅下降,但整个东部地带仍占据全国总量的 90.3%。这表明自 1988 年以来,中国对外贸易格局主要以沿海港口城市为中心在沿海省市内部扩散,虽然中西部地区的对外贸易增长稍大于沿海地区,但东部地区占控制份额的对外贸易格局并没有改变。京津唐、长三角、珠三角和山东半岛成为我国进出口贸易的四大中心,东北地区的辽宁和吉林对外贸易增长较快(表 6-5、表 6-6)。

表 6-5 中国不同年份海港城市和三大经济地带进出口总额及占比

(亿美元/%)

年份	海港城市	东部地区	中部地区	西部地区
1988	813(92.4)	853(96.9)	16(1.8)	12(1.3)

续表 6-5

年份	海港城市	东部地区	中部地区	西部地区
1998	1 968(80.2)	2 276(92.8)	117(4.8)	60(2.4)
2007	11 811(53.4)	19 992(90.3)	1 639(7.4)	499(2.3)

表 6-6　我国进出口贸易总体结构变化 (%)

外贸项目		1985 年	1990 年	1995 年	2000 年	2005 年
出口	一般贸易	86.8	57.1	48.0	42.2	41.4
	加工贸易	12.1	40.9	49.5	55.2	54.6
	其他贸易	1.1	1.9	2.5	2.6	4
进口	一般贸易	88.2	49.1	32.8	44.5	42.4
	加工贸易	10.1	35.2	44.2	41.1	41.5
	其他贸易	1.7	15.7	23.0	14.4	16.1

(4) 从各省市总量来看,2007 年广东、江苏、上海进出口总值最多,三省市合计占全国进出口总值的 58.27%。而改革开放初期的 1980 年,上海、辽宁、广东进出口总值占全国的比重分别居前三位,三者合计占全国总量的 57.57%。改革开放初期,上海、辽宁、山东等老工业基地是我国商品出口基地,其中广东是通过海港城市经济特区最早实现改革开放的省份,也最早发展成为我国的商品出口基地;然而广东进出口总值占全国总量的比重并不是很高,只有 13.2%。但是随着改革开放的推进,广东省外向型经济发展很快,外商投资迅速增长,各种“三来一补”工业蓬勃发展,自 1986 年起成为我国最大的进出口贸易基地,占全国进出口总值的比重最大的年份是 1991 年,为 47.99%。1992 年后,随着外资向北扩散,广东进出口总值占全国总量的比重有所下降,但是仍然是我国最大的商品进出口基地,2007 年商品进出口总值占全国的 29.18%,远远高于第二位的江苏。自 20 世纪 90 年代以来,江苏、上海、浙江、山东、北京等地区进出口贸易发展比广东更快,广东所占的比重逐渐减少,进出口贸易在东部沿海地区逐渐扩散,从而使得全国外贸集中指数减少(图 6-5)。

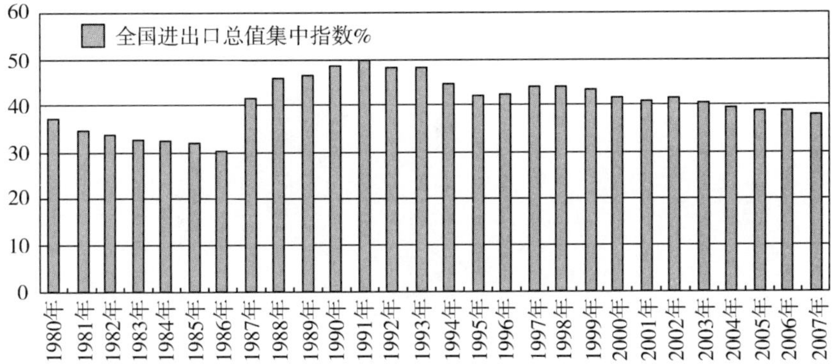

图 6-5 我国进出口总额集中指数变化

6.3.3 海港影响下的区域产业格局变化

1）外商直接投资的空间分布变化

改革开放以来我国外商直接投资分布变化最明显的特征是：从1988—2007年，外商直接投资主要以沿海省市为中心逐渐向中西部地区扩散，其中，以经济特区和沿海开放城市为主的海港城市成为外商直接投资的首选区位（图 6-6）。

（1）1988年，全国所有地级以上城市吸引外商直接投资为25亿美元，其中，仅主要海港城市就达到13亿美元，占全国总量的52.8%，而整个东部沿海地区则占全国91.5%的份额。在沿海地区内部，36个沿海港口城市占115个外商直接投资城市投资总额的57%。北京、上海、广州、深圳成为外资分布最集中的四个城市，它们吸引的外商直接投资分别达5.0亿美元、3.6亿美元、2.9亿美元和1.3亿美元，在全国形成了以北京、上海和广州、深圳为中心的四个外资集中分布地区，辽东半岛、山东半岛和福建沿海紧随其后，这时的东部地区外商直接投资沿海带状分布的特征已经很明显。以沿海区域中心城市、经济特区和沿海开放城市组成的海港城市带成为吸引外商直接投资的主力，然而受经济特区、沿海开放城市在东南沿海分布集中，且20世纪80年代对外开放政策差异化效应明显的原因，珠三角、长三角和京津冀分别占全国的比重为36.1%、21.4%和19.7%，由南向北逐渐降低。吸引外商投资最多的十个城市中珠三角城市就有五个。此外，中西部地区在武汉、关中和四川分别形成几个规模较大的外商投资集中区。

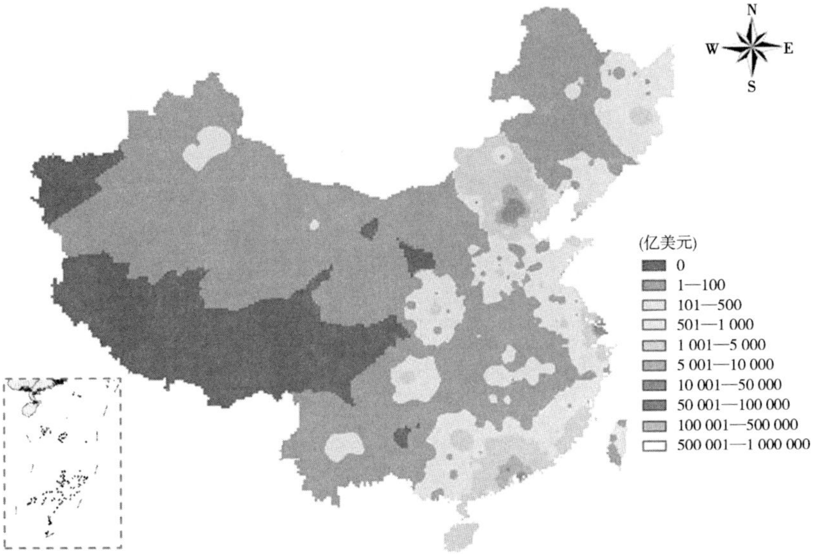

(a) 1988 年城市外商直接投资额分布格局

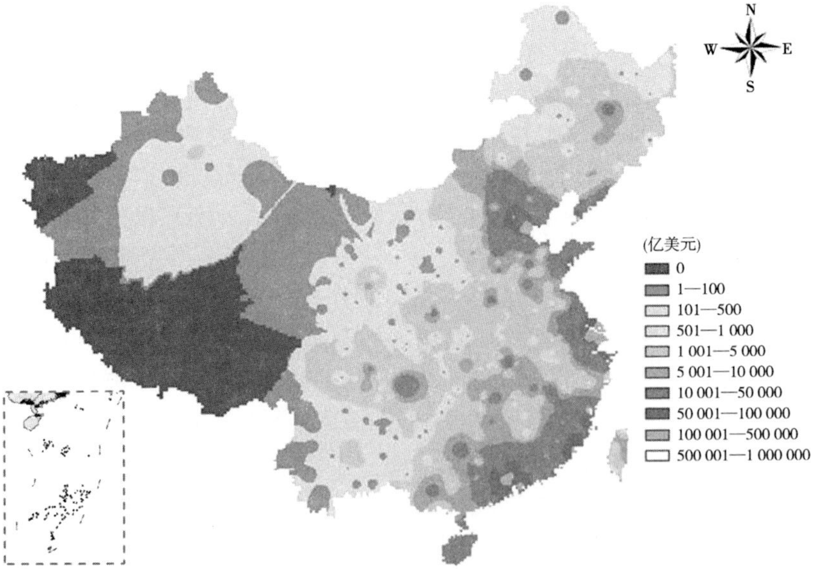

(b) 1998 年城市外商直接投资额分布格局

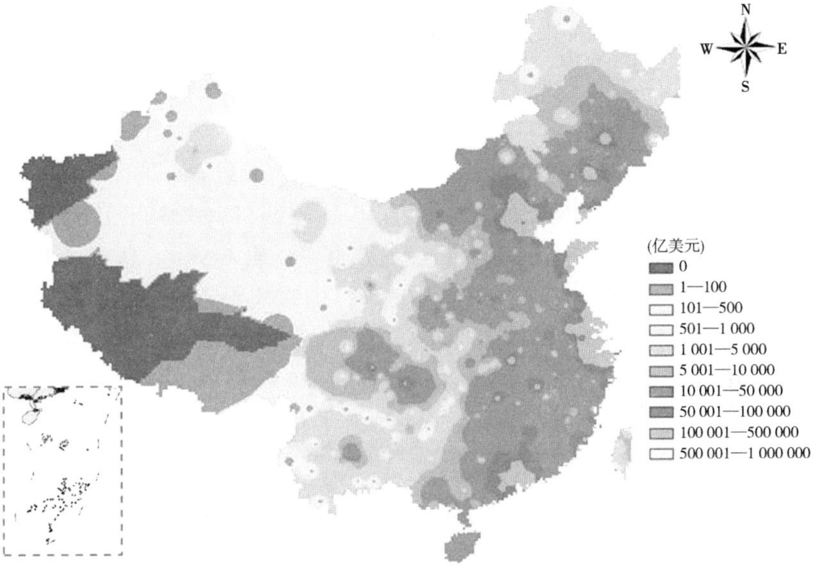

(c) 2007 年城市外商直接投资额分布格局

图 6-6 改革开放以来各城市外商直接投资分布格局变化(彩图见书末)

(2) 1998 年,外商直接投资的地域分布大大扩展,全国除西藏和新疆、青海等少数边远地区外都吸引了一定数量的外资金额,总量达到 427 亿美元。东部地区城市吸引的外资占全国总额的 89.1%,虽然所占份额有小幅度下降,但其对外资的吸引仍处于垄断地位。主要沿海港口城市外商直接投资额占全国总额的比重为 62.4%,吸引了东部地区 70%的外资,海港城市作为外商投资中心的地位得到加强,占据了在区域经济发展中的绝对资金优势;与此同时,跨国公司将海港城市作为对外投资的枢纽,展开对整个区域投资和生产网络布局。从 1988—1998 年的十年中,外商直接投资进一步在沿海港口城市特别是大型沿海港口城市集聚,排名前十位的城市分别是上海、天津、广州、苏州、深圳、厦门、大连、佛山、北京、福州,其中只有北京和佛山不是沿海港口城市,北京作为首都对外商投资的吸引度大大下降,总量还不如厦门和大连等海港城市。外商投资排名前十的海港城市分别是上海、天津、广州、苏州(太仓港发展为长江河口港)、深圳、厦门、大连、福州、惠州、汕头,其总量占全国的 45.6%。

(3) 2007 年,全国外商投资的地域分布更为广阔,中部地区的投资强度和比重大幅提升，东、中、西三个地带的外商投资额分别占全国总量的77.2%、18.8%和4.1%。除西藏外全国各省区都有大量外资投入。虽然东部地区作为外资投入主体的格局没有改变，但1998—2007年，东部地区比重明显下降，中部地区则大幅上升。沿海主要港口城市占全国比重也下降到44.8%，同期占东部地区总额的58.0%；而排名前十的海港城市的外资总量占全国总量的33.6%。这表明外商投资正围绕大型海港城市向周边地区和中部区域中心城市扩散（表6-7）。从投资规模和强度上看，第一层次是辽东半岛、京津冀、山东半岛、长三角和珠三角沿海地区，五个外商投资中心区域投金额占全国总量的41.2%，其中长三角、环渤海和珠三角区域的外商投资额分别占全国总量的19.5%、13.4%和8.3%。

表6-7　中国不同年份海港城市和三大经济地带外商直接投资及占比

（亿美元/%）

年份	全国	海港城市	东部地区	中部地区	西部地区
1988	25	13(52.8)	23(91.5)	1.4(5.4)	0.7(3.1)
1998	427	267(62.4)	381(89.1)	35(8.3)	11(2.6)
2007	1 237	554(44.8)	955(77.2)	232(18.8)	50(4.1)

2）工业布局的区域差异及其变化趋势

从新中国成立后到改革开放前，我国的大型工业项目布局具有明显的内向型倾向。通过“三线建设”等方式大大扭转了解放前工业布局集中于东部沿海大城市的畸形空间结构，在东北三省、中西部的成都、重庆、西安、太原、郑州等内陆中心城市布局了多项钢铁、汽车等大型工业项目，从而形成了一些较大规模的内陆工业城市。

改革开放后，在对外开放政策引导下，原本就具有交通、产业基础、技术和人才优势的沿海城市的工业发展潜力得到释放。从1988—2007年，东、中、西三个地带的工业规模差距逐渐拉大，东部地区所占比重从66.7%增加到73.2%，主要沿海港口城市占全国的比重从33.4%增加到37.45%。与交通运输、对外贸易和外商直接投资不同，虽然东部地区工业总产值仅占全国的1/3，但其比重却是处于一种上升的态势，与前者的下降趋势形成鲜明对比。同时还应该看到，这样的比重是在东部地区产业结构逐步服务化的情况下取得的。其中，主要海港城市占全国比重也从 33.4%上升到 37.4%，这充分说明，与交通运输、对外贸易和外商直接投资在东部地区和沿海城市比重逐步下降和围绕海港城市呈现空间扩散态势不同，工业布局的态势是逐步向东部地区和沿海港口城市集聚。

(1) 1988 年，我国地级以上城市工业总产值为 10 634 亿元。其中，东部地区为 7 097 亿元，占 2/3；而 36 个主要沿海港口城市的工业总产值占了全国的 33.4%，占整个东部地区的一半。此外，在分布形态上，中西部地区较大规模的工业城市呈明显的点状分布，而沿海地区和东北地区的工业城市呈现块状连片分布。在全国范围内，形成了环渤海、长三角和珠三角、东北地区四个区域性工业集中区。环渤海地区明显分为辽中南、京津冀和山东半岛三个块状格局。长三角、环渤海和珠三角三大沿海地区工业总产值分别占全国的 28.9%、26.2%和 8.4%，总量占了东部地区的 95%。上海、天津、苏州、广州、青岛、宁波、大连、南通是沿海港口城市中工业总产值最高的八个城市，其工业总产值占沿海港口城市的 70.2%，可见工业在海港城市内部的集中化程度相当明显(表 6-8)。

表 6-8　中国不同年份海港城市和三大经济地带工业总产值及占比

（亿元/%）

年份	全国	海港城市	东部地区	中部地区	西部地区
1988	10 633	3 552(33.4)	7 097(66.7)	2 407(22.6)	1 130(10.6)
1998	56 950	21 877(38.4)	41 292(72.5)	10 602(18.6)	5 055(8.9)
2007	392 787	146 857(37.4)	287 522(73.2)	74 169(18.9)	31 095(7.9)

(2) 1998 年，我国地级以上城市工业总产值为 1988 年的 5.4 倍，达到 56 950 亿元。其中，东部地区占全国总产值的 72.5%，仅沿海主要港口城市就占全国总产值的 38.4%，比 1988 年提高了 5%；与此同时，中部地区的比重从 1988 年的 22.6%下降到 18.6%，西部地区仅为 8.9%。在分布形态上，整个东部地区的工业化得到整体提升，成为名副其实的工业地带；而中西部地区则在中原地区、关中地区、武汉周边和四川盆地出现了若干集中分布的工业化城市群，工业化呈现明显的块状分布格

局;西北地区大规模的工业城市仍呈点状分布。在沿海港口城市内部,上海、广州、天津、深圳、苏州、宁波、大连、烟台前八个城市占沿海港口城市的 68.5%。

(3) 2007 年,全国地级以上城市工业总产值达到 392 787 亿元,是 1998 年的 6.9 倍、1988 年的 36.9 倍。其中,东部地区城市总量为 287 522亿元,占全国的 73.2%,仅主要沿海港口城市就占 37.4%。从全国总体来看,分成了明显的五个层次。第一层次是京津唐、山东半岛、长三角中心区(上海与苏南、浙东)、珠三角中心区,呈块状集聚状态。这四个地区的 18 个沿海港口城市工业总产值占全国的 31.1%,占主要沿海港口城市的 83.3%。第二层次是围绕这四个中心的沿海地区,成面状环绕分布。第三个层次是内陆大的区域中心城市,如重庆、成都、哈尔滨、长春、武汉、西安、郑州、长沙等分别成为规模较大的区域工业中心。第四个层次是广大的中部地区城市,整体工业规模高于西部城市。第五个层次是西部边远地区城市,工业规模比较小(图 6-7)。

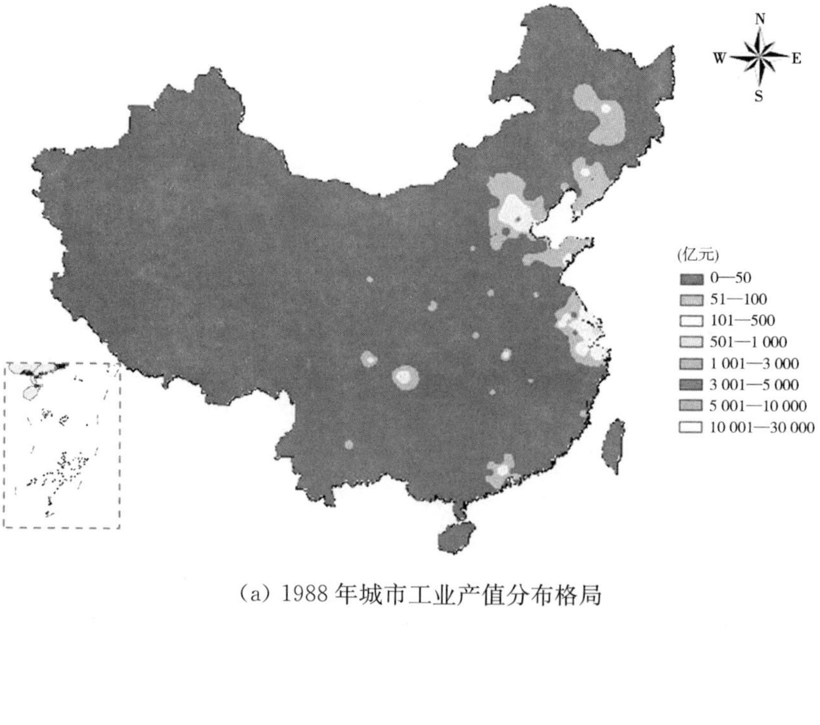

(a) 1988 年城市工业产值分布格局

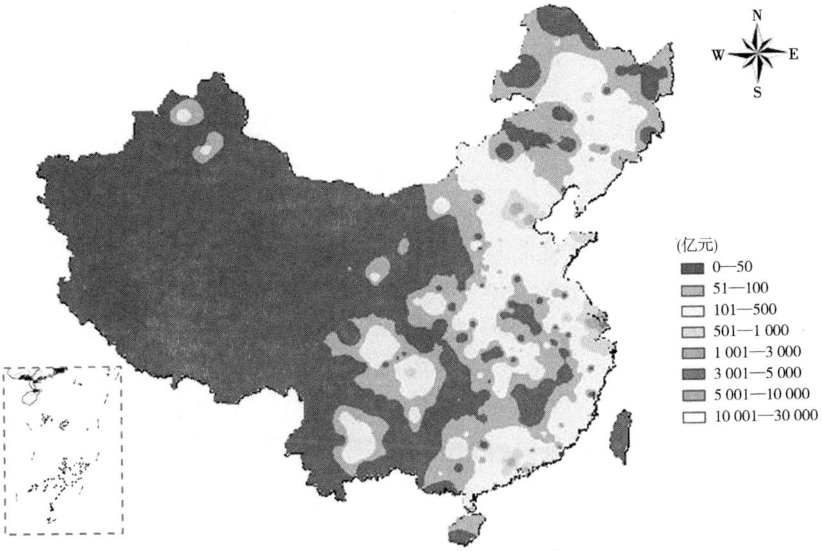

(b) 1998 年城市工业产值分布格局

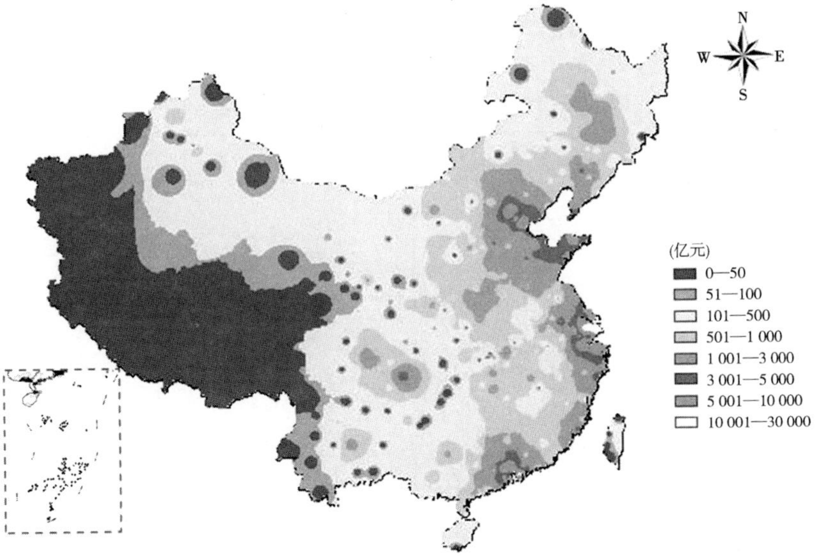

(c) 2007 年城市工业产值分布格局

图 6-7 改革开放以来城市工业产值分布格局变化(彩图见书末)

6.4 中国海港空间效应的作用机理分析

6.4.1 海港对区域交通运输的地域空间影响

港口在区域运输中的重要作用源于海运在国际贸易中扮演的重要角色。资源运输为海运的重要部分，特别是随着集装箱和船舶大型化的发展，海运运行高效化和低成本化的优势越来越明显。20 世纪 90 年代后，随着国际政治格局的改变，经济全球化进程加快，国际贸易发展迅速，海运业在这时成为国际贸易发展的助推器，是各国发展外向型经济的主导因素之一。2007 年，世界经济总量(GDP)达到 54 万亿美元，世界贸易总量(进出口额)达到 34 万亿美元，而国际货物贸易的 85%均是依靠海运完成。

西方学者塔弗曾总结了发展中国家以沿海港口为中心基点的区域运网扩展模式，可以很好地解释海港的形成、发展对区域交通运输的影响(Taaffe et al,1963)。根据金凤君等(2004)的研究，新中国成立以来我国铁路网的发展与塔弗归纳的高级阶段发展形态趋同，同时，也具有自身明显的独特性(图 6-8)。① 铁路网初期的扩展动力来自于港口与内地联系的需求、最高行政中心与各个行政辖区联系的需求两方面。港

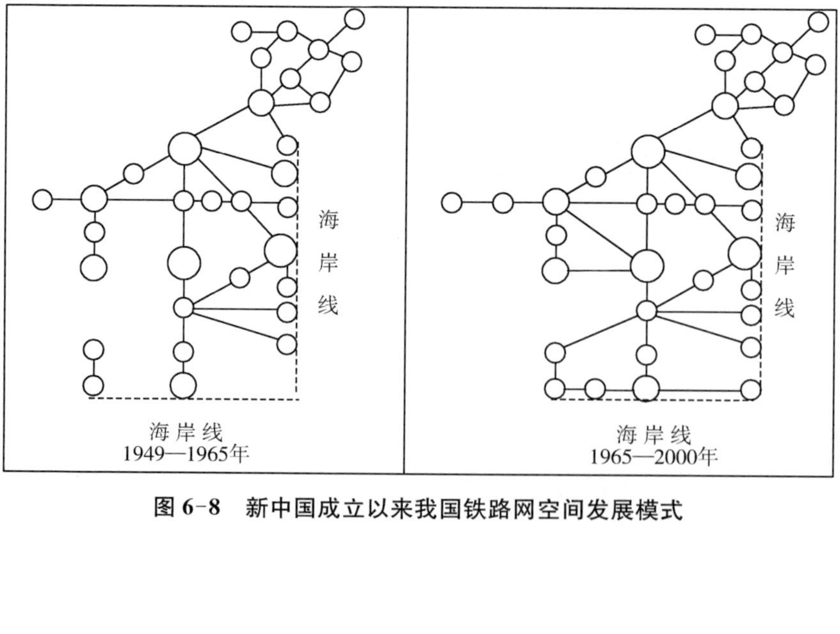

图 6-8 新中国成立以来我国铁路网空间发展模式

口或外向型经济在改革开放前对中国铁路网络扩展与延伸的推动力比较薄弱，后来显著增强。② 围绕核心区域扩展是中国铁路网发展的空间特征。③ 内陆式扩展是路网扩展的空间轨迹。诸多铁路是内陆向港口的连接，而不是港口向内陆的延伸。

总体来说，改革开放以来，海港发展对我国区域交通运网的影响巨大，只不过这种影响突出的表现为对交通运网“向海扩展”的拉动效应与塔弗(Taaffe)模式的腹地运网由海港向内陆扩展方面恰好相反，从而最终形成了具有全国意义的多条港—腹运输走廊。这些走廊控制着全国的主要经济中心、能源基地和对外贸易通道，并以沿海港口和主要经济中心为起讫点，进而在对外贸易和外向型经济的推动下，促使客货流向沿海地区和港口城市日趋集中。

其原因有三：第一，我国改革开放前的经济布局和大型工业项目内向型分布明显，铁路作为国内大宗货运的主力，主要任务是满足国内建设需求。因此，以区域经济中心和原料地为节点的铁路线网可能得到优先发展。第二，我国在改革开放初期特别是经济特区和沿海港口开放城市的设立，其首要目的是吸引外资、技术和积累经验，其重点是对外贸易。因此，沿海港口城市在获得政策优势、突出“口岸”优势之后，最显著的变化是对外贸易活跃，从而逐渐产生了大量的运输需求。事实上，20世纪八九十年代，我国沿海港口吞吐能力和集疏运能力一直比较落后，港口堵塞现象严重，在这种情况下，推动了大秦、陇海—兰新、朔黄、沿江、京广、京九等连接港口与腹地大动脉的建设和改造(表 6-9)。第三，我国的煤炭、石油和铁矿石等能源、原材料分布地比较集中，而海港则遍布在从南到北的漫长海岸线上。大宗货物运输通道事实上形成了一个明显的从能源基地向周边区域“放射”的现象，进而在需求的带动下进一步向海延伸。

表 6-9 中国重要港—腹铁路干线沿线概况 (个)

交通走廊	城市	大城市	省会	地级市	国家级高新园区	国家级经济开发区
陇海—兰新	37	8	4	13	6	5
京广	41	13	6	19	8	2
京沪	29	13	5	14	8	2

续表 6-9

交通走廊	城市	大城市	省会	地级市	国家级高新园区	国家级经济开发区
哈大	17	7	3	6	5	5
胶济	10	4	1	3	3	1
浙赣—湘黔	28	5	2	13	7	2

6.4.2 海港对区域对外贸易的地域空间影响

从全球经济贸易的分布规律看，世界出口贸易量最大、经济贸易最发达的地区几乎都位于北三洲中纬度沿海地带，如美国与加拿大交界处的大西洋和五大湖沿岸经济贸易区。国际贸易的开展和扩散主要依靠的是经济流通渠道，而海港城市凭借地理位置的优势，具有开展国际间贸易交往的天然便利条件，从而在外向化发展过程中成为进出口贸易联系的第一站。

在传统的计划经济体制下，我国地区之间、城乡之间处于相对隔绝的封闭状态，经济联系基本是以行政中心为主的向心联系，形成了行政经济区的联系格局(周克瑜，1999)。自改革开放以来，市场经济体制的逐渐建立与对外开放领域的不断扩展改变了经济联系的空间格局，传统中心区位城市的发展优势让位于门户区位城市(周一星，1998)。沿海港口城市在口岸开放下，通过外贸引擎带动东部地区和全国外向型经济发展，加上我国区域中心城市以内陆城市居多，促使经济、行政中心与外贸窗口分离。其直接结果有两个：第一，大大推动了沿海地区“三来一补”、“两头在外”的转口贸易和加工贸易迅速发展，导致我国大多数沿海港口城市在2000年前的产业结构逐渐以轻工业为主，催生了一大批轻工业城市和纺织、服装、玩具等轻工业品牌。第二，沿海口岸中心、内陆产业中心特定的交通与商业通道在对外贸易的拉动下连为一体，对外贸易和沿海外向型经济拉动人流、物流、资金流、技术流和信息流等生产要素逐步向沿海地区特别是大型沿海港口城市集中。

对外贸易是对外开放的主要内容之一，它关联到生产、流通等各个领域(徐立青等，1996)，对地域有较强的依赖性。地区之间的外贸货物交流是依托交通运输网络、以对外经济联系为目的的一种空间经济联系。以大连、天津、青岛、上海、广州、深圳为出海口，依托主要交通干线形成多条对外联系主干线,是沟通沿海和内地对外联系的主要通道。改革开放之初,东南沿海地区外向型经济发展更突出,北方则相对落后。随着我国对外贸易地区的不断拓展,这种局面已经在逐渐发生变化,北方的开放度也越来越高。根据各地对外贸易联系的主要方向,我国目前形成了四大对外经济联系区,它们是以大连为中心的东北区,以天津为中心的黄河流域区,以上海为中心的长江流域区和以广州、深圳为中心的华南区。沿海港口城市海关对省域的吸引强度由沿海至内地逐渐降低,本地海关的作用则加强。山东和福建是两个相对独立的对外经济联系区(周一星等,2000)。

6.4.3 海港对区域产业集聚的地域空间影响

1)海港区位对跨国投资的吸引

跨国公司(Multinational Corporations)是经济全球化发展的先驱和主要推动力。跨国公司,从广义而言是指在多个国家拥有或控制增值经济活动的公司,包括开发研究、生产和销售活动。跨国公司之所以在全球化经济中发挥重要作用是因为它们可以:① 协调和控制位于不同区位的属于同一生产链中的不同功能;② 充分利用生产要素(如自然资源、资本和劳动力)与政府政策(如税收、贸易壁垒以及投资补贴等)的国别差异;③ 在全球范围内配置资源,将自身的所有权优势、内部化优势与东道国区位优势结合(Dicken,1998)。

根据联合国贸易与发展委员会(United Nations Conference on Trade and Development,简称 UNCTAD)的估计,全球目前一共有 6.5 万多个跨国公司,控制着 85 万多个子公司。外商直接投资(Foreign Direct Investment)是跨国公司参与国际化生产的一个主要途径。中国的外商直接投资主要包括合资企业、合作企业以及独资企业等。1990 年,跨国公司国外子公司直接雇佣劳动力达 2 400 万,至 2001 年增长到 5 400万人;其总销售额达到 18.5 万亿美元,超过世界出口总额的两倍;对外直接投资存量从 1990 年的 1.7 万亿美元增长到 2001 年的 6.6 万亿美元。目前,跨国公司国外子公司直接生产全球 1/10 的 GDP,直接贡献世界总出口额的 1/3。而且,跨国公司经济活动如外商直接投资、总销售额、总产出、总资产、总出口等的增长速度远远快于全球的经济增长。

UNCTAD 曾将 2000 年的经济实体(包括国家或地区和跨国公司)

的增加值总额进行排序，在前 100 名里有 29 个经济实体是跨国公司。这意味着大型跨国公司大于许多国家的经济规模，因而大型跨国公司投资的区位选择在很大程度上影响着国际贸易分布和区域产业布局。2007 年，全球跨国公司销售总额达到 31 万亿美元，外国子公司附加值约占全球国内生产总值的 11%，雇员人数增加到 8 200 万；在发展中国家和转型经济体中，外商直接投资流入量前三甲分别是中国大陆、中国香港和俄罗斯联邦，并且这三个经济体的外商直接投资存量超过 15 万亿美元。中国的外资流入量在 2008 年增长了 30%，成为全球第三大外资吸收国。

沿海港口城市之所以成为跨国公司对外投资的首选区位，是由于其独特的区位优势所形成的。① 运输成本优势和物流效率。海港作为水陆交通转换节点，可大大降低货物二次转运和装卸成本，以沿海港口为枢纽的综合物流体系大大节约商品的运输和库存成本，从而使包括各种大宗货物在内的商品都具备可贸易性，为产业集聚的形成创造条件。② 牛鞭效应大大减轻。现代港口的信息中心功能可将下游的需求信息不经过供应链上的主体放大效应而直接传递至上游生产商，最大限度地克服牛鞭效应（贝毅等，1998）。③ 接近市场。沿海港口既有来自于区域内部的巨大市场需求，还是区域内外市场的接口。对腹地企业来说，港口是通向外部市场尤其是海外市场的通道；对国际投资来说，临港地区是进入东道国市场的入口。④ 政策优势。由于沿海港口作为区域门户城市的“口岸”功能，从发达国家到发展中国家，普遍将其作为对外贸易的窗口，制定相对内陆城市更宽松的贸易政策、税收政策和投资政策，发展自由贸易区和临港开放区，我国改革开放以来更是如此（惠凯等，2006）。跨国公司将海岸带临港工业和海运物流的发展作为全球化生产和经营过程的重要环节，依靠先进的通信技术，与全球范围内的原料地、国内外产品市场紧密联系，形成海岸带全球化大生产格局（田汝耕等，2004）（图 6-9）。

另一方面，国际分工经历由产业间国际分工到产业内分工，再到产品内国际分工不断深化的历程。当代国际生产体系的最新特点是生产不仅仅局限在一个国家或地区，而是把产品的生产分割成若干环节分布在具有专业化比较优势的不同国家或地区，于是就形成了生产分割（Fragmentation of Production）的格局。产品价值链的分解带动了生产分离，并促使价值链上的特定生产环节按地理重新布局。在这种情况

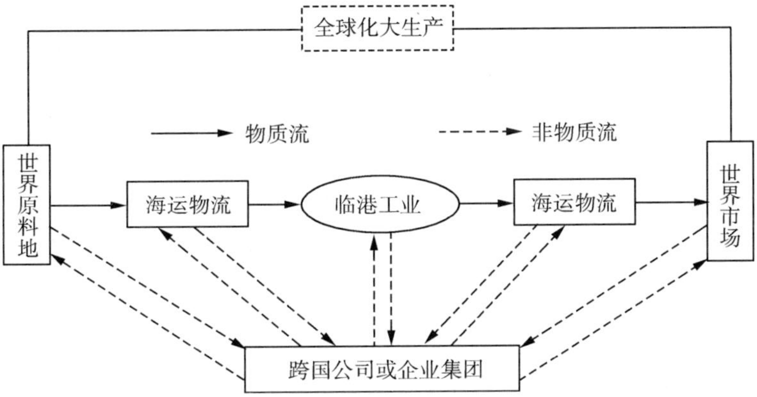

图 6-9 海岸带全球化大生产格局

下,跨国公司倾向于将企业生产和经营网络放到更广阔的全球空间来开展,其生产、销售和供应链网络构建的核心要点就是具有快速反应能力,这种需求也促使沿海港口特别是枢纽港口成为其区域网络运营的中枢。

跨国公司在进入中国市场的早期阶段,倾向于选择拥有便利港口资源、低廉劳动力成本和政策优势的沿海港口城市,因此,经济特区和沿海港口城市集中分布的珠江三角洲地区成为跨国投资的主要地区。然而,随着中国经济的快速发展,特别是长江三角洲地区的崛起,跨国公司调整了在中国的投资战略,逐渐将投资的重心由珠江三角洲地区转向长江三角洲地区(吴先明等,2007),进而向整个沿海地区和内陆中心城市扩散。

2) 临港产业集聚机制

根据国内外研究总结临港产业集聚规律,主要有以下四方面:

第一,临港产业体系及其与海运的关系。

(1) 临港产业泛指布局于港口及周边区域内,依托港口资源优势催生发展的产业群。它是以港口为中心,以城市为载体,以腹地为依托,以产业为支撑,以综合服务为配套的开放性产业体系,具有产业形态和投资规模大、资金密度和科技含量高、产业布局和生产要素集聚、产业链相互关联、生产建设成本低等鲜明特点。根据相关产业与港口的关联程度,可以将其分为港口直接产业、港口共生产业、港口依存产业和港口关联产业。各主要产业工业增加值与水运的关系如表 6-10、表 6-11 所示。

（2）不同临港产业在不同临港距离、上下游产业联系及空间集聚作用下，形成具有港口产业特色的空间组织模式，从而对周围地域产生巨大的空间作用。港口产业在不同发展时段上的演变反映在地域空间上，就会出现围绕核心港口呈现类似同心圆一样的“波浪”式扩张，从里到外依次为共生产业、依存产业和关联产业。而且不同产业空间扩张能力是不同的，与港口的关系越密切的产业对港口的依赖性越强，摆脱港口的空间扩张能力就越弱。一般而言，关联产业空间扩散能力要大于共生产业和依存产业等的空间扩散能力。港口不同产业在地域空间上的“波及效应”对周边区域的社会生活、经济结构、城市建设、土地利用等产生深刻影响（赵鹏军等，2005）。

表 6-10　临港产业种类及特点

种类	特点
港口直接产业	主要指以港口装卸运输功能为主的装卸主业
港口共生产业	指与港口装卸主业有着紧密联系的海运业、集疏运业、仓储业等综合物流产业
港口依存产业	指凭借港口综合条件而形成的石化、钢铁、电力等大型加工业以及船舶修造、粮油加工、木材加工、水产品加工等制造业和加工业
港口关联产业	指与以上三类产业相关的金融、保险、商贸、娱乐等服务业

表 6-11　水路运输作为投入因素对不同类型工业活动的重要性比较

产业分类（SIC 标准）	水运成本占工业增加值比重（%）	水运相对重要性
石油提炼及相关产品	2.600	11.47
原油与天然气	1.900	8.32
农用化肥和化工产品	1.700	7.39
粗钢生产	1.600	6.95
塑料与合成材料	1.200	5.38
食品与类似产品	1.000	4.44
煤气生产与分销	1.000	4.36

续表 6-11

产业分类(SIC 标准)	水运成本占工业增加值比重(%)	水运相对重要性
石材与黏土产品	0.500	2.38
电力服务	0.500	2.05
金属矿石开采	0.300	1.46
通用机械设备	0.015	0.07
烟草产品	0.005	0.02

注:相对重要性的平均值是1,根据所有工业活动计算而得。

第二,临港产业二次集聚引发三种区域效应。

(1) 二次集聚过程。① 一次集聚。在“临港优势”推动下,相关产业向沿海和临港地区集聚即为第一次集聚,主要体现“临港优势”的一般性,即沿海和临港地区相对于内陆地区在产业集聚中的优势。临港产业具有高度的开放性。改革开放政策的推动与20世纪80年代海外华人经济体低端制造业对廉价劳动力资源的需求引发的加工贸易产业转移相结合,加速了沿海港口城市及临港地区市场创造模式的产生,广东、浙江等一大批专业镇形式的外向型加工贸易产业集群逐步发育。因此,临港产业集群是在地区开放过程中逐渐形成的,对外部市场资源的吸引和整合是临港产业集聚的主要途径(惠凯等,2006)。② 二次集聚。由于新的港口不断涌现,逐渐形成一条复杂的港口带,港口之间的竞争日益激烈,逐渐产生了枢纽港、支线港、能源专业港等规模和功能的差异化。各沿海港口在区域港口体系演变中的地位变迁和功能分异促使临港产业集聚加速向少数枢纽港集中。第二次集聚体就是临港产业在个别港口尝试和临港地带集聚,反映了临港优势的差异性和特殊性。产业分工与互动、上下游联系和规模经济促使这种集中加速进行。

(2) 临港产业集群的形成。通过二次集聚,加速了临港产业集群的形成。产业集群是指在某一产业领域相互关联的企业及其支撑体系在一定区域内大量集聚发展,并形成具有持续竞争优势的企业群落。产业集群的经济学意义在于突破狭义的“企业”概念,使各行业分散的企业为追求集群效应,各自经营,共谋创新,优势分享,在竞争中合作,从而提高协作配套能力,降低综合成本,增强竞争力,实现企业组合条件下的规模经济。在国内,凡是临港工业发展较快、较好的地方都呈现或采取产业集聚态势。如宁波市以石化、钢铁、修造船、造纸、汽配、能源为重点的六大临港工业群；在上海港、深圳港、天津港等港区，一批以培育石化、机械、国际贸易、仓储、物流加工、新材料、高新技术产业为特征的港口产业集群也正在形成。

（3）临港产业集群产生的三种区域效应。① 规模效应。临港产业大量在港口毗邻地区集聚具有不可比拟的规模效应，这种规模效应来源于公共设施共享、产业联系和信息的流通，易于降低交易成本，增加市场机会，提升企业的反应能力。临港产业集聚往往形成区域品牌和整体优势，以企业群的面貌参与市场竞争，从而产生巨大的外部经济效益。② 创新效应。临港产业集聚易于形成专业的产业集群，具有极强的自组织学习能力和技术创新能力，各类技术创新通过产业分工协作及多项产业链内的技术联系扩散在不同的层次上而引起经济增长以及临港产业区发展。③ 乘数效应。港口经济具有极强的综合性和关联性。由于临港产业内部存在的多种产业关联，往往使某一个主导产业、企业的变化或大型工业项目的建设引起周边配套产业进行相应的调整和改造。主导产业的一个技术创新往往带动整个产业链上的所有产业进行变革，从而产生巨大的乘数效应。

第三，大型海港—产业综合体的发展与布局。

大型港口是当代世界生产力沿海布局的重要表现形式之一。相关研究表明，大型港口—工业综合体可分为港口与重化产业综合体、港口与贸易加工区综合体两种类型（陈有文等，2008）。

（1）大型港口、重化产业综合体的空间布局形态。大型重化产业具有明显的运输指向性特征，因此，减少港口与产业区之间的转运环节、缩短运输距离以尽量降低物流成本是大型重化产业布局的重要引导性因素。国内外大型港口与重化产业综合体的布局实践表明，其空间结构一般呈现紧密型布局特征；但也有部分综合体受资源条件的制约，采取分离型布局。具体来看，其空间结构形式大致分为四类：① 以项目为单位的独自配套布局。工业区内各厂商分别建设为自身服务的专用码头，厂商完全掌控自己的海上接卸终端设施。这种模式需要有较丰富的岸线资源支持，适合于带状布局的沿江、沿海岸工业走廊，或者工业区内河网发育、适宜布置挖入式港池的情形。② 按专业功能划分的“专港专区”布局。工业区按专业进行分区，每个专业工业区均配置专业化的配套码头，体现了专业化与区、港密切关联的布局特点。③ 港区与产业区独立设置、相邻布局。为工业区服务的码头统一规划布置成港区，与工业区相互靠近但相对独立。这种布局具有实现港口作为重要基础设施公共性的条件，如广州南沙港区与万顷沙工业区。④ 港区与产业区独立设置，空间分离布局。为工业区服务的码头统一规划布置成港区，与工业区空间上呈分离布局，港区通过物料输送管道将原料运送至工业区。如惠州港马鞭洲作业区与大亚湾石化工业区属此类型。

(2) 大型港口、贸易加工区综合体的空间布局形态。大型港口、贸易加工区综合体的空间布局模式与相互关联有别于上述模式，但其布局形态仍可大致分为紧密型与分离型两类：① 紧密型布局。加工区紧邻港区布局，两者空间呈一体化布局形态。国内外贸易加工区（包括港口自由贸易区、港口物流园区、港口开发区等）的产业特征是商贸、物流与下游加工制造业，其产品的主要目标市场为境外，需要有密集班轮航线的服务支持。所以，大型外向型贸易加工区一般以集装箱干线港为依托，以直接布置在集装箱干线港作业区后方为最佳区位。② 分离型布局。港区与加工区有一段距离，两者空间相对独立。不具备紧密型布局条件的加工区需要与干线港区有高效、便捷的货运通道连接。上海洋山保税港区港口、产业区综合体是分离型布局的一种类型，保税港区以发展国际中转、配送、采购、转口贸易和出口加工等业务为目标，实行贸易加工区内部一体化管理，通过 30 km 的东海大桥相连。深圳前海湾物流园区与深圳港西部港区集装箱码头的距离为 2—7 km，未来计划设置内部高架专用通道连接。

第四，我国临港产业集聚逐渐从加工贸易向重化工业转变。

自改革开放以来，以经济特区和 14 个沿海开放城市为重点，沿海地区大力发展“三来一补”、“两头在外”的转口贸易和加工贸易，从而使外贸对于国民财富增长的贡献比较有限，出口产品中高新技术产品比重较低，一些所谓的高新技术产品也大多利用国外核心技术进行生产，外贸企业主要以外资企业为主。特别是在 2000 年以前，沿海港口城市在出口贸易的带动下，纺织、服装、玩具等加工贸易产业集聚膨胀，在深圳、惠州、宁波等海港城市及邻近的东莞、佛山等城市形成了一大批加工贸易产业集群和轻工业品牌产品。进入 21 世纪以来，中国进入以承接石油化工、钢铁冶炼、修造船、汽车制造为主的国际产业转移，进行产业升级的工业化新阶段。这些产业所需要的原材料及其制成品依赖于沿海港口大进大出，因此，在发展过程中日益向沿海临港地区集聚。这一时期沿海港口城市均出现明显的重化工业化倾向，如宁波、青岛、大连、厦门等城市布局了多个大型石化、钢铁等临港工业项目；与此同时，加工贸易在对外贸易中的比重相对呈下降之势。

6.4.4 海港空间效应作用机理的本质特点

（1）海港空间效应的形成、发展和释放的原动力是海港运输区位引发的位势能差异，进而形成交通运输和综合物流优势。对外贸易的“口岸”优势促发的商业化和市场繁荣是海港空间效应形成初期的主要表现形式，也是海港势能进一步集聚的催化剂。

（2）港口城市是海港空间效应得以形成、发展并在更广阔腹地释放的作用平台。港口城市的规模、产业结构及其在区域地域分工中的角色决定着海港对腹地产生空间效应的广度、深度和强度，决定着这种空间效应的作用方式和作用路径。正是由于海港所依托的城市具有的经济基础和吸纳能力，导致人流、物流、资金流、技术流、信息流等生产要素向海港城市集中，从而使海港势能逐步提升，并保持相对于区域其他城市的位差优势和功能特色。

（3）港口与腹地城市之间的联系通道（主要指运输网络）是海港空间效应通达性的保障。在其他条件相同的情况下，运输通道的整体水平及其发育程度对于海港空间效应的释放及港口腹地的争夺起着决定性的作用。

（4）港口与腹地的引力尤其是港口城市与腹地中心城市的产业分工与互动、要素流向与联系决定港口空间效应的主导方向。在与腹地空间距离、交通通道等条件相同的情况下，与内陆中心城市具有密切产业关联的海港城市，其海港空间效应将在区域格局中占据主导地位并呈放大和加强态势，否则其空间效应将受到竞争对手的挤压，不断萎缩甚至消失。

（5）跨国公司和大型企业作为海港空间效应的作用载体，对某一海港的区域空间效应影响程度日益加深。港口船公司、综合物流公司、临港工业企业的生产、投资、销售网络构建和布局直接影响着某一海港空间效应的竞争力。因此，吸引跨国公司在本地设立区域总部、生产基地或研发中心成为海港城市保持其对区域有效空间影响的一项长期策略。

（6）海港分别从交通运输、物流、对外贸易、外商投资、产业布局等不同方面对区域产生巨大的空间影响。在海港空间效应发展演化的不同阶段，起主导作用的要素和功能不同。但其最终的表现形式却是相同的，即通过对区域交通运输、对外贸易、投资和产业集聚的影响产生不同的区域经济发展模式，引导区域经济格局重塑，形成各具特色的港—腹经济地域系统。

2009 年福布斯中国最佳县级城市荣誉榜发布，在上榜的 17 个县级城市中，有八个县级城市属于沿海港口城市，除即墨外，均拥有国家一类开放港口；此外，有六个县级城市虽然并非港口城市，但属于大型沿海港口城市下辖县级市，紧邻港口区位，距离港口较远的只有金华下辖的义乌市。由于县级城市正日益成为跨国公司及国内大中型企业的必争之地，该排行榜的目的是为引导跨国公司、国际投资机构投资做参考（表 6-12）。由上榜县级城市的分布特点可以看出，在全球化深入发展和新一轮国际产业转移浪潮的推动下，沿海港口空间效应对区域经济发展模式和空间格局具有巨大地引导作用。

表 6-12 2009 年福布斯中国最佳县级城市分布特点

排名	县级城市	所属区域	区位特点
1	昆山	苏州	位于上海与苏州联系通道，港口城市下辖市
2	常熟	苏州	河口港，一类口岸
3	义乌	金华	内陆交通商贸枢纽
4	张家港	苏州	河口港，一类口岸
5	吴江	苏州	沪苏联系通道，港口城市下辖市
6	江阴	无锡	河口港，一类口岸
7	慈溪	宁波	沿海，港口城市下辖市
8	余姚	宁波	沿海，港口城市下辖市
9	太仓	苏州	河口港，一类口岸
10	诸暨	绍兴	沿海城市下辖内陆县级市
11	即墨	青岛	沿海小港，港口城市下辖市
12	晋江	泉州	海港，一类口岸
13	上虞	绍兴	杭州湾沿海，紧邻宁波港
14	荣成	威海	海港，两个国家一类开放港口

续表 6-12

排名	县级城市	所属区域	区位特点
15	宜兴	无锡	临江阴港,港口城市下辖市
16	增城	广州	临广州港,港口城市下辖市
17	龙口	烟台	海港,一类开放港口

7 中国海港空间效应的优化与调控策略

随着经济全球化的深入发展和全球新一轮产业转移浪潮，跨国公司推动各种生产要素在全球范围内进行优化配置，中国已经融入到一个全球性的网络体系当中。我们必须善于将国际发展趋势与区域内生力量结合起来，以实现国家利益最大化和区域综合效益最大化。自"十一"五开始，我国以可持续发展为目标的发展模式的战略调整全面展开，协调区域发展和统筹城乡发展成为区域发展战略主框架（第十届全国人民代表大会第四次会议，2006 年）。从空间层面来讲，必须将国家或区域作为一个整体，推进区域内产业布局的空间优化与重组；通过空间集约、分类利用和区域功能互补，提高生产要素的空间配置效率，实现经济发达、社会和谐与生态文明的综合发展目标。沿海地区与内陆腹地在全球竞争中具有不同的比较优势，是同一区域的两个部分。当前的国际产业转移呈现出地理集聚的特征，产业大都向社会稳定、成本较低、反应速度快、配套能力强的地区转移，产业链式转移和产品内分工趋势愈发明显。在这种情况下，生产要素流动和产业布局加速向沿海地区、内陆中心城市流动就成为必然，区域经济空间成为一个多层次、多类型的复杂功能地域结构体。各城市、各地区在更高一级的复杂功能地域综合体中处于不同的层级，承担不同的功能，彼此依赖，互相影响。因此，沿海地区与内陆腹地必须通过优势互补和功能互动，承担不同的产业分工与产品内分工，有效承接产业链式转移、一体化绑定发展，最终实现区域综合效益的最大化。

7.1 通过港口产业集群提升海港集聚势能和辐射效应

从国内外的实证经验看，区域港口群的建设是打造沿海经济隆起带进而带动腹地发展的突破口，而且港口群发展越来越倾向内部化。大型港口大多通过发达的港口网络组成功能各异、分工联系的组合港区，以此形成具有超强竞争力和吸纳能力的港口产业集群，吸引相关产业大量积聚。比利时安特卫普大学的哈伊森登克(E. Haeezndonck)教授最早提出港口产业集群是指一系列从事港口相关服务的相互独立的企业聚集在同一港口区域,并且采用几乎相同的竞争战略,以获得相对于集群外部的联合的竞争优势(惠凯等,2006)。港口及关联产业发展是以港口岸线资源、土地资源和城市空间为载体,要求有方便、快捷的综合物流服务为之配套。由于港口直接产业已经进入以集装箱运输和增值物流为主的航运功能高级化阶段。因此,以现代港口物流为核心的港口直接产业是港口产业集群的首要动力,只有形成强大的港口综合物流能力才能保持对其他大量临港产业的吸纳势能和消化潜力。① 港口产业集群处于不同的区域和不同的发展阶段,其往往表现出不同的发展特征,其对产业发展支持条件的需求可能会有所不同。政府的主要职能应当以引导港口产业合理布局、建设与集群要求相符的配套基础设施为重点,提供公共产品及相应的服务,并通过制定相应的调控机制,利用市场力量来达到要素供给的目的(高冬华,2009)。② 提高产业关联度。通过构建产业链,以主导产业和龙头企业为核心,构建具有区域和产业特色的产业集群,而不是"大而全"、"小而全"。在培育港口产业集群的过程中,政府必须进行"招商选资"而不是盲目引进项目。只有当集群内的企业可以形成紧密的垂直、水平、侧向等多向产业联系时,产业集群的发展才能进入自增长的良性循环发展轨道,从而发挥出其综合竞争优势。③ 扶持相关支持产业和配套机构的发展,提高港口产业集群的可持续发展能力和自我更新能力。这些机构包括配套物流体系、资本市场、中介机构、教育产业、研发平台、企业孵化、商业服务、信息咨询等。

7.2 强化海港空间规划与管制,形成合理港口体系,促进一体化整合

港口作为一种大型基础设施,投资大、周期长、牵涉面广,对区域经济发展的影响深远。同时,沿海港口岸线是不可再生资源,一旦建成便不可轻言废弃。因此,区域港口群组成及其相互关系是影响区域港口优势发挥和整体竞争力的重要因素。港口过分拥挤易造成规模不经济、资源浪费和恶性竞争,港口多而分散则无法发挥规模效应,无法形成分工互动。因此,海港空间规划与管制的首要目标就是要形成合理的港口空间体系,促进区域内不同港口在规模、功能和货源结构上的分类互动、分

工合作，规范港口发展秩序，提升区域港口整体竞争力和综合效益。① 建议将港口建设、审批权力收归国家集中管理。同时，在中央和省级行政区设立专门的港口管理委员会，地市层面不再具有自主的港口开发资格，减少港口的行政分割层级。② 进一步完善沿海港口布局规划。同时，在省级层面的港口管理委员会形成港口发展磋商机制，沿海港口城市在这一平台针对港口发展布局和变化调整、大型基础设施建设进行协调。③ 在集中港口开发权的同时，推进港口企业市场化步伐，即政企分离。以沿海地级市为单位仅保留港口企业，而管理权上升至国家和省级行政单位，在环渤海、长三角等大的港口群区域组织港口联盟，打造港口利益共同体。④ 以自由港为目标，大力支持重点枢纽港的国际化、多元化，推动以上海为代表的枢纽港建设世界航运中心，并不断增强其金融、商贸、信息等多中心发展。⑤ 打破行政区划，推动港口一体化整合。依据港口资源具有的整体性功能状态，对沿海港口进行统一规划和管理，从全局上避免资源的浪费、低水平重复建设和恶性竞争，优化港口布局，增强港口发展整体竞争力。目前，浙江、福建等区域港口整合后发展态势迅猛，其他区域应借鉴这些成功经验，推动以资源整合、优势互补、节约发展为目标的区域港口一体化发展步伐。

7.3 推动海陆产业分工与互动，强化港口与腹地的双向联系

从空间经济学原理来看，我国经济重心在沿海，不断强化沿海区域是大势所趋。因此，沿海仍将是未来十年发展最快的区域，产业和劳动力都要大量向沿海转移。沿海与腹地产业互动涉及整个产业体系，包括一、二、三次产业之间的协调及某一产业内部分工；要以市场为导向，以企业为主体，政府营造宽松环境积极推动，形成沿海与腹地产业互动局面。农业、工业及服务业之间要协调发展，大力发展研发、设计、金融、物流等生产性服务业，促进三次产业融合。① 在客观分析各产业发展需求基础上，根据各产业对港口的依赖性，确定是否有必要向海布局。对于那些已经形成综合竞争优势、特色鲜明的现代制造业就没必要大规模向海布局；同时，面向国内需要的、具有区域特色的高新技术企业，尤其是国防工业和尖端技术应重点放在内陆中心城市。总之，适合在哪发展就应在哪布局，在加快发展临港产业聚集带的同时，尽量节约使用宝贵

的海岸线资源。通过港口与工业区融合发展，将临港产业、海洋产业、其他陆域产业发展有机结合起来，促进海陆产业联动和海陆经济一体化。② 进一步强化规划引导。通过主体功能区规划，优化以主体功能区为切入点的沿海生产力布局和产业结构。根据国家的重大发展战略、政策导向和产业布局规划，以港口为中心、城市为载体、运输为动力、产业为支撑，推进沿海工业化进程，打造基础牢固的承接平台，接受南北两大经济圈的产业转移和辐射带动，构建区域内要素科学配置、产业集聚扩张、城乡一体发展、海陆一体化开发的经济网络体系。③ 充分利用港口已有核心业务资源，努力实现港口未来发展的新突破，拓展港口发展空间，建设具有强大内聚力和辐射力的港口—腹地经济走廊或交通经济带。④ 坚持海陆联动，促进临港产业与临海产业融合发展。对于临港产业，往往比较重视陆域产业发展，而对于海上钻井平台建造、海洋机械、海洋制药、深海潜水、海水淡化及综合利用、海洋能开发、海洋新材料等更多依靠或应用于海洋的新兴产业重视不够。今后在产业链拓展和产业体系构建中，应加强对此类临海新兴产业的培育力度，促进临港和临海产业融合发展。

7.4 重视港口周边滨水区规划，促进功能提升和综合利用

港口岸线等资源具有稀缺性，是一个区域或国家发展的战略资源。但在港口岸线开发建设中普遍存在怕“跑马占地”、资源浪费、环境污染等问题，一些具有严重生态安全隐患的产业项目布局不合理。这些问题的积累放大了港口发展对于区域经济社会协调发展的负面效应，因此必须加强规划，强化空间管制，大力提升港口及其周边滨水区的功能和综合利用，实现港口滨水区的可持续发展。

第一，强化重点项目或园区前期规划与空间管制，细化产业发展的综合配套与保障措施，为港口与产业的持续、互动发展提供有力保障。

沿海地区是海陆交互作用最明显、人类活动最频繁、人地关系最复杂的区域，这里人口密集，生态灾害风险高。因此，必须强化大型临港产业园区特别是高耗能、高风险、高密度的重化工业项目在投产前的科学论证和前期规划，实行更具体、更细致的空间管制。首先，龙头产业项目占地大、投资周期长、不易搬迁，一个失败的决策不仅可使区域生态环境

处于高风险,而且可能导致整个区域产业集群陷入困境。因此,迫切需要强化对高污染项目的风险认识,实行环保一票否决制。其次,规范大型产业项目决策程序,建立科学、民主、公开、透明的公众参与机制和听证制度,在实现公众参与的同时普及安全教育。最后,参照国际惯例和国家相关法规、技术标准,严格对大型产业项目的环境进行评价,落实重点企业和重点区域的配套防范设施及公共安全设施建设,完善灾害应急响应机制和应急预案。

第二,推进港口周边滨水区综合利用和循环利用,提高港口及岸线利用的集约化水平,使滨水地带成为新兴临海产业发育区。

(1) 大力强化公共港区建设,提升公共港区对周边临港产业辐射的规模效应和综合服务功能。对于大型项目抢占优质港口资源的问题,我们要有清醒地认识。在规划大型临港产业区时,应充分考虑该区域主港区的公共服务功能,留有足够的优质港口岸线强化公共港区建设,为吸引大型产业集群或相关配套产业创造条件。在制定区域产业规划和岸线利用规划上,政府部门应根据各产业的临港程度划分不同的港口岸线利用门槛。同时,加强对已占用港口岸线的跟踪、监督,为港口岸线使用设置"过渡期",对于无法达到预先规模或荒废的港口岸线坚决予以收回。(2) 充分借鉴西方发达国家在城市滨水区复兴和功能再造方面的成功经验,加强对各城市老港区、废弃港区的功能再造和产业培育,围绕高端临港服务业、休闲、旅游等功能推进不同港区的可持续发展。(3) 根据各类产业的临港程度,对港口岸线的使用进行针对性的空间规划,保证对港口依赖程度高、产业带动作用强的龙头企业优先使用优质港口资源,实现港口资源利用最大化和区域综合效益最大化。

7.5 畅通港—腹集疏运网络通道,大力发展集装箱多式联运

港口集疏运系统是与港口相互衔接,主要为集中与疏散港口吞吐货物服务的交通运输系统。由铁路、公路、城市道路及相应的交接战场组成,是港口与广大腹地相互联系的通道,是港口赖以存在与发展的主要外部条件。港口与港口集疏运系统之间是相互依赖、相互促进、相互制约的关系,两者应同步规划、同步实施,并以集疏运供需平衡作为制定港口发展规划的基础性因素。多式联运是当前集装箱运输的普遍趋势,但

其前提条件是必须有发达的港口集疏运网络的支撑。目前,我国集装箱国际多式联运量占外贸进出口集装箱总量的比重还相对较小,且主要集中在沿海支线和内河支线运输上,在公路和铁路联运方式所占份额尚少。而铁路集装箱运输是现代化铁路货运发展的方向,是实施集装箱多式联运的重要环节。集装箱铁路运输在发达国家的铁路运量中已经占有很大比重,而我国 2005 年集装箱铁路发送量仅占全国铁路货运量的 2.2%,远远低于国外铁路的水平。因此,今后应着重从以下四方面着手:

(1) 以枢纽港—内陆干港或中转站—区域中心城市—陆路口岸为骨架,推进铁路集装箱枢纽站和专门办理站建设。首先,加快建设上海、深圳、广州、宁波、青岛、天津、厦门、大连、连云港等九大沿海枢纽港铁路集装箱枢纽站,完善水陆、海铁集疏运体系。其次,加快枢纽港内陆集装箱干港和中转站建设,形成大区域性中心城市、省会城市和重点铁路交通枢纽三级集装箱中转站布局体系。

(2) 畅通集装箱综合运输通道,合理规划建设综合物流基地,加强各种运输方式的无缝衔接。首先,根据我国集装箱运输现有运输基础,确立和加快建设中国一级集装箱运输通道——哈尔滨—沈阳—大连、武汉—上海、乌鲁木齐—西安—青岛、北京—天津、重庆、武汉—深圳、上海集装箱运输通道(韩增林等,2002)。在此基础上,可以相应规划二、三级运输通道。其次,合理规划建设综合物流基地,注重与地方规划及其他运输方式的衔接,努力扩大铁路网辐射范围,通过货源集中和物流要素聚集,实现规模化铁路货运和个性化物流服务的有机衔接。

(3) 与开发区等城市产业功能区相结合,发展现代集装箱物流中心。首先,改造公路、铁路物流节点。其次,选准物流市场切入点。深入各种类型的开发区、保税区等,积极参与生产及流通企业的业务流程,与其建立战略合作伙伴关系。

(4) 将内陆口岸与节点站统筹布局,提高铁路集装箱运输中心站的规模经济和集约经营水平。选择运量充足、配套设施相对完备的地区首先建设现代化的集装箱节点站,吸引周边地区的货源。在各个节点站之间开通直达专列,有利于形成整体网络优势和规模效益。集装箱节点站的建设,可以在基础设施及装备、信息网络、管理体制、协调配合等方面积累经验,发挥示范作用。

7.6 以市场化为导向，使企业成为港口与腹地互动发展的主体

怎样最大限度地发挥沿海港口发展对区域经济的辐射和带动作用？沿海与腹地互动效果如何？关键看是否培育出利益共同体，企业是否成为港口与腹地互动的主体。为此，要通过改革和重建，在沿海地区培育出一批“你中有我、我中有你”、优势互补、密不可分的利益共同体。在推进沿海港口与腹地互动发展、形成区域经济一体化发展格局方面应重点培育和发展跨区域的企业集团、上市公司、民营企业三大互动主体。一是推进跨区域的企业重组，组建投资主体多元化的大型企业集团，这对于经济体制和经济增长方式的根本性转变至关重要。沿海港口城市应充分利用区位、对外开放、城市环境等优势，积极主动地推进跨区域企业重组。对于有吸纳实力的大型企业，应积极吸纳腹地的企业加盟，实现资产经营一体化。有实力的大型企业集团应加速与腹地关联企业的集团化进程，促进沿海经济区主导产业一体化。同时，鼓励腹地具备实力的大企业到沿海地区来收购、兼并企业。二是积极发展投资主体多元化的股份制企业。加快对沿海港口城市国有独资企业的投资主体多元化改造，在进行股份制改造中，积极吸收腹地的法人或自然人入股。要把东北经济区内的上市公司作为重点，吸引这些上市公司到沿海地区投资、收购企业、拓展事业，争取把上市公司的总部或开发机构、营销机构吸引到沿海港口城市落户，使沿海港口城市成为沿海地区上市公司决策中心和营销中心。三是大力发展民营企业。在沿海港口城市扶持一批实力强、成长性好的民营企业，使其走向现代企业制度，开展跨国经营，成为具有示范带动作用的民营骨干企业。总之，通过培育利益共同体，使企业成为沿海港口与腹地互动发展的主体，加速推进港口—腹地区域一体化进程。

7.7 推动区港联动，加快信息化建设，拓展新型港口空间

区港联动是指将保税区和港区的优势集中在一起，实施海关的统一监管，优化保税区与港口的物流流程，使保税区和港口在地域、功能和运

作等方面做到有机结合，促进保税区和港口优势互补、功能结合、共同发展。到目前为止，已经有七个保税区获得中央批准区港联动。一方面，这将大大拓宽港口经济腹地，以区港联动为契机，带动包括保税区、开发区等经济园区的运作，取得综合协同效应。另一方面，实行区港联动，不仅可以解决我国多年来在港口发展中所存在的体制不顺的问题，而且可以带动临港工业和物流业的发展，进而带动整个港口城市的经济发展，有效协调城市发展与港口建设的关系。区港联动的关键是要积极推进港区与保税区联合发展，实现优势互补、资源整合、功能集成，使港区的物流功能和国际贸易功能有机结合，发挥更好的效益，为建设自由贸易区和发展自由港打下坚实基础。

建设航运服务中心和电子口岸，增强港口服务功能。在港区建设国际航运服务中心和电子口岸，各有关部门集中办理通关手续，为各企业提供快捷、高效地服务，同时高标准地建设管理好港区。① 推进电子口岸建设。实施大通关工程，扩大腹地口岸直通和进出口货物运输服务范围，实现高效、便捷的大通关，保障沿海地区对外贸易加快发展；加强信息基础设施建设，实现网络资源和信息资源共享。② 加快形成沿海区域共同市场，打破区域内部壁垒，使生产要素和商品在区域内自由流动和优化配置。坚决取消不合理的、跨行政区的交通关卡、乱收费现象以及地方保护政策，使交通真正畅通、贸易自由公平。③ 以建设沿海港口国际物流中心和内陆中心城市区域物流中心为重点，统筹规划沿海地区的物流资源和物流节点布局，形成高度一体化、社会化、信息化和系统化的区域现代物流服务环境。完善沿海港口与内陆腹地的物流网络，拓展物流服务种类，开展物流服务对接。④ 加快沿海港口的内陆“无水港”建设。“无水港”是指在内陆地区建立的具有报关、报验、签发提单等港口服务功能的物流中心。在无水港内设置海关、动植物检疫、商检、卫检等监督机构为客户通关提供服务。同时，货代、船代和船公司也在无水港内设立分支机构，以便收货、还箱、签发以当地为起运港或终点港的多式联运提单。内陆的进出口商则可以在当地完成订舱、报关、报检等手续，将货物交给货代或船公司。引货入箱不仅具有增加箱量、减少污染、运输便捷、安全性高的优点，同时可以大大降低货物运输的港口费用。包含公路港 、铁路港、航空港，一般是内陆城市兴建的大型综合物流区，以公路、铁路、航空为依托进行对外贸易。

8 结论与展望

8.1 主要结论

本书在全面总结国内外研究文献的基础上，系统地提出海港空间效应的概念与内涵；根据海港空间效应的动力结构，构建了海港空间效应识别模型，对中国主要海港空间效应指数进行了测算，揭示了当代中国海港空间效应的基本格局。鉴于海港与海港城市的密切关系，从微观层面对海港的城市地域空间效应进行了详细地案例解剖和比较分析，提出海港空间效应下的中国海港城市港—城空间系统演化理论。在宏观层面上，通过对改革开放 30 年来我国客货运输、对外贸易、外商投资和工业集聚的分布变化，剖析海港空间效应的形成、发展过程，分析其作用机理，初步构建了一个海港空间效应的理论框架，为沿海港口与腹地的互动发展提供相关理论支撑。

第一，系统总结港口空间效应研究成果，从港口区位论及其引发的港口功能区研究、港口体系及空间布局、港口空间成长规律及港—城空间相互作用、港口兴衰与区域近现代化空间进程的历史地理解析、现有港口对城市及区域影响研究等五方面对港口地理学中有关港口空间作用的研究进行了系统梳理。

第二，在理论总结的基础上提出海港空间效应的概念及其内涵，阐述了海港空间效应的动力结构，并以此为依据，结合位势理论、空间相互作用理论构建了海港空间效应的识别模型。通过复合模型可以较好地确定海港空间效应的总量和分布格局，对于各功能要素的组成也有较好的区分度。

(1) 以中国主要沿海港口城市为样本，对海港空间效应指数进行了测算，对海港空间效应的基本格局进行空间分析。结果表明：全国腹地城市所受海港空间效应分布的空间衰减规律十分明显，总体呈现沿海一线及京津唐、长三角、珠三角和山东半岛四大块状集中区，主要枢纽港在本区域空间影响上占据绝对主导地位。根据区域集装箱吞吐量、运输量和海港非运输效应关系,长三角、珠三角和东南沿海属于集约型港口运输结构和高级型海港空间效应,环渤海及其三个分区、西南沿海属于粗放型港口运输结构和基础性海港空间效应。不同区域港口经济越发展、港—腹地域系统发育越成熟,其港口经济对内陆腹地的空间影响越强烈,内陆腹地城市的经济临港化程度越高。

(2) 海港空间效应格局是海港区位势、港—腹系统引力及港—腹作用通道连接度共同作用的结果。不同港口的港—腹空间距离差别是港口运输及其空间效应发生重构的关键因素,并通过海港区位势产生作用,而区域经济地域系统空间结构制约海港空间效应的广度和深度。珠三角、长三角海港空间效应与区域经济地域系统高度重合,港口经济是区域经济的核心,整个产业结构和空间布局临港化,港口城市处于城市体系的核心。环渤海地区经济地域系统的三个分区具有明显的双核结构,内陆中心城市与首位港口城市在港腹交通经济带联系下互动发展。

第三,港口已成为沿海发展中国家实现经济起飞和现代化的重要战略资源,港口城市则是拥有战略资源的战略空间。信息技术和虚拟空间最终都必须以实体商品的贸易及空间配置为归宿,掌握实体产品生产并保障货流全球空间配置的通畅是关系大国安全的重要防线。因此,港口发展对于城市和区域的空间作用不会消亡,港—城关系是一种复杂的螺旋状发展过程。本书提出了基于海港空间效应下的现代海港城市港—城空间系统演化理论,并将其分为港城形成初期的港—城共生、港—城空间集聚、港口外迁与城市裂变、港—城双向网络发展四个时序阶段,总结了其演化的空间模式。其次,从港口对城市产生地域空间效应、港城空间相互作用及其动态变化、现代物流资源整合与流空间塑造三方面对港—城空间系统演化的动力机制进行系统分析。最后,通过对中国典型海港城市案例分析加以实证,验证前述港—城空间系统演化理论。

(1) 基于吴传钧等理论,结合中国第三代海港发展的新特点,提出现代海港城市港—城空间系统演化理论及其空间模式,重在强调港—城空间集聚到一定程度后,港口外迁与城市裂变直至达到港—城双向网络空间是海港城市空间演化的必然趋势。当前,我国港口资源丰富的大型港口城市大多通过新港开发和港口资源整合实现了港口群、产业群和城市组团的空间对接,一些后备港口资源相对缺乏的城市,如上海、厦门等也通过兼并或开发周边深水港,实现了港—城空间系统的优化和再造。可以相信,中国主要区域枢纽港城市的港—城空间系统大多处于港群与城市组团双向网络发展的初期。

(2) 海港城市港—城空间系统发展演化的过程就是港口与城市空间相互作用及其动态变化的过程。港对城的作用、城对港的反作用、城市自增长效应三种作用力此消彼长、共同作用成为推动港—城空间系统发展演化和循环更新的主要动力结构。港口演化对城市产生地域空间效应是主导因素;港城关系强弱变化决定着港口城市主导产业选择的临港化程度,从而规定了城市未来发展方向;现代物流资源整合与流空间的塑造,通过强化区域集聚和城市内部扩散两方面推动港—城空间系统高级化、网络化。

第四,通过分析改革开放以来地级以上城市客货流、对外贸易、外商直接投资、工业总产值分布变化,从海港对交通运输、对外贸易、产业集聚三方面总结了海港空间效应的作用机理。结果表明:海港运输区位引发的位势能差异是海港空间效应形成、发展和释放的原动力。对外贸易的"口岸"优势促发的商业化和市场繁荣是海港空间效应形成初期的主要表现形式,也是海港势能进一步集聚的催化剂。海港空间效应通过对区域交通运输、对外贸易、项目投资和产业集聚的影响,最终影响区域经济发展模式,引导区域经济格局重塑,形成各具特色的港—腹经济地域系统。

8.2 特色与创新点

(1) 首次系统提出海港空间效应的概念、内涵及其理论研究框架,并构建了考虑海港区位因素、港腹引力等因素的海港空间效应识别模型,对中国主要海港空间效应指数进行了定量测算,揭示了海港空间效应的基本格局,并总结了环渤海地区、长三角地区和珠三角地区海港空间效应的分异特征。

(2) 在城市微观层面的研究中,提出了港城式土地利用模式,首次提出海港空间效应影响下的现代海港城市港—城空间系统演化理论,刻画了各阶段的空间模式,揭示了其作用机理。

8.3 研究不足与展望

(1) 海港空间效应是一个新概念或新的研究视角,它将以往对港口的空间作用规律研究中的不同方面结合起来，是一项综合性的系统集成研究，本身是一个复杂的研究体系。限于数据收集和篇幅，本书只围绕海港空间效应的基本内涵、当前中国海港空间效应基本格局的识别和主要海港空间效应指数测算、海港空间效应城市微观基础、海港空间效应演化过程及作用机理等四个方面的核心内容展开研究，没有涉及中国不同区域海港空间效应的时空耦合规律、不同类型海港空间效应作用特征等方面。

（2）由于海港空间效应指数计算涉及的数据量非常庞大，受统计数据收集难度和时间原因，仅测算了 2010 年中国主要海港空间效应基本格局，没有对改革开放以来各年份海港空间效应指数变化进行序列测算；同时，在指数测算中，对企业载体、交通优势度参数进行了简化处理。因此，今后还应根据具体情况，不断对海港空间效应的识别模型进行修正，同时深入开展长时间序列的过程模拟研究，这些将是今后跟踪研究的重点内容。

（3）微观层面的研究，仅选取了大连、天津、青岛、宁波和厦门等几个典型沿海港口城市进行案例剖析和比较研究，尚不能完全反映海港城市空间效应在所有城市的特殊性。

（4）海港空间效应演变过程和机理分析仅将各要素分解后进行了空间分析和归纳总结，尚不能反映海港空间效应总体的时空耦合规律，今后需加强这方面的研究。

参考文献

· 中文文献 ·

[1] 安筱鹏,韩增林,杨荫凯. 2000. 国际集装箱枢纽港的形成演化机理与发展模式研究[J]. 地理研究,19(4):383-390

[2] 保罗·克鲁格曼. 2000. 地理和贸易[M]. 张兆杰,译. 北京:北京大学出版社:1

[3] 鲍觉民,何自强. 1958. 天津[M]. 上海:新知识出版社:63

[4] 贝毅,曲连刚. 1998. 知识经济与全球经济一体化——兼论知识经济条件下国际产业转移的新特点[J]. 世界经济与政治,(8):28-30

[5] 曹昕婷,刘昭. 2009. 厦门城市空间演化及发展探析[J]. 中南林业科技大学学报,29(3):184-189

[6] 曹有挥. 1995. 安徽省长江沿岸港口体系的初步研究[J]. 地理科学,15(2):154-200

[7] 曹有挥,曹卫东,金世胜,等. 2003. 中国沿海集装箱港口体系的形成演化机理[J]. 地理学报,58(3):424-432

[8] 曹有挥,李海建,陈雯. 2004. 中国集装箱港口体系的空间结构与竞争格局[J]. 地理学报,59(6):1020-1027

[9] 柴彦威. 2000. 城市空间[M]. 北京:科学出版社:10

[10] 陈航,栾维新,王跃伟. 2009. 我国港口功能与城市功能关系的定量分析[J]. 地理研究,28(2):475-483

[11] 陈航. 1984. 海港形成发展与布局的经济地理基础[J]. 地理科学,4(2):125-131

[12] 陈有文,王晋. 2008. 大型港口、产业综合体的布局与空间发展模式研究[J]. (9):12-15

[13] 陈争平. 1990. 天津与南通:近代中国港城发展的两类典型[J]. 经济地理,10(4):78-83

[14] 崔功豪,魏清泉,陈宗兴. 1999. 区域分析与规划[M]. 北京:高等教育出版社

[15] 戴鞍钢. 1996. 论近代上海港崛起的历史地理底蕴[J]. 中国历史地理论

丛,(3):209-218

[16] 丁井国,钟昌标. 2010. 港口与腹地经济关系研究——以宁波港为例[J]. 经济地理,30(7):1133-1137

[17] 董洁霜,范炳全,刘魏巍. 2006. 港口区位势模式及其增长机制[J]. 系统工程理论方法应用,15(3):215-219

[18] 董洁霜,范炳全. 2003. 现代港口发展的区位势理论基础[J]. 世界地理研究,12(2):47-53

[19] 董维忠. 2005. 港口经济研究[M]. 北京:中国财政经济出版社:40-44

[20] 樊如森. 2007. 环渤海经济区与近代北方的崛起[J]. 史林,(1):33-43,187

[21] 封学军,王伟,蒋柳鹏. 2008. 港口群系统优化模型及其算法[J]. 交通运输工程学报,8(3):77-81

[22] 复旦大学历史地理研究中心. 2005. 港口—腹地和中国现代化进程[M]. 济南:齐鲁书社

[23] 甘国辉,王健. 2005. 腹地空间经济模型在港口服务潜力评估中的应用——以大连港为例[J]. 中国科学院研究生院学报,22(3):364-370

[24] 高冬华. 2009. 推动港口产业集群建设 促进港口经济快速发展——对太仓港发展的有关思考[J]. 中国港口,(10):18-20

[25] 管楚度. 2000. 交通区位论及其应用[M]. 北京:人民交通出版社:252-253

[26] 郭建科,韩增林,许妍. 2007. 基于集聚分形的大连城市交通网络演变研究[J]. 交通运输系统工程与信息,7(5):121-126

[27] 郭建科,韩增林. 2006. 试论现代物流业与港口城市空间再造——以大连市为例[J]. 人文地理,(6):80-86

[28] 郭建科,韩增林. 2010. 港口与城市空间联系研究回顾与展望[J]. 地理科学进展,29(12):1490-1498

[29] 郭建科. 2007. 现代物流业与港口城市空间再造——以大连为例[D]:[硕士学位论文]. 大连:辽宁师范大学

[30] 郭来喜. 1994. 中国对外开放口岸布局研究[J]. 地理学报,49(5):385-393

[31] 郭双林. 1999. 晚清外国“探险家”在华活动述论[J]. 北京社会科学,(4):111-117

[32] 韩增林,安筱鹏,王利,等. 2002. 中国国际集装箱运输网络的布局与优化[J]. 地理学报,57(4):479-488

[33] 韩增林,安筱鹏. 2001. 东北集装箱运输网络的建设与优化探讨[J]. 地理科学,21(4):308-314

[34] 韩增林,安筱鹏. 2006. 集装箱港口发展与布局研究[M]. 北京:海洋出版社

[35] 韩增林,李亚军,王利. 2003. 城市物流园区及配送中心布局规划研究——以大连市物流园区建设规划为例[J]. 地理科学,23(5):535-541

[36] 郝之颖. 2007. 新建海港城市发展探究——大连长兴岛港城规划发展研究为例[J]. 现代城市研究,(5):10-18

[37] 何子张,段进. 2005. 城市空间形态优化的城市设计方法——以青岛小港及周边地区规划为例[J]. 规划师,21(1):52-55

[38] 胡玉莹,赵莎莎. 2009. 港口物流与经济发展的动态关联分析——以天津为例[J]. 开发研究,(3):48-52

[39] 黄盛璋. 1951. 中国港市之发展[J]. 地理学报,18(Z1):21-40

[40] 惠凯,逯宇铎. 2006. 临港产业集聚研究[M]. 北京:华龄出版社

[41] 姜世国,周一星. 2006. 北京城市形态的分形集聚特征及其实践意义[J]. 地理研究,25(2):204-213

[42] 交通部公路司. 2008. 中国公路营运里程图集[M]. 北京:人民交通出版社

[43] 金凤君,戴特奇,王姣娥. 2005. 中国交通投资经济效应的量化甄别[J]. 铁道学报,27(3):9-14

[44] 金凤君,王成金,李秀伟. 2008. 中国区域交通优势的甄别方法及应用分析[J]. 地理学报,63(8):787-798

[45] 金凤君,王娇娥. 2004. 20 世纪中国铁路网扩展及其空间通达性[J]. 地理学报,59(2):293-302

[46] 金凤君. 2001. 我国航空客流网络发展及其地域系统研究[J]. 地理研究,20(1):31-39

[47] 匡海波. 2007. 基于关联度模型的港口经济与城市经济关系研究[J]. 中国软科学,(8):110-115

[48] 李东泉,徐飞鹏. 2003. 青岛城市发展史上的三次飞跃——兼论城市规划与城市发展的关系[J]. 城市规划汇刊,(1):37-44,95

[49] 李东泉. 2007. 近代青岛城市规划与城市发展关系的历史研究及启示[J]. 中国历史地理论丛,22(2):125-136

[50] 李加林,朱晓华,张殿发. 2008. 群组型港口城市用地时空扩展特征及外部形态演变——以宁波为例[J]. 地理研究,27(2):275-285

[51] 李加林. 1997. 河口港城市形态演变的理论及其实证研究——以宁波市为例[J]. 城市研究,(6):42-45

[52] 李加林. 1998. 河口港城市形态演变的分析研究——兼论宁波城市形态的历史演变及发展[J]. 人文地理,(2):50-53

[53] 李小建. 2006. 经济地理学[M]. 北京:高等教育出版社:155

[54] 李振福. 2004. 港口城市交通文化与大连国际航运中心建设[J]. 世界海运,27(2):24-26

[55] 梁双波,曹有挥,曹卫东,等. 2008. 长三角集装箱港口体系的偏移增长与演化模式[J]. 地理科学进展,27(5):95-102

[56] 梁双波,曹有挥,吴威. 2011. 港口后勤区域形成演化机理——以上海港为例[J]. 地理研究,30(12): 2150-2162

[57] 林艳君. 2004. 宁波城市空间形态演变过程及优化研究[J]. 现代城市研究,(12):53-57

[58] 刘秉镰,章彰. 1997. 港口与保税区一体化的经济效益分析[J]. 南开经济研究,(3):32-37

[59] 刘波,朱传耿,车前进. 2007. 港口经济腹地空间演变及其实证研究——以连云港港口为例[J]. 经济地理,27(6):904-909

[60] 刘长德. 1999. 大连城市规划 100 年(1899—1999)[M]. 大连:大连海事大学出版社

[61] 刘露. 2008. 天津城市空间结构与交通发展的相关性研究[D]:[博士学位论文]. 上海:华东师范大学

[62] 陆伟芳. 2000. 港口城市:18—19 世纪上海与利物浦发展的比较研究[J]. 学术月刊,(3):55-61

[63] 吕永波,杨蔚然,王瑞花,等. 2002. 我国主要集装箱运输港口的竞争力评价研究[J]. 北方交通大学学报,26(5):102-105

[64] 罗宏宇,陈彦光. 2002. 城市土地利用形态的分维刻画方法探讨[J]. 东北师大学报(自然科学版),34(4):107-113

[65] 罗澍伟. 1993. 近代天津城市史[M]. 北京:中国社会科学出版社:116

[66] 马玫. 1997. 天津城市发展研究:产业・地域・人口[M]. 天津:天津人民出版社:67

[67] 茅伯科. 2005. 关于港口空间[J]. 中国港口,(4):11-13

[68] 苗长虹. 2007. 欧美经济地理学的三个发展方向[J]. 地理科学,27(5):617-623

[69] 诺伯格・舒尔兹. 1990. 存在・空间・建筑[M]. 尹培桐,译. 北京:中国

建筑工业出版社
[70] 潘文昊,周菊,莫金仙. 2012. 基于关联度模型的钦州港口物流与钦州市经济发展关系研究[J]. 物流技术,31(3):85-88
[71] 沈丽珍,顾朝林,甄峰. 2010. 流动空间结构模式研究[J]. 城市规划学刊,(5):26-32
[72] 宋连威. 1998. 青岛城市的形成[M]. 青岛:青岛出版社
[73] 田汝耕,张振克,朱大奎. 2004. 海岸带临港工业、海运物流与全球化大生产的探讨[J]. 世界地理研究,13(2):1-8
[74] 万旭东,麦贤敏. 2009. 港口在城市空间组织中的作用解析[J]. 规划师,25(4):56-62
[75] 汪传旭,崔建新. 2007. 长江三角洲港口群物流系统动力学分析模型[J]. 交通运输工程学报,7(5):77-83
[76] 王成金,金凤君. 2006. 中国海上集装箱运输的组织网络研究[J]. 地理科学,26(4):392-401
[77] 王成金,于良. 2007. 世界集装箱港的形成演化及与国际贸易的耦合机制[J]. 地理研究,26(3):557-568
[78] 王成金,等. 2011. 现代集装箱港口体系演进理论与实证[J]. 地理研究,30(3):397-410
[79] 王成金,等. 2008. 全球集装箱航运的空间组织网络[J]. 地理研究,27(3):636-648
[80] 王成金. 2008. 现代港口地理学的研究进展及展望[J]. 地球科学进展,23(3):243-251
[81] 王庆云. 2006. 交通运输发展理论与实践(上、下册)[M]. 北京:中国科学技术出版社
[82] 王士君,陈才. 2002. 我国经济地理学学科理论发展脉络辨析[J]. 地理科学,22(5):563-567
[83] 王松涛,王丽君. 2008. 青岛临港产业集群发展现状评述[J]. 中国港口,(5):18-20
[84] 王耀中,黎谧. 2009. 中国沿海港口物流对经济增长的作用研究[J]. 湖南大学学报(社会科学版),23(5):48-51
[85] 王铮,邓悦,葛昭攀,等. 2002. 理论经济地理学[M]. 北京:科学出版社:174-179
[86] 王铮. 2002. 理论经济地理学[M]. 北京:科学出版社
[87] 吴传钧,高小真. 1989. 海港城市的成长模式[J]. 地理研究,8(4):9-15

[88] 吴传钧，刘建一，甘国辉. 1997. 现代经济地理学[M]. 南京：江苏教育出版社

[89] 吴国付，程蓉. 2006. 港口对地区经济贡献度研究[J]. 武汉理工大学学报(交通科学与工程版)，30(3)：535-538

[90] 吴松弟，戴鞍钢，林满红. 2006. 中国百年经济拼图：港口城市及其腹地与中国现代化[M]. 济南：山东画报出版社：4

[91] 吴松弟. 2006. 港口—腹地和中国现代化空间进程研究概说[J]. 浙江学刊，(5)：25-35

[92] 吴先明，杜丽虹. 2007. 跨国公司在中国沿海地区投资区位变化的实证分析[J]. 经济管理，29(23)：27-33

[93] 厦门市地方志编纂委员会办公室. 1996. 厦门志[M]. 厦门：鹭江出版社

[94] 厦门市土地志编纂委员会. 1996. 厦门市土地志[M]. 厦门：鹭江出版社

[95] 徐骅，金凤君，王成金. 2008. 集装箱环球航线的枢纽区位优化[J]. 地理学报，63(6)：593-602

[96] 徐金伟. 2004. 港口物流发展研究[J]. 世界海运，27(2)：31-32

[97] 徐立青，宗蕴璋. 1996. 国际贸易与企业外贸业务[M]. 北京：化学工业出版社

[98] 徐永健，阎小培，许学强. 2001. 西方现代港口与城市、区域发展研究述评[J]. 人文地理，16(4)：28-33

[99] 许继琴. 1997. 港口城市成长的理论与实证探讨[J]. 地域研究与开发，16(4)：11-14

[100] 颜盈媚. 2012. 港城关系与港口城市转型升级研究——以新加坡为例[J]. 城市观察，(1)：78-85

[101] 杨家其. 2002. 基于模糊综合评判的现代港口腹地划分引力模型[J]. 交通运输工程学报，2(2)：123-126

[102] 杨家文. 1999. 信息时代城市结构变迁的思考[J]. 城市发展研究，(4)：15-18，62

[103] 杨明俊，林坚，李延成. 2010. 港城模式与港口城市发展战略探讨——以潍坊滨海经济开发区为例[J]. 城市规划，34(4)：80-85

[104] 杨山，潘婧，季增民. 2011. 耗散结构视角下连云港港城系统演进机理及规律研究[J]. 地理科学，31(7)：781-787

[105] 杨万钟. 1999. 经济地理学导论[M]. 上海：华东师范大学出版社：128

[106] 杨吾扬，张国伍，等. 1986. 交通运输地理学[M]. 北京：商务印书馆：305

[107] 杨吾扬. 1989. 区位论原理[M]. 兰州：甘肃人民出版社

[108] 杨哲. 2006. 近代厦门城市空间形态的演变[J]. 城市规划学刊，(4)：99-105
[109] 叶宝明. 2005. 东北南部沿海港口体系的演变特征及发展趋势[J]. 东北师大学报(自然科学版)，37(2)：122-127
[110] 殷为华，杨万钟. 1996. 对上海宝钢的再认识[J]. 经济地理，16(4)：62-67
[111] 于汝民. 2003. 港口规划与建设[M]. 北京：人民交通出版社
[112] 曾刚，林兰，樊鸿伟. 2006. 论技术扩散的影响因子[J]. 世界地理研究，15(1)：1-8
[113] 曾刚. 2002. 技术扩散与区域经济发展[J]. 地域研究与开发，21(3)：38-41
[114] 张景秋，杨吾扬. 2002. 中国临海地带空间结构演化及其机制分析[J]. 经济地理，22(5)：559-563
[115] 张文尝，王姣娥. 2008. 改革开放以来中国交通运输布局的重大变化[J]. 经济地理，28(5)：705-710
[116] 张秀芹，洪再生. 2009. 近代天津城市空间形态的演变[J]. 城市规划学刊，(6)：93-98
[117] 张燕，冯邦彦. 2011. 港口与直接腹地的相关性研究：上海港、深圳港和广州港的比较[J]. 产经评论，(2)：53-61
[118] 张耀光，崔玉阁，殷艳，等. 2006. 上海洋山深水港建设的地域空间作用分析[J]. 地理与地理信息科学，22(3)：85-87，100
[119] 张耀光，刘锴，刘桂春，等. 2009. 中国保税港区的布局特征与发展战略[J]. 经济地理，29(12)：1947-1951
[120] 赵鹏军，吕斌. 2005. 港口经济及其地域空间作用：对鹿特丹港的案例研究[J]. 人文地理，(5) ：108-111
[121] 赵旭，杨赞，靳志宏，等. 2007. 区域集装箱港口网络布局规划优化模型[J]. 交通运输工程学报，7(3) ：44-49
[122] 郑度，陈述彭. 2001. 地理学研究进展与前沿领域[J]. 地球科学进展，16(5)：599-606
[123] 郑弘毅，顾朝林. 1987. 我国沿海城市体系初探[J]. 自然资源学报，2(3)：213-229
[124] 郑弘毅，顾朝林. 1988. 我国沿海城市布局演变过程及其规律[J]. 经济地理，8(4)：261-263
[125] 郑弘毅，张务栋. 1982. 从区域与城市发展的角度评上海港港址选择问

题[J]. 地理学报,37(3):252-260

[126] 郑弘毅. 1982. 海港区域性港址选择的经济地理分析[J]. 经济地理,(2):114-119

[127] 中国大百科全书出版社编辑部. 1998. 中国大百科全书(简明版)[M]. 北京:中国大百科全书出版社:1452

[128] 钟昌标,陈钧浩. 2008. 海港城市、国际贸易与现代化[M]. 北京:经济科学出版社:60

[129] 周克瑜. 1999. 走向市场经济:中国行政区与经济区的关系及其整合[M]. 上海:复旦大学出版社

[130] 周平德. 2009. 穗、深、港港口和航空物流对经济增长的作用[J]. 经济地理,29(6):946-951

[131] 周铁军,陈威成. 2008. 港口码头空间性质变化与城市肌理关系探讨[J]. 建筑学报,(5):43-46

[132] 周一星,张莉. 2000. 中国大陆对外经济联系的空间格局[J]. 经济地理,20(1):18-24

[133] 周一星. 1998. 主要经济联系方向论[J]. 城市规划,(2):22-25

[134] 朱传耿,刘波,李志江. 2009. 港口—腹地关联性测度及驱动要素研究——以连云港港口—淮海经济区为例[J]. 地理研究,28(3):716-725

[135] 朱力,潘哲,徐会夫,等. 2009. 从"一主、一副"到"双城、双港"——《天津市空间发展战略研究》的空间解答[J]. 城市规划,33(4):35-40

[136] 庄佩君,汪宇明. 2010. 港—城界面的演变及其空间机理[J]. 地理研究,29(6):1105-1116

[137] 邹俊善. 1997. 现代港口经济学[M]. 北京:人民交通出版社:10-32

·英文文献·

[1] Barke M. 1986. Transport and Trade: Conceptual Framworks in Geography[M]. Edinburgh: Oliver and Boyd

[2] Batty M. 1991. Cities as fractals: simulating growth and form[M]//Mandelbrot B B. Fractals and Chaos: The Mandelbrot Set and Beyond. New York: Springer:43-69

[3] Bird J H. 1963. The Major Seaports of the United Kingdom[M]. London: Hutchinson

[4] Bird J H. 1968. Sea port Gateways of Australia[M]. London: Oxford

University Press:27-51

[5] Bird J H. 1971. Seaports and Seaport Terminals[M]. London: Hutchinson:1-26

[6] Dicken P. 1998. Global Shift: Transforming the World Economy[M]. 3rd ed. New York: the Guilford Press.

[7] Frankhauser P, Sadler R. 1991. Fractal analysis of agglomerations [C]// Hilliges M. Natural Structures: Principles, Serategies, and Moldels in Architecture and Nature. Stuttgart: University of Stuttgart: 56-57

[8] Fujita M, Krugman P, Venables A J. 2001. The Spatial Economy: Cities, Regions, and International Trade[M]. Cambridge, Massachusetts: The MIT Press

[9] Hayuth Y. 1988. Rationalization and deconcentration of the U. S. Container port system [J]. The Professional Geographer,40 (3): 279-288

[10] Hoyle B S, Pinder D. 1981. Cityport Industrialization and Regional Development:Spatial Analysis and Planning Strategies[M]. Oxford: Pergamon Press:15-298

[11] Hoyle B S,Hilling D. 1984. Seaport Systems and Spatial Change:Technology, Industry, and Development Strategies[M]. Hoboken: John Wiley and Sons

[12] Hoyle B S. 1989. The port-city interface: trends, problems and examples[J]. Geoforum,20(4):429-435

[13] Hoyle B S. 2000. Global and local change on the port-city waterfront [J]. Geographical Review,90(3):395-417

[14] Hoyle B S. 1988. Fields of tension: development dynamics at the port-city Interface[M]//Hoyle B S,Pinder D A ,Husain M S. Revitalising the Waterfront:International Dimensions of Dockland Redevelopment. London: Belhaven Press: 5-19

[15] Lee S W,Song D W,Ducruet C. 2008. A tale of Asia's world ports:the spatial evolution in global hub port cities [J]. Geoforum, 39(1): 372-385

[16] McGee T G. 1967. The Southeast Asian City: a Social Geography of the Primate Cities of Southeast Asia[M]. New York: Praeger

[17] Notteboom T E, Rodrigue J P. 2005. Port regionalization: towards a

new phase in port development[J]. Maritime Policy and Management, 32(3):297-313

[18] Olivier D, Slack B. 2006. Rethinking the port [J]. Environment and Planning Part A, 38(8): 1409-1427

[19] Pesquera A M. 1993. Sustainable Development Between City and Port, the Santander Example, City and Port, Partners for the Environment [M]. Algeciras: Edition AIVP: 319-328

[20] Pollock E E. 1973. Ports, Port Hinterland and Regional Development [M]. Tokyo: Japan Maritime Research Institute

[21] Pollock E E. 1981. Free ports, free trade zones, export processing zones and economic development[C]//Hoyle B S, Pinder D A. Cityport Industrialization and Regional Development. London: Belhaven University: 47-57

[22] Slack B. 1990. Intermodal transportation in North America and development of inland load centers [J]. The Professional Geographer, 42(1):72-83

[23] Taaffe E J et al. Geography of Transportation [M]. 2nd ed. New Jersey: Prentice Hall: 362-390

[24] Taaffe E J, Morrill R L, Gould P R. 1963. Transport expansion in underdeveloped countries: a comparative analysis[J]. Geographical Review, 53(4):503-529

[25] Visser J, Konings R, Pielage B J, et al. 2001. A new hinterland transport concept for the port of Rotterdam: organisational and/or technological challenges [R]. North Dakota State: Transportation Research Forum

[26] Wang J J. 1998. A container load center with developing hinterland: case study of Hongkong[J]. Journal of Transport Geography, 6(3): 187-201

图片来源

图 1-1 源自:作者绘制

图 2-1 源自:Hoyle B S,Hilling D. 1984. Seaport Systems and Spatial Change: Technology,Industry,and Development Strategies[M]. Hoboken:John Wiley and Sons

图 2-2 源自:McGee T G. 1967. The Southeast Asian City:A Social Geography of the Primate Cities of Southeast Asia[M]. New York:Praeger

图 2-3 源自:Notteboom T E. 2005. Port regionalization:towards a new phase in port development[J]. Maritime Policy and Management,32(3):297-313

图 2-4 源自:吴传钧,高小真. 1989. 海港城市的成长模式[J]. 地理研究,8(4): 9-15

图 3-1 源自:Taaffe E J,Morrill R L,Gould P R. 1963. Transport expansion in underdeveloped countries:a comparative analysis[J]. Geographical Review,53 (4):503-529

图 3-2 源自:百度百科

图 3-3 源自:Visser J,Rob Konings R,Pielage B J,et al. 2007. A new hinterland transport concept for the port of Rotterdam:organisational and/or technological challenges[R]. North Dakota State:Transportation Research Forum

图 3-4 源自:百度图片

图 4-1 至图 4-20 源自:作者绘制

图 5-1 至图 5-3 源自:作者绘制

图 5-4 源自:大连市城市总体规划(2009—2020)

图 5-5、图 5-6 源自:作者绘制

图 5-7、图 5-8 源自:青岛市城市总体规划(2006—2020)

图 5-9 源自:李东泉,徐飞鹏. 2003. 青岛城市发展史上的三次飞跃——兼论城市规划与城市发展的关系[J]. 城市规划汇刊,(1):37-44,95

图 5-10 源自:罗澍伟. 1993. 近代天津城市史[M]. 北京:中国社会科学出版社:116

图 5-11 源自:鲍觉民,何自强. 1958. 天津[M]. 上海:新知识出版社:63

图 5-12 源自:张秀芹,洪再生. 2009. 近代天津城市空间形态的演变[J]. 城市规划学刊,(6):93-98

图 5-13 源自:鲍觉民,何自强. 1958. 天津[M]. 上海:新知识出版社:63

图 5-14 源自：刘露. 2008. 天津城市空间结构与交通发展的相关性研究[D]：[博士学位论文]. 上海：华东师范大学

图 5-15 源自：林艳君. 2004. 宁波城市空间形态演变过程及优化研究[J]. 城市规划，(12)：53-57

图 5-16 源自：李加林，朱晓华，张殿发. 2008. 群组型港口城市用地时空扩展特征及外部形态演变——以宁波为例[J]. 地理研究，27(2)：275-285

图 5-17 源自：厦门市规划管理局. 2001. 厦门规划图集[M]. 厦门：中国翰林出版公司；厦门港史志编纂委员会. 1994. 厦门港志[M]. 北京：人民交通出版社

图 5-18 源自：曹昕婷，刘昭. 2009. 厦门城市空间演化及发展探析[J]. 中南林业科技大学学报，29(3)：184-189

图 5-19 源自：杨哲. 2006. 近代厦门城市空间形态的演变[J]. 城市规划学刊，164(4)：99-105

图 5-20 源自：作者根据《厦门市城市总体规划(2008—2020)》绘制

图 5-21、图 5-22 源自：作者绘制

图 6-1 至图 6-8 源自：作者绘制

图 6-9 源自：田汝耕，振克，大奎. 2004. 海岸带临港工业、海运物流与全球化大生产的探讨[J]. 世界地理研究，13(2)：1-8

表格来源

表 2-1 源自：吴传钧，高小真. 1989. 海港城市的成长模式[J]. 地理研究，8(4)：9-15

表 2-2 源自：于汝民. 2003. 港口规划与建设[M]. 北京：人民交通出版社

表 3-1 源自：Lee S W，Song D W，Ducruet C. 2008. A tale of Asia's world ports：the spatial evolution in global hub port cities[J]. Geoforum，39(1)：372-385

表 3-2 源自：作者绘制

表 4-1 至表 4-8 源自：作者绘制

表 5-1、表 5-2 源自：作者绘制

表 5-3 源自：宋连威. 1998. 青岛城市的形成[M]. 青岛：青岛出版社

表 5-4 源自：李加林，朱晓华，张殿发. 2008. 群组型港口城市用地时空扩展特征及外部形态演变[J]. 地理研究，27(2)：275-285

表 5-5 至表 5-7 源自：作者绘制

表 6-1、表 6-2 源自：作者绘制

表 6-3 源自：茅家琦. 2001. 中国旧海关史料[M]. 北京：京华出版社

表 6-4 至表 6-8 源自：作者绘制

表 6-9 源自：金凤君，王娇娥. 2004. 20 世纪中国铁路网扩展及其空间通达性[M]. 地理学报，59(2)：293-302

表 6-10 源自：作者绘制

表 6-11 源自：美国商务部经济分析局

表 6-12 源自：福布斯最佳县级城市荣誉榜

后记

本书是以我的博士论文《中国海港空间效应的经济地理学解构》为基础,并通过多次修改、完善而来。虽经过三年的沉淀,但在诸多方面尚显粗浅、稚拙。对其中存在的不足之处,作者将在今后的研究中予以解决。各位师长的鼓励和东南大学出版社各位编辑的帮助给予了我早日完成书稿的勇气。在如今付梓出版之际,不免心生感激!

选择“海港空间效应”作为研究题目,是本人对我国沿海港口与腹地区域发展现实问题的关注与兴趣使然。但随着研究的深入,发现其复杂性远远超过当初预想。古人云:学然后知不足,教然后知困。知不足,然后能自反也;知困,然后能自强也。博士论文的写作不仅是研究生学习、科研经历的一次总结、提升,更重要的是通过庄重、严谨的学术“检阅”,让我经受考验,把握今后前进的方向。在这个艰辛而充实的过程中,师长、亲人和朋友们为我提供、创造了得以静心钻研的优越环境,使我逐步成熟蜕变,拥有这份受用终生的宝贵财富。

衷心感谢恩师韩增林教授!作为指导教师,他对论文及本书的选题、构思和关键问题的把握等都倾注了大量心血。遥想九年前我从太行山脚下初到美丽的滨城,第一次见先生时他就告诫我:“学海无涯苦作舟,坐得住冷板凳,学得来真本领。”后来,先生鼓励我要善于将自己的兴趣点和学术研究结合起来。先生虽行政事务繁忙,但仍坚持抽出大量时间指导我们的科研工作和论文写作。工作中,他严谨的学风鞭策我要严于律己,他敏锐的思维常使我茅塞顿开,他宽广的胸怀给我以最大的包容。生活中,他平易近人,处处充满对我们的关心和爱护,让我们能以最大的热情投入到紧张的学习和科研工作中去。他常常教导我们要拥有一颗“踏实做人,认真做事;与勤为伴,与人为善”的平常心!师恩深似海!先生以他巨大的人格魅力和潜移默化的影响,使我深深体会到师之大者,乃言传身教立于行;师之真者,乃传道授业解惑融一身!看到先生这两年增加的白发,我常常告诫自己要时刻牢记他的谆谆教诲,不辜负他的殷切期望,在自己的人生道路上,勇于谱写朴实而壮丽的篇章!

非常感谢清华大学顾朝林教授、中山大学保继刚教授、大连海事大学栾维新教授、东北财经大学张军涛等对论文提出的宝贵意见,他们的真知灼见不仅对书稿的修改和完善起到了重要作用,也为今后的进一步深入研究指明了方向。特别是顾朝林老师作为本套丛书的组织者,正是他对新人新作的大力推介,对青年人成长的关怀,才使本书得以出版,使作者有机会聆听更多读者的教诲。

还要感谢张耀光教授多年来对我在学术上的指导和教诲,老先生如老骥伏枥,仍笔耕不辍,是我们这些年轻人治学的楷模!得知我的书稿即将出版,他欣然为本书赐序,使我深受感动!感谢李雪铭教授、李悦铮教授、关伟教授、王利教授等老师在我学习期间给予的帮助和对论文提出的意见!感谢孙才志教授在工作中的指导和关心!感谢杨大海师兄、韩景师姐多年来的真诚相助,感谢单良博士、狄乾斌博士、刘锴博士、刘桂春博士、王泽宇博士及李博师妹、马慧强师弟和彭飞师弟,感谢我的硕士生杜小飞为本书所做的工作,感谢团队里的每一个伙伴!多少次团队成员的互助协作和激烈争论,才有个人的思想火花和长足进步!

感谢东南大学出版社的徐步政先生和孙惠玉女士,他们认真负责的工作态度必将为本书的出版画上圆满的句号!

感谢父母30年含辛茹苦的养育!一直以来,二老的支持是我完成学业的最大动力,每每回想起离家时他们对我说"在学校好好学,听老师的话,不要挂念家里",我总会热泪盈眶。我常常在驶离的汽车上透过车窗回望他们的身影,看着他们步履蹒跚地登上土坡目送我,久久不愿离去,我的心中总会隐隐作痛,吾辈苦读三十而不立,父母却已垂垂老矣!而今只有努力工作,来回报父母大人!愿二老快乐平安,健康长寿!

感谢我的妻子,一路走来有她如影随形,是她的默默支持使我在前进道路上多了一份清新与坦然!当我为完成书稿挑灯夜战时,身怀六甲的妻子默默为我递上热茶!如今我们的儿子出生了,老人们看着可爱的小宝贝合不拢嘴,尊长亲朋祝福的短信不断传来……这一幕让我感叹,人类的自我创造和所有的生产劳动一样,每一件成果都包含了许多人的爱心和祝福!让我们怀着感恩的心,放下所有包袱,只带上爱和智慧,勇敢的向下一段人生旅程进发吧!

郭建科

2013年国庆于大连西山湖畔

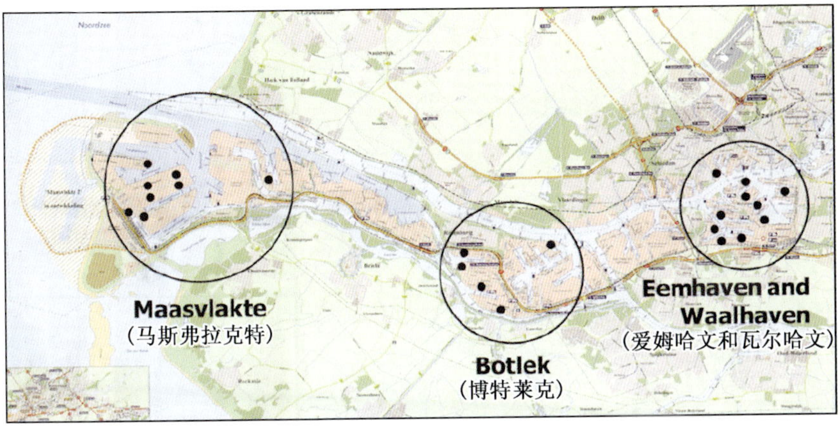
Noordzee
Maasvlakte
(马斯弗拉克特)
Botlek
(博特莱克)
Eemhaven and
Waalhaven
(爱姆哈文和瓦尔哈文)

图 3-3

三十里堡镇
亮甲店镇
大魏家镇
登沙河镇
金州区
开发区
南关岭镇
大连湾镇
营城子镇
辛寨子镇
凌水镇
大连市
龙塘镇

图 5-4

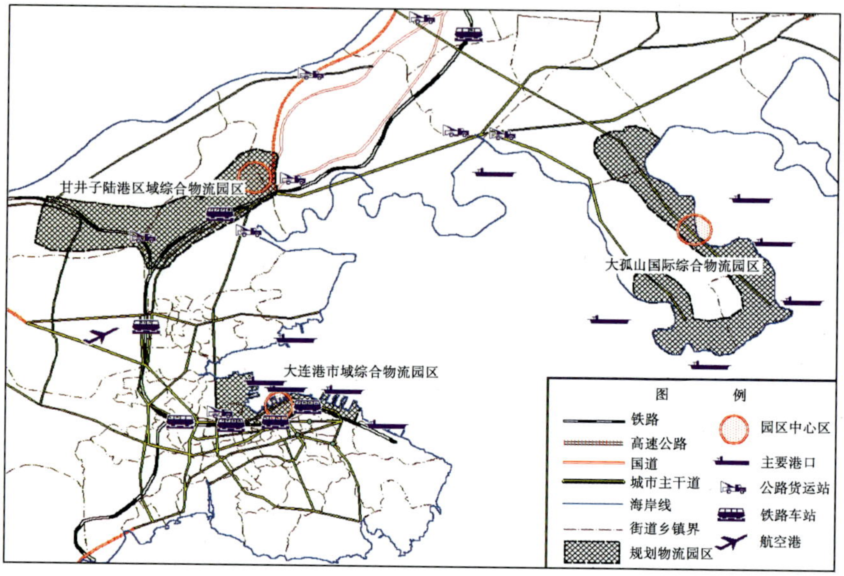
甘井子陆港区域综合物流园区
大孤山国际综合物流园区
大连港市域综合物流园区
图 例
铁路
高速公路
国道
城市主干道
海岸线
街道乡镇界
规划物流园区
园区中心区
主要港口
公路货运站
铁路车站
航空港

图 5-5

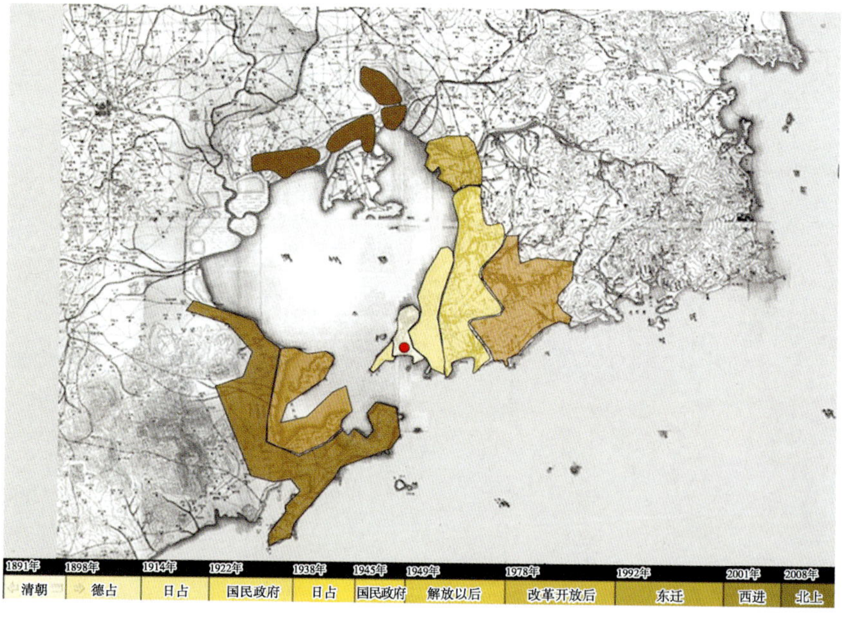
1891年
1898年
1914年
1922年
1938年
1945年
1949年
1978年
1992年
2001年
2008年
清朝
德占
日占
国民政府
日占
国民政府
解放以后
改革开放后
东迁
西进
北上

图 5-7

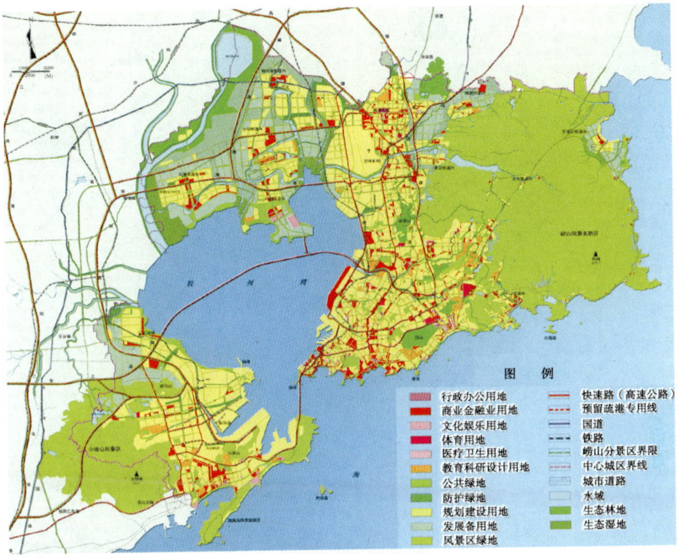
图 例
行政办公用地
商业金融业用地
文化娱乐用地
体育用地
医疗卫生用地
教育科研设计用地
公共绿地
防护绿地
规划建设用地
发展备用地
风景区绿地
快速路（高速公路）
预留疏港专用线
国道
铁路
崂山分景区界限
中心城区界线
城市道路
水域
生态林地
生态湿地

图 5-8

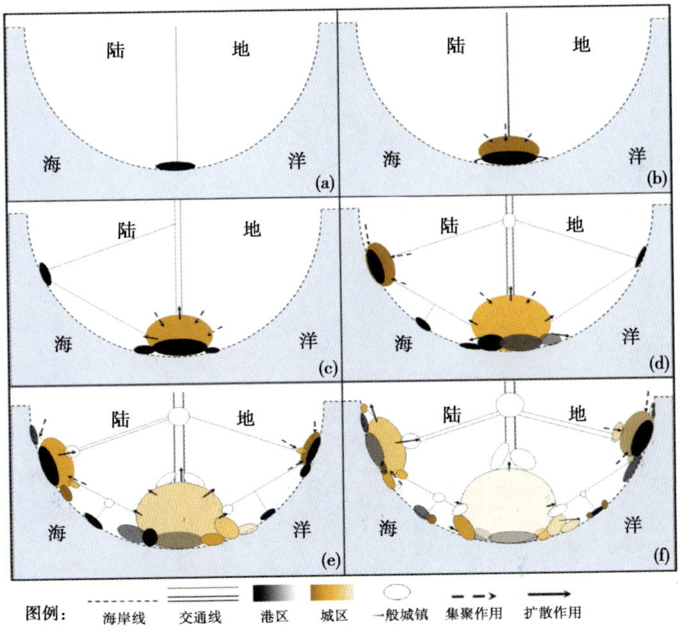
陆
地
海
洋
(a)
(b)
(c)
(d)
(e)
(f)
图例：
海岸线
交通线
港区
城区
一般城镇
集聚作用
扩散作用

图 5-21

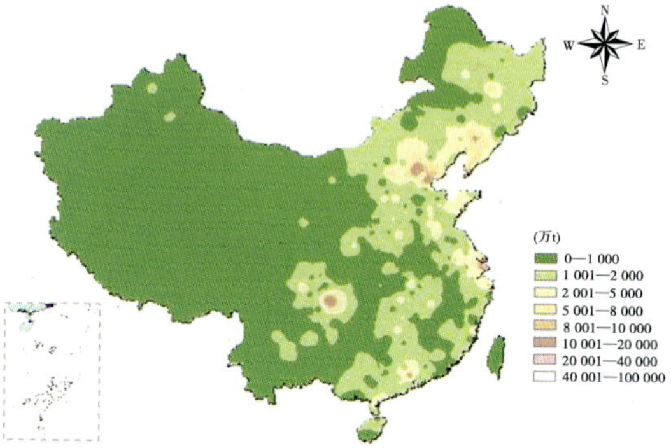
N
W
E
S
(万t)
0—1 000
1 001—2 000
2 001—5 000
5 001—8 000
8 001—10 000
10 001—20 000
20 001—40 000
40 001—100 000

(a)

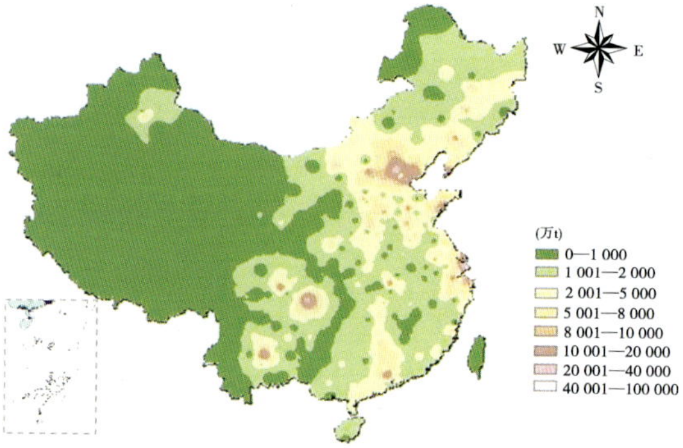
N
W
E
S
(万t)
0—1 000
1 001—2 000
2 001—5 000
5 001—8 000
8 001—10 000
10 001—20 000
20 001—40 000
40 001—100 000

(b)

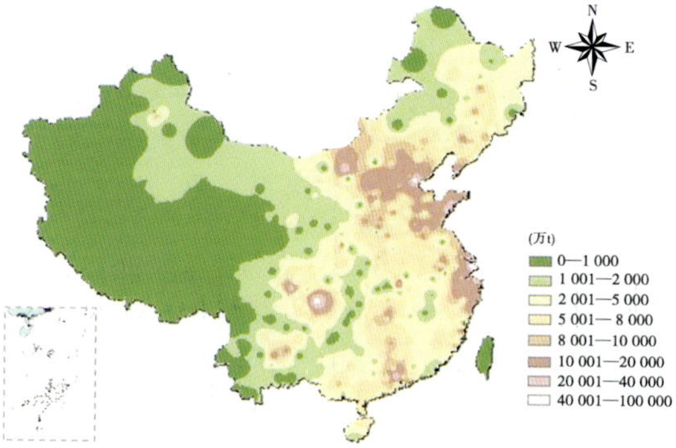
N
W
E
S
(万t)
0—1 000
1 001—2 000
2 001—5 000
5 001— 8 000
8 001—10 000
10 001—20 000
20 001—40 000
40 001—100 000

(c)

图 6-2

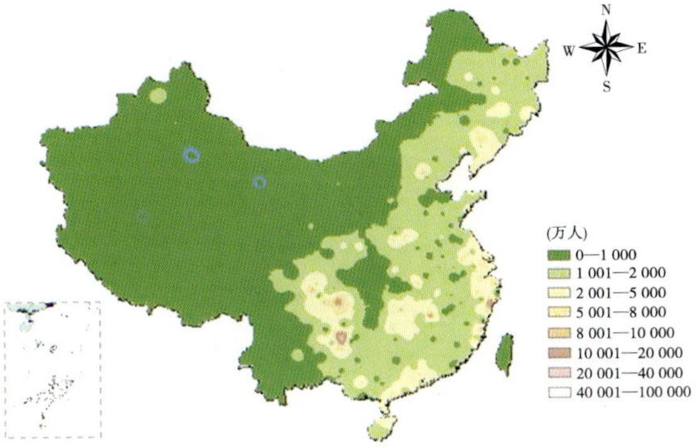
N
W
E
S
(万人)
0—1 000
1 001—2 000
2 001—5 000
5 001—8 000
8 001—10 000
10 001—20 000
20 001—40 000
40 001—100 000

(a)

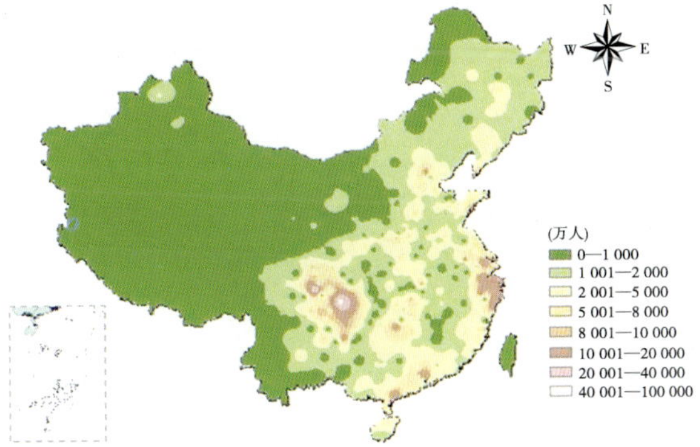
N
W
E
S
(万人)
0—1 000
1 001—2 000
2 001—5 000
5 001—8 000
8 001—10 000
10 001—20 000
20 001—40 000
40 001—100 000

(b)

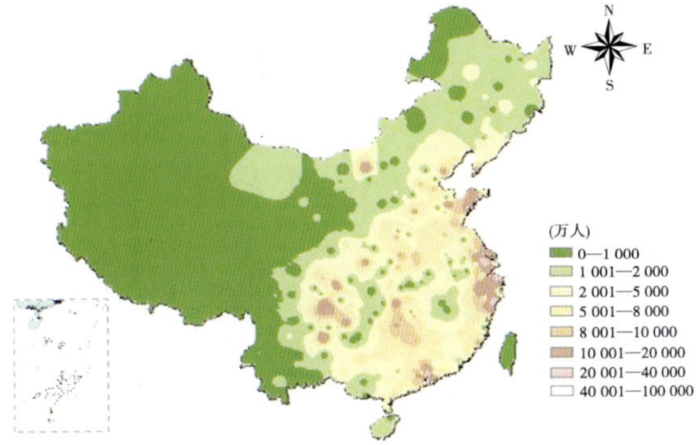
N
W
E
S
(万人)
0—1 000
1 001—2 000
2 001—5 000
5 001—8 000
8 001—10 000
10 001—20 000
20 001—40 000
40 001—100 000

(c)

图 6-3

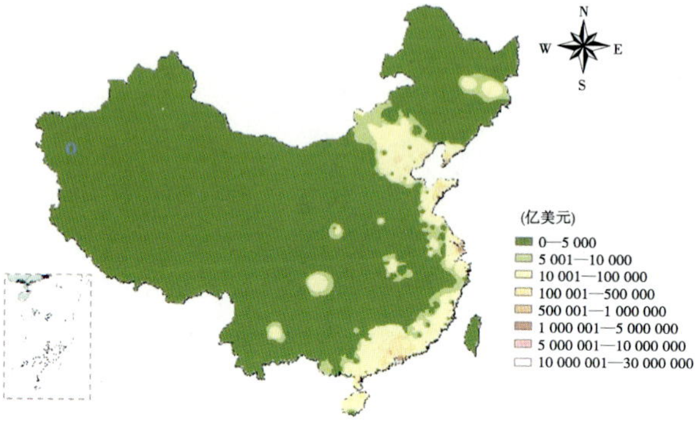
N
W
E
S
(亿美元)
0—5 000
5 001—10 000
10 001—100 000
100 001—500 000
500 001—1 000 000
1 000 001—5 000 000
5 000 001—10 000 000
10 000 001—30 000 000

(a)

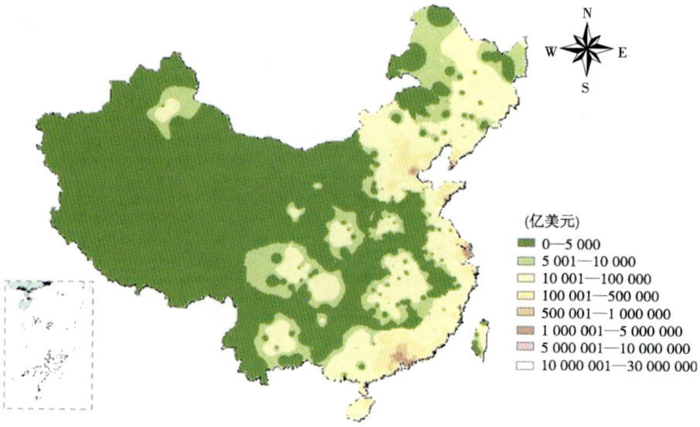
N
W
E
S
(亿美元)
0—5 000
5 001—10 000
10 001—100 000
100 001—500 000
500 001—1 000 000
1 000 001—5 000 000
5 000 001—10 000 000
10 000 001—30 000 000

(b)

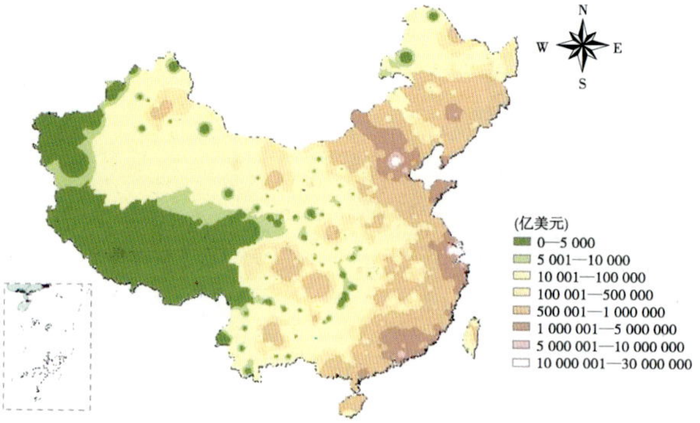
N
W
E
S
(亿美元)
0—5 000
5 001—10 000
10 001—100 000
100 001—500 000
500 001—1 000 000
1 000 001—5 000 000
5 000 001—10 000 000
10 000 001—30 000 000

(c)

图 6-4

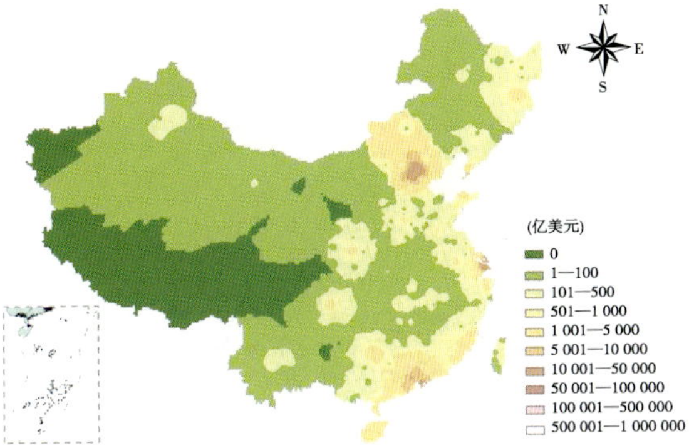
N
W
E
S
(亿美元)
0
1—100
101—500
501—1 000
1 001—5 000
5 001—10 000
10 001—50 000
50 001—100 000
100 001—500 000
500 001—1 000 000

(a)

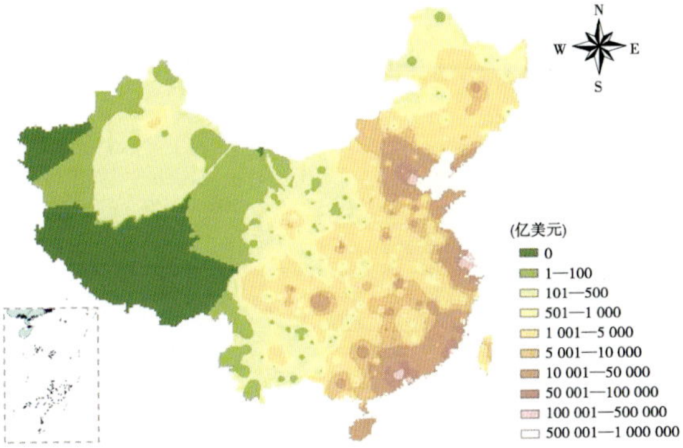
N
W
E
S
(亿美元)
0
1—100
101—500
501—1 000
1 001—5 000
5 001—10 000
10 001—50 000
50 001—100 000
100 001—500 000
500 001—1 000 000

(b)

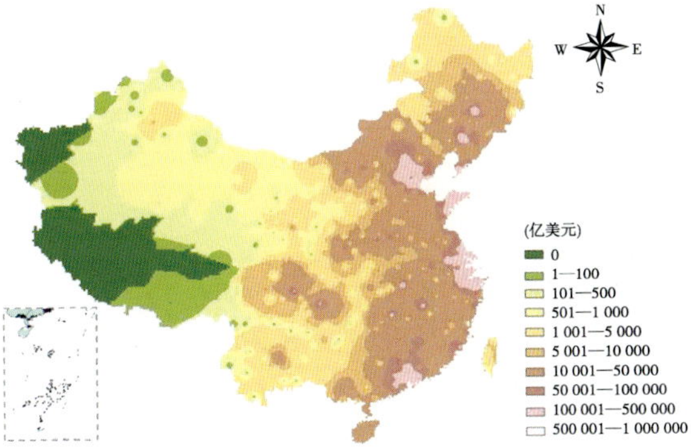
N
W
E
S
(亿美元)
0
1—100
101—500
501—1 000
1 001—5 000
5 001—10 000
10 001—50 000
50 001—100 000
100 001—500 000
500 001—1 000 000

(c)

图 6-6

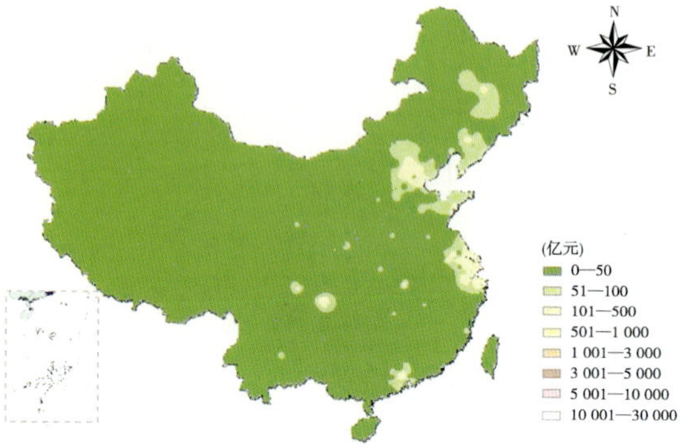
N
W
E
S
(亿元)
0—50
51—100
101—500
501—1 000
1 001—3 000
3 001—5 000
5 001—10 000
10 001—30 000

(a)

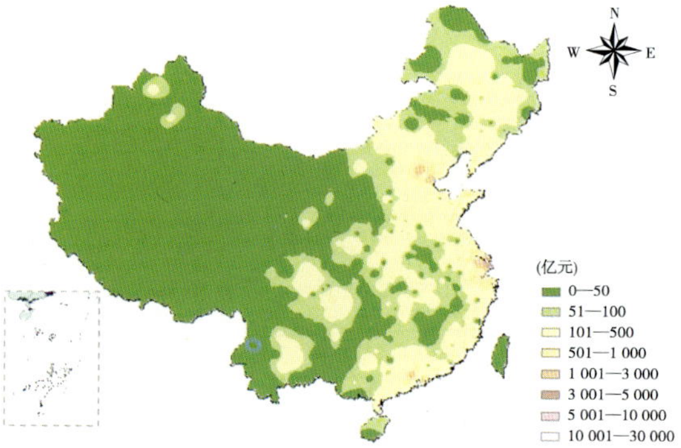
N
W
E
S
(亿元)
0—50
51—100
101—500
501—1 000
1 001—3 000
3 001—5 000
5 001—10 000
10 001—30 000

(b)

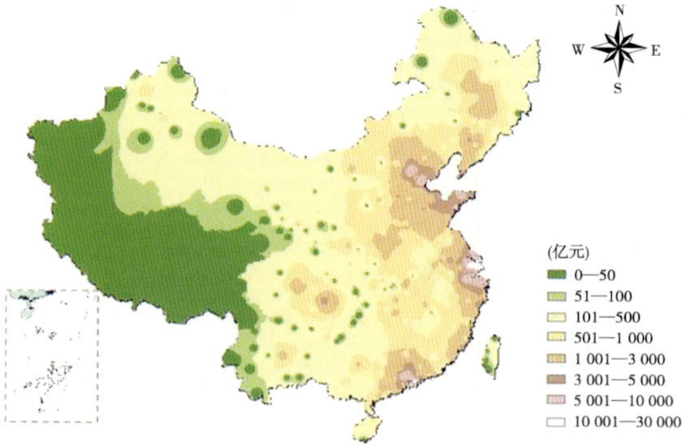
N
W
E
S
(亿元)
0—50
51—100
101—500
501—1 000
1 001—3 000
3 001—5 000
5 001—10 000
10 001—30 000

(c)

图 6-7